런던 특파원
칼 마르크스

칼 마르크스 지음 정명진 옮김

런던 특파원 칼 마르크스

초판 1쇄 발행 // 2013년 8월 15일

지은이 // 칼 마르크스
옮긴이 // 정명진
펴낸이 // 정명진
디자인 // 정다희
펴낸곳 // 도서출판 부글북스
등록번호 // 제300-2005-150호
등록일자 // 2005년 9월 2일

주소 // 서울시 노원구 하계동 279번지 청구빌라 101동 203호
　　　　　(139-872)
전화 // 02-948-7289
팩스 // 2-948-7269
전자우편 // 00123korea@hanmail.net

ISBN // 978-89-92307-77-2 03900

세계의 중심 런던에서 격동의 1850년대를 해부하다

런던 특파원
칼 마르크스

칼 마르크스 지음 정명진 옮김

칼 마르크스, 저널리스트로도 탁월했다

칼 마르크스는 지금까지 경제학자, 철학자, 정치이론가로 널리 알려져 왔고 또 평가받아왔다. 가장 먼저 저널리스트로 활동을 시작했는데도 그간 이에 대한 평가는 거의 이뤄지지 않았다.

러시아와 동구권이 공산주의를 버림에 따라 한때 칼 마르크스도 덩달아 외면당했다. 그러다 서구 자본주의 사회에 최악의 경제위기가 닥치면서 칼 마르크스도 다시 조명을 받기에 이르렀다. 최근 『왜 마르크스가 옳았는가』(Why Marx Was Right)라는 책이 나와 널리 읽히고 있다.

여기서는 노동가치설이니 소외니 과학적 사회주의니 하는 마르크스의 이론은 잊도록 하자. 칼 마르크스가 저널리스트로서 발표한 글들을 보면 이런 이론을 놓고 따지는 것이 무슨 의미가 있겠는가 하는 생각이 든다. 1850년대, 그러니까 지금으로부터 160년도 더 전인데도 그가 관심을 갖고 쓴 글들을 보면 인간사가 그때나 지금이나 별로 달라진 게 없다. 개인과 국가, 계급, 인종 등 모두가 그때처럼 이기주의를 바탕으로 움직이고 있다. 이런 마당에 이론이 그리 중요할까? 경제적 격변을 예측하지 못하는 것도 마르크스가 활동하던 때나 지금이나 마찬가지이다. 경제이론이란 것이 과연 있기는 하는가 하는 회의마저 든다.

마르크스가 저널리스트로 처음 기사를 쓴 것은 1842년 2월이었다. 1841년에 예나대학에서 박사학위를 받고 사회에 처음 나와서 학계에서 자리를 얻으려다 실패한 뒤의 일이다. 독일 드레스덴의 신문 '도이체 유르뷰허'(Deutsche Jahrbucher)에 기고한 것으로, 당시 프리드리히 빌헬름(Friedrich Wilhelm) 4세의 검열 조치에 항의하는 내용이었다. 그러나 이 기사는 검열관의 반대로 신문에 실리지 못했으며, 이 신문은 결국 폐간되었다.

이어서 마르크스는 쾰른의 '라이니쉐 차이퉁'(Rheinische Zeitung)의 문을 두드렸다. 1842년 5월에 처음 기사가 실렸다. 지방의회가 언론의 자유를 놓고 벌이는 논쟁에 관한 글이었으며, 그는 이 글로 저널리스트의 자질을 충분히 갖추었다는 평가를 받았다. 권력 앞에서도 할 말은 하는 용기와 의지가 저널리스트의 가장 중요한 자질이 아닌가. 마르크스는 1842년 10월에 이 신문의 편집인을 맡는다. 이때도 그는 좌파 기자라고 해서 특별한 대우가 없다는 점을 분명히 밝히며 이런 말을 남겼다. "연극비평 같은 글에 공산주의와 사회주의 원칙 같은 것을 슬그머니 집어넣는 것은 부적절할 뿐만 아니라 부도덕하기도 하다. 그러니 공산주의에 대해 논하기를 원한다면, 적절한 방법으로 완벽하게 해주길 바란다." 이렇듯 열정적으로 편집에 임했으나 이 신문도 1843년 3월 폐간의 운명을 맞았다.

그는 1848년에 쾰른에서 급진적인 신문 '노이에 라이니쉐 차이퉁'(Neue Rheinische Zeitung)을 창간했다. 그는 일생동안 독어와 영어로 기사를 많이 썼다. 그러나 그의 기사가 가장 많이 실린 신문은 바로 미국의 '뉴욕 데일리 트리뷴'(New York Daily Tribune)이었다. 마르크스의 이름으로 실린 것이 350건, 그의 평생 동지인 프리드리히 엥겔스(Friedrich Engels)의 이름으로 실린 것이 125건, 두 사람의 공동 집필로 실린 것이 12건 등 총 487건의 기사가 게재되었다.

마르크스와 '뉴욕 데일리 트리뷴'의 인연은 1848년 시작되었다. 유럽 전역에 혁명이 휘몰아친 해였다.

당시 '뉴욕 데일리 트리뷴'의 편집장이던 찰스 A. 다나(Charles A. Dana)는 처음 쾰른을 방문하고 있었다. 얼마 전에 '뉴욕 데일리 트리뷴'에 들어온 그는 1848년 유럽에서 일어난 혁명의 결과를 취재하기 위해 8개월 동안 유럽을 여행 중이었다. 당시 29세였던 그가 현지에서 급진적인 성향의 시인 프라일리그라트(Ferdinand Freiligrath)를 만났고, 이 시인이 다나를 칼 마르크스에게 소개시켰다. 마르크스는 당시 겨우 30세였지만 그해 초에 엥겔스와 함께 『공산당 선언』을 쓰면서 독일은 물론이고 유럽 대륙의 사회주의 최고의 선전자가 되어 있었다. 그 만남이 있고 3년 뒤인 1851년에 다나가 마르크스에게 '뉴욕 데일리 트리뷴'에 1848년 이후 유럽의 변화에 관한 글을 시리즈로 써 달라고 부탁하는 편지를 보냈다.

호러스 그릴리(Horace Greeley)가 1841년 창간한 '뉴욕 데일리 트리뷴'은 진보성향임에도 불구하고 기독교적인 색채가 강했다. 동시대의 한 언론인은 이 신문의 정치적 입장을 "노예제도와 전쟁, 알코올, 흡연, 매춘, 술집, 도박 등에 반대하는 신문"이라고 요약했다. 창간 첫해부터 이익을 낸 이 신문은 1850년을 전후해 새로운 도약을 위해 세계 정치의 주요 무대에 특파원을 둘 것을 고려했다.

당시 '뉴욕 데일리 트리뷴'이 독자를 20만 명 이상 거느린 세계 최대의 신문이라는 점과 고정 수입을 확보할 수 있다는 점이 동료 엥겔스에게 생계의 큰 부분을 의존하고 있던 칼 마르크스의 구미를 당겼던 것으로 보인다. 그러나 그 뒤에 칼 마르크스가 '뉴욕 데일리 트리뷴'에 대해 '지저분한 누더기'(filthy rag)라고 혹평한 것으로 보아서 본사 편집진과 마찰을 자주 빚었던 것으로 짐작된다.

'뉴욕 데일리 트리뷴'은 초기에는 큰 성공을 거두었으나 미국이 정치적으로나 경제적으로 동요할 때마다 크게 흔들렸다. 특히 1857년의 금융위기가 '트리뷴'을 강타한 것으로 전해진다. 광고와 판매부수가 크게 떨어졌다. 신문에 게재되는 마르크스의 기사도 줄어들었고, 따라서 마르크스의 원고료도 줄었다. 이어 '트리뷴'이 재정적으로 회복의 기미를 보일 때, 다시 미국 남북전쟁이 발발했다. 이때 신문사가 외국 특파원들을 모두 해고했으나 마르크스만은 예외로 했다. 그러나 그 관계도 오래 가지 못했다. 1862년 3월에 다나가 마르크스에게도 기사를 더 이상 송고하지 말라는 편지를 썼던 것이다. 이 신문은 1924년에 '뉴욕 헤럴드 트리뷴'(New York Herald Tribune)이라는 이름으로 '뉴욕 헤럴드'에 합병되었으며, '뉴욕 헤럴드 트리뷴'도 1966년에 문을 닫았다.

마르크스의 기사들을 보면 현장성이 떨어지고 객관적인 시각이 다소 부족한 반면에 기사마다 역사적 분석이 아주 풍부하다는 인상을 받는다.

하지만 당시 마르크스가 처한 상황을 보면 현장성과 객관성의 부족은 어쩔 수 없었을 것 같다. 조국 독일은 물론이고 벨기에와 프랑스에서도 추방당했다가 영국에 정착해 시민권도 없이 지내던 마르크스는 저널리스트로서의 조건을 제대로 갖추지 못했다고 볼 수 있다. 그러나 혁명성이 강한 그로서는 다른 저널리스트들과 여건이 같았다 하더라도 고위 관리들을 정보원으로 두었을 것 같지는 않다. 그때나 지금이나 마찬가지일 것 같은데, 언론을 가까이 하려는 관리들은 뭔가 속셈을 품고 있을 개연성이 있기 때문이다. 그런 점에서 보면 '브리티시 뮤지엄' 열람실에 앉아 외국 신문과 자료를 뒤져 중요 사건의 배경을 전한 것이 어쩌면 다른 저널리스트와는 다른 마르크스만의 강점일지도 모르겠다.

여기서 미국 저널리스트 머레이 켐프턴(Murray Kempton)이 마르크스를 평가한 대목을 보자. "저널리즘에 대해 품는 환상들 중에서 가장 먼저 버려야 할 것이 바로 정보원에 대한 접근에 관한 환상이다. …… 사건에 정통한 사람들은 그 사건에서 중요한 것이 무엇인지를 잘 모르고 있으며, 알고 있을 때에는 거짓말을 하게 된다. …… 마르크스는 어떤 유혹도 느낄 필요가 없었을뿐더러 아예 접근의 기회마저도 차단되어 있었다."

정보원을 고의로 기피하는 저널리스트들도 있다. 탐사 보도 전문 저널리스트인 I. F. 스톤(Isidor Feinstein Stone)도 그랬고, 월터 리프만(Walter Lippmann)도 소재를 발굴한 뒤에는 정보원을 애써 피한 것으로 유명하다.

마르크스의 기사들을 보면, 세상 모든 일을 경제로만 접근하려 한다는 일반적인 평가와는 달리 적어도 언론에 발표한 글에서는 분석이 꽤 깊다는 인상을 받는다. 국내나 국제 정치판에서 일어나는 사건의 사회적, 경제적 배경에 초점을 맞추고, 정치인과 정부의 발언이나 정책 뒤에 깔린 진짜 동기를 찾으려 애를 쓴 흔적이 역력하다.

'뉴욕 데일리 트리뷴'에 게재된 총 350건 중에서 이 책에 실린 37건의 글에서도 그런 노력을 엿볼 수 있다. 사건을 단순히 전달하는 역할에서 그치는 글이 하나도 없다. 오늘날의 기준으로 치면 '특파원 코너' 정도로 보면 되겠다.

한 예로 미국 남북전쟁을 보자. 우리에겐 에이브러햄 링컨 대통령이 노예제도 폐지를 내세우며 치른 전쟁으로 각인되어 있는데, 그의 기사를 보면 노예해방은 전쟁의 결과였을 뿐 목적은 아니었다. 진짜 목적은 남부의 연방탈퇴를 막아 연방을 계속 존속시키는 것이었다. 당시 세계를 이끌던 강대국으로 노예무역 폐지에 앞장섰던 영국이 남북전쟁 당시 노예제도를 이미 폐지한 북부를 지원하지 않고 노예제도의 확대를 외치던 남부에 우호적이었다는 사실도 아이러니가 아닐 수 없다. 영국의 진짜 목표는 미국 연방의 해체였다는 것이 마르크스의 분석이다. 마르크스가 당시 강국으로 부상하던 미국에 대해 그다지 부정적이지 않았다는 사실도 묘한 기분이 들게 만든다. 그는 10년 넘게 '뉴욕 데일리 트리뷴'의 특파원으로 활동하면서도 미국에는 한 번도 가지 않았다.

영국 노동자들의 근로시간을 10시간으로 제한하자는 '10시간 노동법'을 둘러싼 이해 당사자들의 움직임을 분석한 기사도 흥미롭다. 당시에 영국의 많은 언론들은 그 법이 지배계층의 양심에 따른 결과라고 전했다. 그러나 마르크스는 이 법의 통과에 있어서도 양심이란 것이 얼마나 제한적인지에 초점을 맞춘다. 예를 들어 같은 종교인이면서도 국교회 성직자냐 가톨릭 성직자냐에 따라 '10시간 노동법'에 대한 입장이 갈라진다는 점을 보여주고 있다. 노동자를 보호하는 마음보다 교세가 더 중요하게 여겨졌기 때문이다.

당시에 영국 사람들 중에서 유럽이 아닌 지역의 사람들에게 관심을 보인 사람이 과연 얼마나 되었을까? 영국과 프랑스가 중국을 침략했을 때 그 진짜 목적이 아편무역을 강제하기 위한 것이라고 영국에서 당당히 말할 수 있었던 사람은 얼마 되지 않았을 것이다.

어쩌면 마르크스에 대한 객관적인 평가는 영원히 불가능할지도 모르겠다. 존 F. 케네디 미국 대통령이 1961년 미국 신문발행인들 앞에서 한 농담은 많은 생각을 하게 만든다.

"1851년에 '뉴욕 데일리 트리뷴'이 칼 마르크스라는 이름의 보잘것없는 저널리스트를 런던 특파원으로 고용했어요. 그런데 그 사람이 원고료로 회당 5달러나 받으면서도 더 올려달라고 줄기차게

졸랐다는군요. 요구가 받아들여지지 않자, 이 친구는 다른 생계수단을 찾아 나섰고, 결국엔 '트리뷴'과의 관계를 청산하고 이 세상에 레닌주의와 스탈린주의, 혁명과 냉전의 씨앗을 뿌릴 사상에 자신의 재능을 풀타임으로 쏟게 되었지요. 만일 뉴욕의 그 자본주의 신문이 그에게 원고료를 조금 더 많이 주고 계속 특파원으로 활동하게 했더라면, 아마 역사는 크게 달라졌을 것입니다."

옮긴이의 글 ...4

1부 노예제도

1. 영국 정부와 노예무역 ...17
2. 미국 남북전쟁(Ⅰ) ...25
3. 영국의 목화무역 ...42
4. 미국 남북전쟁(Ⅱ) ...47
5. 트렌트 호 나포 소식이 런던에 미친 영향 ...64
6. 영국 내에서 일어나고 있는 감정 변화 ...74

2부 제국주의

7. 동인도회사, 그 역사와 결말 ...85
8. 선전포고, 그리고 동방문제의 역사 ...100
9. 러시아와 중국의 무역 ...113
10. 교역이냐 아편이냐? ...117
11. 멕시코에 대한 간섭 ...123

3부 혁명과 전쟁

12. 중국과 유럽의 혁명 ...137
13. 스페인 혁명 ...149
14. 보나파르트 암살 미수 ...159
15. 어떤 역사적 비교 ...169
16. 시칠리아의 가리발디 ...175

노예제도

1

영국 정부와 노예무역

<u>1858년 6월 18일, 런던</u>

6월 17일 상원 회의에서, 자메이카의 세인트 메리 교구의 노예무역에 반대하는 탄원서를 제출한 옥스퍼드 주교가 노예무역 문제를 본격 제기했다. 이 논쟁이 객관적인 시각을 가진 사람들에게는 현재 영국 정부가 대단히 미온적인 입장을 취하고 있으며 그 목적은 미국과 갈등을 빚을 구실을 아예 피하는 것이라는 인상을 줄 것이다. 맘스베리 경(Lord Malmesbury)은 다음과 같은 선언을 통해서 미국 국기를 단 선박에 대해서는 "선박수색권"을 포기했다.

미국은 미국 국기를 단 선박의 경우에는 어떠한 이유에서든, 어떠한 목적에서든, 또 어떠한 혐의에서든 미국 국적이 아닌 선박의 요원을 승선시키지 않을 것이라고 말한다. 이 성명을 영국의 법률 관리들이 검토하고 인정할 때까지, 나는 미국 외무장관이 제시한 그 같은 국제법을 인정하지 않았다. 그러나 그 성명을 인정한 다음엔 나는 미국 정부에 다음과 같은 뜻을 강력히 전달했다. 만일 미국 국기가 모든 부정행위를 가릴 수 있다는 것이 알려진다면, 지구상의 모든 해적과 노예무역선은 미국 국기를 달 것이며, 이것이 명예로운 미국 국기를 불명예스럽게 만들 수 있으며, 미국이 현재의 선언을 완고하게 고집함으로써 미국의 명예를 지키기보다 오히려 반대의 결과를 낳을 수 있으며, 미국 국기가 최악의 목적에 악용될 수 있다는 점을 상기시켰다. 나는 더 나아가 무수히 많은 선박들이 대양을 항해하고 있는 지금처럼 문명화된 시대에는 대양에도 경찰이 있어야 하고, 국제법으로 정한 권리는 아니라 하더라도 국가들 사이에 선박의 국적을 확인할 수 있는 방법에 대한 합의가 이뤄져야 한다는 점을 강조하고 싶다. 당연히 선박들이 특별한 깃발을 달 수 있는 권리에 대한 논의도 있어야 한다. 내가 사용한 언어와 내가 영국에 거주하는 미국 공사와 나눈 대화, 이 주제와 관련해 유력지에 실린 카스(Lewis Cass) 장군의 관찰들을 바탕으로 판단할 때, 나는 이런 종류의 합의가 미국과의 사이에 이뤄질 수 있을 것이라는 희망을 품고 있다. 양국의 선원들에게 특별한 명령을 내려놓으면, 항해하는 선박을 대상으로 선적(船籍) 국가를 모욕하지 않고도 국기가 정확히 내걸렸는지를 조사할 수 있을 것이다.

반대파들이 앉은 자리 쪽에서도 영국이 미국 선박에 대해 선박 수색권을 발동해야 한다는 주장은 전혀 들리지 않았다. 그러나 그레이 백작(Earl Grey)이 강조하듯이, 영국은 다음과 같은 입장을 취하고 있다.

영국은 노예무역의 저지를 위해 스페인을 비롯한 다른 강대국들과는 협정을 체결했다. 만일 강대국들이 어떤 선박이 혐오스런 무역에 종사하고 있거나 미국 선박이 아니면서도 미국 국기를 달고 있다고 의심할 만한 합리적인 근거가 있다면, 그들은 배를 정지시키고 조사할 권리를 갖는다. 그러나 그때 만일 선박이 미국 서류를 제시한다면, 설령 거기에 노예가 가득 실려 있다 하더라도 그 배에 실린 노예들을 내리게 하거나 그 간악한 무역의 불명예를 뒤집어쓰는 문제는 어디까지나 미국인들의 책임이다. 그레이 백작은 이 점에서 강대국들의 순양함에 내려진 명령은 엄격해야 하며, 장교들이 허용된 범위를 벗어나면 그에 합당한 처벌이 따라야 한다고 믿었다.

이어서 이 문제는 곧장 핵심으로 들어간다. 그런데 맘스베리 경은 이 핵심마저도 포기하는 듯 보인다. 미국 국기를 악용하고 있다는 의심을 받는 선박에게 서류를 제출할 것을 요구할 것인지 말 것인지 의견을 분명히 밝히지 않는 것이다. 애버딘 경(Lord Aberdeen)은 그런 관행 때문에 분쟁이 일어나는 경우는 없을 것이라고 잘라서 말한다. 왜냐하면 영국 장교들이 그런 일을 처리할 때 따를 훈령, 즉 러싱턴(Stephen Lushington) 박사와 G. 콕번 (Cockburn) 경이 작성한 훈령이 미국 정부에 전달되고 그 쪽 정부의 웹스터(Webster) 씨로부터 동의를 받게 될 것이기 때문이다. 따라서 만일 이 훈령에 아무런 변화가 없다면, 그리고 장교들이 자신들의 권한 안에서 적절히 행동한다면, 미국 정부가 불평을 터뜨릴 근거가 전혀 없게 된다. 이 대목에서 지혜로운 사람들의 마음에 어떤 강력한 의문이 일어나는 듯했다. 파머스턴 경(Lord Parlmerston(1784-1865): 두 차례 총리를 지낸 영국의 정치인. 공격적인 대외정책으로 유명한 인물이다. 미국 남북전쟁에서도 미합중국이 해체되어야 힘이 약해진다는 믿음에서 남부동맹을 지지했다/옮긴이)이 영국 순양함들에게 보낸 명령서의 내용을 자의적으로 바꿈으로써 평소 즐겨 하던 대로 계략을 부린 것이 아닌가 하는 의문이 들었던 것이다. 파머스턴이라면 노예무역의 근절에 열정적으로 나서는 한편으로 1841년에 끝난 11년에 걸친 자신의 외교 활동 동안에 노예무역에 관한 기존의 모든 조약을 파기하고, 영국의 법률 권위자마저 범죄라고 선언한 행위들을 하도록 명령하고, 그리하여 노예무역업자를 자기 나라 법이 아닌 영국법의 보호를 받도록 한 인물로 알려져 있지 않은가. 그는 노예무역을 자신의 전투장으로 선택하여 그것을 영국과 다른 국가들 사이의 투쟁을 유발시킬 도구로 바꿔놓았다. 1841년에 외무장관 자리를 내놓기 전에 그는 로버트 필 경(Sir Robert Peel)의 표현을 그대로 빌리면 "철회되지 않았더라면 틀림없이 미국과의 충돌을 야기했을"명령을 내리기도 했다. 파머스턴 본인의 말을 그대로 옮기면, 그는 해군 장교들에게 "국제법을 엄격히 지키지 않아도 된다"는 점을 강조했다. 맘스베리 경은, 비록 매우 조심스런 언어를 쓰긴 했지만, 파머스턴이 "영국 소함대를 아프리카 해안에 두지 않고 쿠바 해역으로 이동시킴으로써", 러시아 전쟁이 발발하기 전까지 노예무역이 거의 다 근절된 기지에서 미국과 충돌할 소지 외에는 아무것도 없는 해역으로 영국 함대를 옮기는 꼴이 되었다고 지적했다. 파머스턴 내각에서 상트페테르부르크 궁에 대사로 파견되었던 우드하우스 경(Lord Woodhouse)은 이 관점에 동의하면서 "해군 장교들에게 어떤 명령이 내려졌든, 만일 정부가 그렇게 많은 수의 영국 군함을 미국 해역으로 보냈다면 영국과 미국 사이에 머지않아 불화가 터져 나오게 되어 있다."고 주장했다.

파머스턴이 은밀히 어떤 의도를 갖고 있었든, 그 의도는 1842년에도 그랬듯이 1858년에도 토리당(영국의 옛 정당으로 현재의 보수당의 전신이다/옮긴이) 정부에 의해 좌절되고 있으며, 의회와 언론에서 떠들썩하게 들리는 호전적 함성은 "헛소동"으로 끝나게 되어 있다.

노예무역 문제 자체에 대해 말하자면, 스페인은 브루엄 경(Lord Brougham)뿐만 아니라 옥스퍼드 주교로부터도 사악한 무역을 주도하는 나라라는 비난을 들었다. 두 사람은 영국 정부에 모든 수단을 다 동원하여 스페인이 기존의 조약을 준수하도록 만들라고 촉구했다. 영국과 스페인 사이에는 이미 1814년에 일반 조약이 체결되었다. 이에 따라 스페인은 노예무역을 불법화하는 결의안을 통과시켰다. 이어 1817년에는 특별 조약이 맺어졌다. 이 조약에 따라 스페인은 자국 국민들의 노예무역을 근절시키는 해를 1820년으로 잡았으며, 자국 국민들이 이 조약을 이행함으로써 입을 손실에 대한 배상으로 40만 파운드를 받았다. 그런데 스페인은 돈만 챙기고 그에 상응하는 조치는 취하지 않았다. 이렇게 되자 1835년에 다시 조약이 맺어졌다. 이 조약에 따라 스페인은 자국 국민들의 노예무역을 아예 불가능하게 만들 만큼 강력한 형법을 마련하지 않을 수 없게 되었다. 이 조약에도 불구하고 꾸물거리는 스페인의 태도에는 변화가 전혀 없었다. 그러고도 10년이 더 지나서야 형법이 집행될 수 있었다. 그런데 노예무역을 폐지하려는 노력이 어쩌다 이 모양이 되어버렸을까? 영국이 강력히 주장해 온 주요 조항, 즉 노예무역을 해적행위로 규정하는 조항이 빠졌기 때문이다. 한 마디로 말하면, 이뤄진 것이 아무것도 없었던 것이다. 쿠바의 총사령관과 영국 국내의 내각, 그리고 소문이 맞는다면 왕실의 사람들까지 인간 육체를 거래하는 면허장을 높은 가격에 팔면서 노예무역업자에게 사적인 세금을 물린 것 외에는 어떠한 변화도 없었던 것이다. 옥스퍼드 주교는 스페인에 대해 이렇게 말했다.

스페인은 이 무역이 정부로서는 근절시키기가 힘든 시스템이라고 변명할 수 없었z다. 왜냐하면 발데스(Jerónimo Valdez: 1784-1855) 장군이 그런 식의 해명은 절대로 진실이 아니라는 점을 현실로 보여주었기 때문이다. 그는 쿠바에 도착하자마자 주요 노예무역업자들을 불러 놓고 그들에게 6개월 안에 모든 거래를 종료하라고 지시하면서 유예기간이 끝나면 노예무역을 뿌리 뽑겠다는 뜻을 전했다. 그러자 어떤 결과가 나타났는가? 발데스 장군의 통치가 시작되기 전인 1840년에 아프리카 해안에서 노예를 싣고 쿠바로 온 선박은 56척이었다. 발데스 장군이 총사령관을 맡고 있던 1842년에는 그 수가 3척에 지나지 않았다. 1840년에 쿠바에 내린 노예의 수는 14,470명이었고, 1842년에는 3,100명이었다.

그렇다면 영국은 스페인을 어떻게 해야 할 것인가? 항의를 되풀이할 것인가, 파견 함대의 수를 늘릴 것인가, 아니면 협상을 다시 벌일 것인가? 맘스베리 경은 스페인과 영국 사이에 헛되이 교환된 문서만으로도 스페인 해안에서 쿠바까지 다 덮을 수 있을 것이라고 비꼬아 말한다. 아니면 영국이 많은 조약을 통해 인정받은 사항들을 강제할 것인가? 이 점이 바로 고민의 핵심이다. 스페인만이 아니다. "당당한 동맹"이라는 음흉한 그 인간(루이 나폴레옹 보나파르트(Louis Napoleon Bonaparte))이 지금 노예무역의 수호천사가 되어 있다. 온갖 형태의 노예제도의 후원자인 루이 보나파르트는 영국이 신념과 조약에 따라 행동하지 못하도록 방해하고 있다. 맘스베리 경이 사토리의 영웅(루이 나폴레옹 보나파르트)과 부적절한 친교를 맺고 있다는 의심을 강하게 사고 있다는 사실은 잘 알려져 있다. 그럼에도 불구하고, 맘스베리 경은 분명한 언어로 보나파르트에 대해 유럽 노예무역의 총사령관이라고 비난했다. 흑인들이 자유의사에 따라 프랑스 식민지로 떠나는 이민이라는 구실을 내세워 최악의 노예무역을 되살린 장본인이 바로 보나파르트라는 공격이었다. 그레이 백작도 "아프리카에서 전쟁을 벌이는 이유는 프랑스 정부의 대리인들에게 팔아넘길 포로를 잡기 위해서다"라고 언급함으로써 이 비난에 동참했다. 클래런던 백작(Earl of Clarendon)도 "스페인과 프랑스 두 나라는 아프리카 시장에서 흑인을 머릿수로 계산해 돈을 지급하면서 누가 노예를 더 많이 파는지 경쟁을 벌였다. 쿠바로 가든 프랑스 식민지로 가든 흑인을 다루는 데는 전혀 아무런 차이가 없었다."고 덧붙였다.

그렇다면 영국이 공화제를 뒤엎고 있는 그 인간을 도와줌으로써 누리게 된 영광이 바로 이런 것이라고 볼 수 있다. 프랑스의 제2공화국도 제1공화국처럼 노예제도를 폐지했다. 쿠데타로 권력을 잡은 보나파르트는 하루하루 새로운 공범자를 매수하지 않고는 권력을 연장할 수 없는 처지에 놓여 있다. 따라서 그는 노예제도를 부활시켰을 뿐만 아니라 노예무역을 재개함으로써 농장주들까지 매수했다. 국가의 양심을 더럽히는 것이면 무엇이든 그에게는 권력을 연장하는 새로운 수단이 될 것이다. 그렇다면 프랑스를 노예무역 국가로 바꾸는 것이 프랑스를 노예화하는 가장 확실한 방법일 것이다. 보나파르트에 의해 적어도 한 가지는 성취되었다. 노예무역이 제국주의자들과 공화주의자들 사이에 하나의 슬로건으로 정착한 것이다. 만일 오늘 프랑스 공화국이 부활한다면, 내일은 스페인도 이 악명 높은 무역을 포기하지 않을 수 없을 것이다.

〈뉴욕 데일리 트리뷴, 1858년 7월 2일〉

2

남북전쟁(Ⅰ)

1861년 9월 18일, 런던

비처 스토(Harriet Beecher Stowe: 노예제도폐지 운동을 벌인 미
국 작가로 『엉클 톰스 캐빈』의 저자로 유명하다. 그녀는 1853년에
영국을 방문해 상류층 친구들을 많이 사귀었다/옮긴이) 부인이 샤
프츠베리 경(Lord Shaftesbury: 1801-1885)에게 보낸 편지는 그
자체의 가치와는 별도로 북부연방에 반대하는 목소리를 높이는 런
던의 언론매체들이 북부연방에는 그렇게 적대적이면서 남부동맹
에는 은밀히 동정적인 태도를 취하는 이유를 일반 공중 앞에 공개
적으로 밝히도록 했다는 점에서 나름대로 큰 역할을 했다. 런던의
매체들이 남부동맹을 은근히 응원한다는 사실 자체가 노예제도의
공포에 치를 떠는 사람들에겐 오히려 이상하게 비치고 있다. 남부

동맹에 호의적인 매체들의 가장 큰 불만은 현재의 미국전쟁이 "노예제도 폐지를 위한 것이 아니라는" 것이다. 따라서 "광범위한 인도주의적 원칙"을 지키기 위해 자신들이 직접 전쟁을 치르기도 하면서 다른 국가의 전쟁에 관심을 기울여 온 고매한 영국인들로서는 북부연방의 사촌들에게 어떠한 공감도 느낄 수 없다는 것이다. '이코노미스트'(The Economist)는 "우선, 북부와 남부의 싸움이 흑인의 자유를 옹호하는 세력과 흑인 노예제도를 옹호하는 세력 사이의 전투라는 전제는 사실도 아닐뿐더러 경솔하기까지 하다"고 말한다. '새터데이 리뷰'(The Saturday Review)는 "북부는 노예제도의 폐지를 선언하지 않았으며 노예제도를 폐지하기 위해 싸우는 척조차도 하지 않는다. 북부는 흑인을 위해 정의를 구현하겠다는 뜻을 내세우지도 않았으며, 노예제도의 무조건적 폐지가 북부의 슬로건이 아니다"라고 보도한다. '이그재미너'(The Examiner)는 "만일 우리가 이 숭고한 운동의 진정한 의미에 대해 속았다면, 연방주의자들(북부의 연방지지자)이 아니고 누가 그 기만에 대해 대답을 할 수 있겠는가?"라고 반문한다.

그렇다면 먼저 그 전제부터 돌아봐야 한다. 미국전쟁은 노예제도를 폐지한다는 목적을 갖고 시작된 것이 아니며, 미합중국의 권력자들도 그런 인식을 불식시키느라 무척 힘들어했다. 하지만 그렇다 하더라도 이 전쟁을 일으킨 측은 북부가 아니라 남부였으며, 북부는 단지 방어의 차원에서만 전쟁을 치르고 있다는 점을 기억해야 한다. 북부가 유럽 역사에서는 볼 수 없는 오랜 인내와 망설임 끝에 노예제도 폐지가 아니라 연방을 구하기 위해 마침내 칼을 뽑아든 것이 사실이라면, 남부는 그 "기이한 제도"를 반란의 유일한 목적으로 요란하게 선언하면서 전쟁을 개시했다. 남부는 다른 사람들을 노예로 만들 자유를 위해 싸운다고 공공연히 밝혔다. 그 전에도 북부의 항의가 있긴 했지만, 이제는 공화당의 승리와 링컨(Abraham Lincoln)의 대통령 당선으로 인해 사람들을 노예로 만들 자유가 위기에 빠질 게 틀림없어졌다. 남부동맹의회(Confederate Congress: 남부동맹을 이룬 주들 사이에 1861년 11월 6일 치러진 선거로 구성된 입법부/옮긴이)는 그들의 새로운 헌법이 워싱턴(George Washington)과 제퍼슨(Thomas Jefferson), 애덤스(John Adams) 등이 만든 헌법과 확실히 다르며 노예제도를 그 자체로 선한 문명의 보루이자 신성한 제도라고 처음으로 인정했다고 떠벌렸다. 북부가 연방을 위해서 싸운다고 고백했다면, 남부는 노예제도의 고수를 위해 반란을 일으키는 것을 영광으로 여겼다. 만일 노예제도에 반대하며 이상을 추구하는 영국이 북부의 주장에 끌리지 않는다면, 영국이 남부의 냉소적인 주장에 그다지 혐오감을 느끼지 않는 이유는 과연 무엇인가?

'새터데이 리뷰'는 연방탈퇴주의자들의 선언 자체를 믿지 않음으로써 이 추한 딜레마에서 벗어나려 하고 있다. 이 신문은 더 깊이 들여다보면서 "노예제도는 연방탈퇴와 거의 아무런 관계가 없다"는 점을 발견한다. 제퍼슨 데이비스(Jefferson Davis(1808-1889: 미국 정치인으로 남부동맹의 형성부터 몰락까지 대통령을 맡았다/옮긴이)와 그 집단들의 선언이 알려진 것과는 달리 단지 "인습"에 지나지 않는다는 식이었다.

북부연방에 반대하는 신문들이 주장하는 바가 무엇인지를 딱히 꼬집어내기가 무척 어렵다. 글들을 보면 똑같은 문장이 마치 일련의 수학 문제를 푸는 공식처럼 거듭해서 등장한다는 사실이 확인된다. 공식들을 변형하거나 서로 결합시키려 한 흔적조차 보이지 않는다. '이코노미스트'는 이렇게 선언한다.

북부 사람들이 남부 쪽을 향해 만일 연방에 그대로 남는다면 그 못마땅한 제도의 실행을 방해하지 않겠다고 제안한 것이 왜 하필 링컨이 대통령에 당선한 어제, 그러니까 연방탈퇴 운동이 처음으로 큰 힘을 얻은 바로 그날이었는가? 북부 사람들은 그 제도에 대한 간섭을 포기한다는 뜻을 엄숙히 표현했다. 또 북부의 지도자들은 노예제도를 건드리지 않는다는 양보를 바탕으로 의회에서 타협안을 거듭 제안했다.

'이그재미너'는 이렇게 보도하고 있다.

북부가 노예제도와 관련하여 남부에 양보를 많이 함으로써 협상을 통해 사태를 해결하겠다는 자세를 취하게 된 이유가 뭘까? 지리적으로 어떤 경계선을 그어 노예제도를 근본적인 제도로 인정한다는 제안이 어떻게 의회에 제안되었을까? 그러나 남부의 주들은 이런 제안에도 만족하지 않았다.

'이코노미스트'와 '이그재미너'가 물어야 했던 것은 크리탠던 타협안(크리탠던(John J. Crittenden) 상원의원이 1860년 12월 18일 제안했으나 성사되지 못했다. 노예주들에게 노예제도를 영원히 인정한다는 내용이 포함되어 있었다/옮긴이)을 포함한 여러 조치들이 왜 의회에 제안되었느냐 하는 물음만이 아니다. 왜 그 타협안들이 통과되지 못했는가 하는 물음까지 던져야 한다. 이 매체들은 그 타협안들이 북부에 수용되고 남부에 의해 거부당한 것으로 여기고 있지만 실은 링컨을 선출한 북부 측에 의해 좌절되었다. 제안이 결의안으로 발전한 적이 한 번도 없었으며 언제나 희망사항으로만 머무르고 있다. 그러다 보니 당연히 남부는 거부하거나 승인할 기회조차 가져보지 못했다. 우리는 '이그재미너'에 게재된 다음과 같은 글을 통해 문제의 핵심에 조금 더 가까이 다가갈 수 있다.

> 스토 부인은 "노예제도의 존속을 원하는 주들이 자신들의 목적을 위해 미합중국을 더 이상 이용할 수 없다는 사실을 확인하고는 연방을 파괴하기로 작정했다."고 말한다. 여기엔 노예주들이 그때까지 자신들의 목적을 위해 미합중국을 이용했다는 뜻이 담겨 있다. 만일 스토 부인이 북부가 노예제도에 반대하는 입장을 갖기 시작한 때가 언제였는지를 명확히 보여줄 수 있었더라면 더 좋았을 것이다.

사람들은 '이그재미너'를 비롯하여 영국의 여론을 전달한다고 자처하는 매체들이 그런 중요한 문제에 관해서는 스토 부인의 정보를 필요로 하지 않을 정도로 동시대의 역사를 훤히 꿰뚫고 있다고 짐작할 것이다. '노예권력'(slave power: 1840년대부터 1860년대 사이에 미국에서 남부의 노예소유 계층의 정치권력을 비난하는 뜻으로 자주 쓰인 표현이며 'slavocracy'라 불리기도 했다/옮긴이)이 북부의 민주당원들(미국 민주당은 1850년대 말까지 노예제도를 놓고 분열상을 보였다. 북부의 민주당원들은 노예제도의 확대에 반대했고, 남부의 민주당원들은 전국적으로 노예제도를 합법화해야 한다고 주장했다. 그러다가 1860년 선거 때 민주당은 북부민주당과 남부민주당으로 쪼개졌다/옮긴이)과의 동맹을 통해 미합중국을 점진적으로 이용하는 것은 말하자면 19세기가 시작한 이후로 미국 역사의 일반적인 공식이다. 일련의 타협안들은 곧 미합중국이 점진적으로 노예소유자들의 노예로 전락하고 있었음을 보여주는 것이다. 각각의 타협안은 저마다 남부의 새로운 침해를, 그리고 북부의 새로운 양보를 의미한다. 그와 동시에 남부가 연속적으로 거둔 승리들 중에서 당의 이름과 구호와 색깔이 다른 북부의 반대세력과의 투쟁을 거쳐 얻은 것은 하나도 없었다. 만일 각 다툼의 긍정적이고 최종적인 결과가 남부에 유리하다는 식으로 이야기되고 있다면, 역사를 주의 깊게 관찰하는 사람은 노예권력의 새로운 전진은 곧 그 권력의 종국적 패배로 나아가는 한 걸음이라는 사실을 확인할 수 있을 것이다. 미주리 타협(Missouri Compromise: 1820년 통과된 타협으로, 미주리와 아칸소의 경계선 이북의 신생주에서는 노예제도를 금지한다는 내용을 담았다/옮긴이)이 마련될 때에도 이미 경쟁하던 세력들이 서로 균형을 이루고 있었기 때문에 제퍼슨은, 그의 회고록을 통해 확인되듯이, 미합중국이 그 일로 인해 두 쪽으로 나눠질 위험에 처한 것으로 이해했다. 노예권력의 미합중국 잠식이 몇 가지 조치를 거치며 최고조에 달했다. 우선 캔자스-네브래스카 법(Kansas-Nebraska bill: 1854년에 통과된 이 법은 미국 내의 새로운 준주(準州(Territory): 주민들이 새롭게 개척하여 거주하고 있으나 아직 주의 자격을 얻지 못한 지역을 말한다)들이 경계선 안에 노예제도를 둘 것인지 여부를 주민들의 투표로 결정하도록 했다/옮긴이)으로 인해 미국 역사상 처음으로, 발의자인 더글라스(Stephen A. Douglas) 상원의원이 고백하듯이, 미국 영토 안에서 노예제도의 확산을 막았던 법적 장벽이 무너졌고, 이어서 북부의 한 후보자가 합중국의 노예소유자들을 위해 쿠바를 정복하든지 아니면 구입하든지 하겠다고 약속함으로써 대통령 지명전에서 성공을 거두었고, 그 다음에는 드레드 스콧 결정(Dred Scott Decision: 1857년에 나온 연방대법원의 결정을 일컫는다. 아프리카에서 끌려온 사람들은 미국 시민권을 주장할 수 없다는 내용이다. 이 결정은 노예소유자들에게 노예제도가 없는 준주 안에서도 노예를 소유할 권리를 부여했다/옮긴이)에 의해서 미국 헌법이 연방권력의 노예제도 확산을 뒷받침하게 되었다. 마지막으로, 아프리카 노예무역이 노예제도가 법적으로 존재하던 때보다 훨씬 더 큰 규모로 사실상 재개되었다. 오히려 이때가 절정을 이루었다. 그러나 북부 민주당의 묵인 하에 남부의 북부 잠식이 이런 식으로 절정으로 치닫던 동안에, 그에 반대하던 북부의 세력들도 곧바로 세력균형을 바꿔놓을 힘을 축적하고 있다는 신호들이 나타났다. 캔자스 전쟁(Kansas War: 1854년부터 캔자스에서 노예제도 폐지론자들과 노예제도를 옹호하는 세력 간에 폭력적인 충돌이 있었다/옮긴이), 공화당 결성(1854년에 노예제도에 반대하는 운동가들이 중심이 되었다/옮긴이), 1856년 대통령 선거에서 프레몽(John Charles Frémont)의 선전(善戰) 등은 미국 역사가 노예소유자들의 압력 하에서 반세기 동안 겪고 있던 탈선을 바로잡을 힘을 북부가 충분히 축적했다는 것을 보여주는 명확한 증거들이었다. 이러한 정치적 현상과는 별도로, 노예소유자들이 미합중국을 악용하는 것을 되돌려 놓아야 할 때가 되었음을 말해주는 통계 및 경제적 사실이 한 가지 있었다. 그것은 바로 북서부 지역의 성장이었다. 1850년부터 1860년 사이에 이 지역의 인구가 크게 증가했고, 이 지역의 영향력은 미국의 운명을 좌우할 정도로 커졌다.

그런데 이 모든 것이 비밀로 가려져 있었단 말인가? 비처 스토부인이 '이그재미너'와 런던 언론계의 다른 정치 조직들에게 전달하고자 원했던 것, 즉 "노예소유자들의 집단이 자신들의 목적을 위해 합중국을 이용했다"는 것이 어디 조심스럽게 숨겨왔던 진실이었는가? 영국 언론인들이 사태를 제대로 모르는 가운데 적대 세력 간의 폭력적 충돌을, 즉 반세기 동안 미국의 역사를 움직여 온 힘이었던 바로 그 세력들 간의 충돌을 직면하게 된 것이 어디 미국 북부의 잘못인가? 엄격히 따지고 보면 오랜 세월에 걸친 투쟁의 자연스런 산물인 것을 영국 언론이 마치 어느 날 갑자기 불쑥 나타난 비현실적인 사건인 것처럼 오해하는 것이 어디 미국인들의 잘못인가? 미국에서 공화당이 결성되어 발전하고 있는 것이 런던 언론의 주목을 거의 받지 못했다는 사실은 노예제도에 반대한다는 내용의 글이 얼마나 공허한지를 웅변으로 증명하고 있다. 런던의 매체들 중에서 서로 정반대의 입장을 취하고 있는 2개의 매체를 예로 들어보자. '런던 타임스'(The London Times: 'The Times'를 이렇게 부르기도 했다/옮긴이)와 '레이놀즈스 위클리 뉴스페이퍼' (Reynolds's Weekly Newspaper)가 있다. 앞의 것은 사회적 지위가 있는 계층의 신문이고, 뒤의 것은 유일하게 남은 근로계층의 매체이다. '런던 타임스'는 뷰캐넌(James Buchanan: 1791-1868: 민주당 출신의 제15대 미국 대통령. 그의 재임 기간에 남북 대결이 더욱 격해져갔다/옮긴이)의 경력이 종지부를 찍기 얼마 전에 그의 행정부에 대한 사과문과 함께 공화주의 운동을 비방하는 글을 실었다. '레이놀즈스 위클리'의 레이놀즈(George Reynolds)는 뷰캐넌이 런던에 머무는 동안 그의 앞잡이 노릇을 했으며, 그 후로도 기회가 날 때마다 그를 찬양하고 그의 적들을 공격하는 것을 결코 잊지 않았다. 그런데 노예권력의 미합중국 잠식에 대한 절대적 반대를 정강으로 내세운 공화당이 어떻게 북부에서 성공을 거둘 수 있었을까? 또 북부의 민주당 지지자들의 상당 부분이 옛날에 노예권력 지도자들과 맺었던 연결과 반세기에 걸친 전통을 무시하고 또 상업적 이해관계와 그보다 더 큰 정치적 편견을 내던지면서 현재의 공화당 행정부를 지지함과 동시에 돈과 인력을 제공하고 나서는 일이 어떻게 일어날 수 있었을까? 이런 물음들에 대해서는 결코 대답을 내놓지 않으면서 '이코노미스트'는 이렇게 주장한다.

노예제도 폐지론자들이 남부에서와 마찬가지로 북부와 서부에서도 상습적으로 심하게 박해를 당하고 푸대접을 받아왔다는 사실을 우리가 잊을 수 있는가? 워싱턴 정부의 불성실은 말할 것도 없고, 그 급한 성미와 무성의가 몇 년 동안 아프리카 해안에서 노예무역을 근절시키려던 영국의 노력을 방해했다는 사실을 우리가 부정할 수 있는가? 그런 한편 노예무역에 실제로 가담한 선박들의 절대다수가 북부의 상인에 의해 북부의 자본으로 건조되었으며 북부 사람들을 선원으로 태우고 있다는 사실을 우리가 부정할 수 있는가?

사실 이것은 논리의 걸작이라 할 만하다. 노예제도에 반대하는 영국이 점점 위축되고 있는 노예권력을 타파하고 있는 북부에 공감할 수 없다고 하니까 하는 말이다. 그것도 북부가 노예권력의 영향을 받는 가운데서 노예무역을 지지하고 노예제도 폐지론자들을 공격하고 민주적인 제도를 노예소유자들의 편견으로 훼손시켰다는 이유로 말이다. 영국은 링컨 행정부에 공감할 수 없다고 한다. 그것도 마찬가지로 영국이 뷰캐넌 행정부의 결점(뷰캐넌은 역사학자들로부터 대통령 임기 중에 각 파벌들의 의견 대립을 원만하게 해결하지 못해 결국 남북전쟁을 불렀다는 좋지 않은 평가를 받고 있다/옮긴이)을 확인했기 때문이라고 한다. 영국은 현재 전개되고 있는 북부부흥운동에 이의를 제기하고, 북부 사람들 중에서 공화당 정강이 폐지해야 할 것으로 낙인을 찍은 노예무역에 동조적인 사람들을 응원하고, 남부에 자신들의 제국을 세우면서 그곳 노예소유자들에게 아양을 떨고 있다. 그것 또한 어제의 북부가 오늘의 북부가 아니라는 이유에서다. 영국의 태도를 그런 식의 궤변으로 정당화해야 할 필요가 있다는 사실 자체는 영국 언론 중에서 북부에 반대하는 세력의 뒤에 공개적으로 털어놓지 못할 사악한 동기들이 숨어 있다는 사실 그 이상의 것을 증명하고 있다.

현재의 공화당 행정부를 노예제도를 옹호한 선임자들의 행위를 이유로 괴롭히는 것이 약이 바짝 오른 영국 언론의 책략 중 하나이다. 그렇기 때문에 영국 언론은 영국 시민들에게 '뉴욕 헤럴드'(The New York Herald: 1835년에 뉴욕에서 창간된 신문으로 많은 발행부수를 자랑했다. 남북전쟁 동안에는 민주당을 열렬히 지지했다/옮긴이)가 북부의 의견을 정직하게 전달하는 유일한 매체라고 설득시키려고 애를 썼다. '런던 타임스'도 이런 식의 암시를 주고 있으며, 북부에 반대하는 다른 매체들은 맹목적으로 같은 논조를 따르고 있다. 그래서 '이코노미스트'는 이렇게 전한다.

> "투쟁이 한창 고조된 상황에서, 전투원들을 격려하던 뉴욕의 신문들과 정치인들은 전쟁터에 큰 군대를 확보한 마당에 형제를 상대로 싸울 것이 아니라 영국을 상대로 싸워야 한다고 생각하고 있다. 노예문제를 포함한 내부 갈등은 타협으로 해결하고 사전 통고없이 압도적인 군사력으로 영국 영토를 침공하기를 원하고 있다."

'뉴욕 헤럴드'가 연방분리를 성공시키고 북부의 부흥운동을 저지할 의도로 미국이 영국과 전쟁을 벌이게 하려고 노력하고 있고 또 '런던 타임스'가 그 같은 노력을 전폭적으로 지지하고 있다는 사실을 '이코노미스트'는 충분히 잘 알고 있다.

그래도 북부에 반대하는 영국 언론들이 인정한 것이 하나 있다. 정론을 펴는 척 구는 '새터데이' 기자가 우리들에게 이런 이야기를 들려준다. "링컨의 선거에서 이슈가 되었고 또 그 같은 격변을 몰고 온 것은 바로 노예제도를 이미 그 제도가 시행되던 곳에만 한정시키려던 노력이었다."

그리고 '이코노미스트'는 이렇게 주장한다.

노예제도를 아직 주민들이 정착하지 않은 준주들로까지 퍼지는 것을 막는 것이 링컨을 뽑은 공화당의 목표였던 것은 분명 사실이다. …… 만일 북부의 성공이 완벽하고 무조건적인 것이었다면, 공화당은 노예제도를 이미 그 제도를 채택한 15개의 주로 묶어둘 수 있었을 것이며, 따라서 확실하지는 않지만 언젠가는 노예제도가 사라지게 될 것이다.

1859년에 존 브라운(John Brown)의 하퍼스 페리 공격(백인으로 노예제도 폐지 운동을 벌인 존 브라운이 버지니아 주 하퍼스 페리에 있던 병기고를 탈취하여 흑인 반란을 일으키려 했던 사건/옮긴이)이 일어났을 때, 바로 그 '이코노미스트'가 미국의 노예제도는 그 확장의 힘을 빼앗기는 순간부터 어떤 경제법칙 때문에 점차적으로 줄어들다가 결국에는 사라지게 되어 있다는 주장을 뒷받침하는 시리즈 기사를 게재했다. 그 "경제법칙"은 노예권력들이 완벽하게 이해하고 있던 것이었다. 툼즈(Robert Augustus Toombs(1810-1885): 미국 남부동맹의 정치 지도자/옮긴이)는 "노예제도를 시행하는 영토가 크게 확장되지 않는다면, 앞으로 15년 후면 노예들이 백인들로부터 달아날 수 있는 허가를 받게 되든지 아니면 백인들이 노예들로부터 달아나야 하는 상황이 전개될 것"이라고 말했다.

공화당원들이 선언한 대로 노예제도를 합법적인 지역 안에만 묶어두려는 움직임이 본격화되자 1859년 12월 19일 하원에서 연방을 탈퇴하겠다는 위협이 처음으로 언급되었다. 싱글턴(Otho Robards Singleton(1814-1889): 미국 하원의원(미시시피 주)이었으며 남북전쟁 동안에는 남부동맹의 정치인으로 활약했다/옮긴이)이 커티스(Samuel R. Curtis(1805-1866): 최초의 공화당 하원의원 중 한 사람(아이오와)이었으며 남북전쟁 때 북군의 장교로 활약했다/옮긴이)에게 "만일 남부가 연방에 남아 있는데도 공화당이 남부에 노예 영토를 넓히는 것을 절대로 허용하지 않는다면?"이라고 물었고 이에 대해 커티스가 허용하지 않을 것이라는 쪽으로 대답하자, 싱글턴은 그러면 연방이 해체될 것이라고 말했다. 싱글턴이 미시시피 주에 한 조언은 연방탈퇴가 빠를수록 좋다는 것이었다. "여러분들은 제퍼슨 데이비스가 멕시코에서 우리 군대를 이끌었다는 것을 기억해야 할 것입니다. 그리고 …… 그는 지금도 살아 있습니다. 아마 남부군을 이끌기 위해서겠지요." 노예제도를 합법적인 영토 안에서 유지하는 데 절대적으로 필요한 조건으로 노예제도의 확산을 꿉던 '경제법칙' 외에도, 남부의 지도자들은 자신들이 미합중국에 대한 정치권력을 계속 행사하기 위해 갖춰야 할 것들에 대해 잘못 생각하는 일이 절대로 없었다. 존 컬훈(John Calhoun(1782-1850): 제7대 미국 부통령을 지낸 인물로 노예제도를 옹호했다/옮긴이)은 1847년 2월 19일 상원에 제출한 자신의 제안과 관련해 "정부 안에서 남부가 가진 세력균형의 유일한 수단은 상원"이라고 언급하면서, "상원에서 권력의 균형을 계속 지켜나가기 위해" 노예주들을 새로 만들 필요가 있다고 주장했다. 게다가 30만 명인 노예소유자들의 대표들이 이끄는 과두정치는 백인 주민들에게 미국 국경 안팎의 새로운 정복이라는 미끼를 끊임없이 던져주는 방법 외에는 미국 내에서 권력을 계속 유지할 길이 전혀 없었다. 그렇다면, 만일 영국 언론의 예언처럼 북부가 노예제도를 현재의 범위 안으로 제한한다는 결의안에 최종적으로 합의하고 따라서 합법적인 방법으로 노예제도를 폐지시키는 길을 택한다면, 이것으로도 노예제도에 반대하는 영국의 공감을 충분히 받을 수 있는 것이 아닌가?

그러나 영국의 청교도들은 노예제도의 명백한 폐지를 위한 전쟁이 아니고는 결코 만족하지 못하는 듯하다. '이코노미스트'는 "흑인의 해방을 위한 전쟁을 벌이는 것도 아닌데, 다른 무슨 근거로 우리가 북부연방의 대의에 공감할 수 있겠는가?"라고 묻는다. '이그재미너'는 "북부연방이 노예주들의 북부 잠식에 맞서 과감히 자신들의 입장을 지켰고 또 노예해방을 흑인에게 정의를 베푸는 조치로 채택했다고 판단하면서, 우리가 북부연방에 공감했던 적이 있었다."고 말한다.

그러나 이 매체들이 노예제도 폐지를 위한 전쟁이 아니라서 북부에 찬성할 수 없다고 밝힌 바로 그 날자 신문에서, 우리는 "흑인 해방을 선언하고 노예들이 반란을 일으키도록 결집시키려는 힘든 노력은 그 배경을 보면 무시무시하고 혐오스러우며, 또 막대한 비용을 들인 끝에 피로 얼룩진 승리를 쟁취하느니보다 타협이 훨씬 더 바람직하다"는 내용을 읽을 수 있다.

따라서 노예제도 폐지 전쟁에 대한 영국의 열망은 위선적이기 짝이 없다. 다음과 같은 문장에서 본심이 드러난다. '이코노미스트'는 "모릴 관세(Morrill Tariff: 미국이 민주당인 제임스 뷰캐넌 대통령 재임 기간인 1961년에 채택한 보호주의 관세/옮긴이)가 우리가 공감하고 감사해야 할 조치인가, 아니면 북군이 승리를 거둘 경우에 그 관세가 공화국 전체로 확산될 것이 확실하다는 점이 우리가 떠들썩하게 북부의 성공을 염원해야 할 이유인가?"라고 묻는다. '이그재미너'는 "북미의 사람들은 이기적인 보호주의 관세에만 열을 올리고 있다. 남부 주들은 노예노동으로 얻은 결실을 북쪽의 보호관세에 강탈당하는 데 지쳐 있다."고 전한다.

'이그재미너'와 '이코노미스트'는 서로에 대해서도 논평한다. 그래도 '이코노미스트'는 한마디로 요약하면 단지 관세의 문제에 불과하다고 마침내 고백할 만큼은 정직하다. 한편 '이그재미너'는 남북 간의 전쟁을 관세전쟁으로, 보호무역과 자유무역 간의 전쟁으로 압축한다. '이그재미너'는 아마 1832년 사우스 캐롤라이나 주의 '연방관세 철폐주의자'(Nullifier: 1832년 사우스 캐롤라이나 주의 지도자들은 자신들의 영토 안에서 연방관세를 무효화시켰다.

그러자 앤드류 잭슨(Andrew Jackson) 대통령이 관세법을 강제하기 위해 함대까지 보냈다/옮긴이)들까지도 잭슨 장군이 증언하듯이 보호주의를 오직 연방탈퇴의 구실로만 이용했다는 사실을 모르고 있는 것 같다. 그러나 '이그재미너'까지도 현재의 반란은 모릴 관세의 통과를 기다렸다가 터져 나온 것이 아니라는 사실을 알아야 한다. 1846년부터 1861년 사이에 자유무역 관세가 널리 퍼졌다는 점을 고려한다면, 사실 남부 주민들이 노예노동으로 얻은 결실을 북부의 보호주의 관세에 강탈당하는 데 지쳤다는 주장은 말이 되지 않는다.

'스펙테이터'(The Spectator)는 최근호에서 북부에 반대하는 매체들의 은밀한 생각을 다음과 같이 놀라운 방법으로 표현해내고 있다.

그렇다면 북부에 반대하는 매체들은 사실들의 엄연한 논리를 따른다는 점을 구실로 내세우면서 진정 무엇이 바람직하다고 생각하고 있는가?
그들은 연방해체가 바람직하다고 주장한다. 주된 이유는, 우리가 말한 바와 같이, 그것이 "형제살해를 부를 명분 없는 투쟁"을 종식시키는 유일한 조치이기 때문이라고 한다. 그 다음으로는, 물론 신이 인간에게 제시한 길이 어떤 것인지가 드러났기 때문이라고 한다. 경쟁을 벌일 여러 집단으로 쪼개지는 것이 각 국가들에게 아주 유리하다는 것이 확인되고 있다. 각 국가들은 서로의 야망을 견제할 것이고, 서로의 권력을 무력화시킬 것이며, 앞으로 언젠가 영국이 그 국가들 중 하나 혹은 그 이상과 분쟁을 일으키더라도 그 국가들 사이에 질투가 작용할 것이기 때문에 반대 집단은 우리를 지원하게 될 것이다. 이것이 지금 미국의 남북전쟁을 보도하는 매체들의 기본적인 입장이다. 그렇게 되어야만 영국이 불안으로부터 자유로워질 것이다. 아울러 아메리카 대륙의 각 국가들이 정치적 경쟁을 벌이게 될 것인데, 이 경쟁이야말로 국가들 사이에 정직과 순수가 지켜지도록 만드는 위대한 안전장치가 아니겠는가.

〈뉴욕 데일리 트리뷴, 1861년 10월 11일〉

3

🙖

영국의 목화무역

<u>1861년 9월 21일, 런던</u>

원면 가격의 꾸준한 상승이 마침내 면사 공장에 심각한 영향을 미치기 시작했다. 면사 공장의 면화 소비가 25% 줄고 있다. 조업률이 낮아지고, 많은 공장들이 일주일에 사나흘만 작업하고, 기계의 일부를 세우면서 나타나고 있는 현상이다. 작업시간이 이미 단축된 곳에서만 아니라 지금 풀타임으로 가동하고 있는 곳에서도 나타나고 있다. 일시적으로 문을 닫은 공장도 있다. 예를 들어 블랙번과 같은 일부 지역에서는 작업시간 단축과 임금하락이 동시에 일어나고 있다. 그러나 작업시간을 단축하려는 움직임은 아직 초기 단계에 지나지 않는다. 몇 주 지나면 거래가 대체로 주 3일 근무에 맞춰질 것이라고 말해도 틀리지 않을 것이다. 그러면 대부분의 공장에

서 많은 기계들이 멈추게 될 것이다. 대체로 보면 영국의 제조업자들과 상인들은 목화공급의 불편을 좀처럼 인정하지 않으려 한다. 그들은 이런 식으로 말한다.

"지난해 미국 목화의 전체 작황은 유럽에서 오래 전부터 예상되어 왔다. 새 목화를 따는 작업이 가까스로 시작되었다. 전쟁과 봉쇄(에이브러햄 링컨 대통령은 1861년 4월에 남부의 모든 항구에 대해 봉쇄를 선언했다/옮긴이)의 소식이 들리지 않았더라도, 목화는 지금까지 수입된 것보다 더 많은 양은 절대로 도착하지 못했을 것이다. 11월로 접어들 때까지는 목화 선적이 이뤄지지 않는다. 보통 12월 말이 지나야 대규모의 수출이 이뤄진다. 그때까지는 목화가 플랜테이션에 저장되어 있든 항구로 수송되고 있든 별로 중요하지 않다. 만일 항구봉쇄가 올해가 다 가기 전에 풀린다면, 3월이나 4월이면 봉쇄가 이뤄지기 전의 수준으로 목화를 공급받게 될 것이다."

중상주의(mercantilism: 국가가 해외무역을 통제하는 것이 국가안보에 가장 중요하다고 믿는 경제원칙을 말한다. 16세기 말부터 18세기까지 유럽 각국의 경제정책을 지배했다. 이 원칙에서는 무역수지 흑자가 아주 중요하다/옮긴이)를 신봉하던 상인들의 마음 깊은 곳에는 미국의 위기 자체가, 따라서 해상봉쇄가 해가 다 가기 전에 끝나거나 아니면 파머스턴 경이 봉쇄를 강제로 풀 것이라는 인식이 자리 잡고 있었다. 그러다가 상인들은 해상봉쇄를 강제로 풀게 할 수도 있다는 생각을 버리게 되었다. 왜냐하면 다른 모든 상황은 차치하더라도, 두 개의 거대한 이해관계, 즉 미국 북부의 산업시설에 엄청난 자본을 투입한 금전적 이해관계와 미국 북부를 주요 공급원으로 의지하고 있던 곡물 무역이 영국 정부가 적극적으로 공격하고 나서지 못하게 막고 있다는 사실을 맨체스터 사람들이 깨닫게 되었기 때문이다. 리버풀이나 맨체스터가 필요로 하는 때에 해상봉쇄가 적절히 해제되거나 미국 전쟁이 연방탈퇴주의자들과의 타협으로 종식될 것이라는 희망이 영국 목화시장에 지금까지 알려지지 않았던 어떤 현상 앞에서 무너졌다. 그 특이한 현상이란 바로 미국인들이 일부는 투기 목적으로 또 다른 일부는 미국으로 다시 선적하기 위해 리버풀의 목화시장에서 활동하고 있는 것을 말한다. 따라서 지난 2주 동안 리버풀의 목화시장이 후끈 달아올랐다. 리버풀의 상인들이 목화에 대해 투기성 강한 투자를 하고 있는데다가 맨체스터와 다른 곳의 제조업자들이 겨울을 위한 원료를 확보하기 위해 역시 투기성 강한 투자를 하고 있기 때문이다. 겨울 원료를 확보하기 위한 투기가 어느 정도로 극성이었는지는 맨체스터에 빈 상태로 남아 있던 창고 공간의 상당 부분이 이미 그런 물량으로 채워졌고 또 9월 15일부터 9월 22일까지 1주일 사이에 파운드당 미국산 중급품이 3/8달러, 상급품이 5/8달러씩 인상되었다는 사실로도 충분히 확인된다.

미국 전쟁이 발발한 이후로, 목화 가격은 꾸준히 오르고 있었다. 그러나 원료의 가격과 실과 직물의 가격 사이의 터무니없는 불균형은 8월 마지막 주가 되어서야 발표되었다. 그때까지는 미국

수요의 격감으로 면제품 가격이 심각할 정도로 떨어질 것이라는
예상이 있었지만, 그래도 면제품의 가격은 제품의 비축에 의해, 그
리고 중국과 인도로의 위험한 선적에 의해 균형이 이뤄지고 있었
다. 그러나 이런 아시아 시장도 곧 포화상태가 되었다. '캘커타 프
라이스 커런트'(Calcutta Price Current)는 1861년 8월 7일 "비축이
계속 이뤄지고 있다. 지금까지 도착한 원단이 2,400만 야드나 된
다. 이쪽 전문가들의 의견에 따르면 선적이 수요를 초과하고 있다.
이런 상태가 계속된다면 시장이 나아질 것이라고 기대하기 어렵
다. 봄베이 시장도 공급과잉 상태이다"라고 전한다.

　　인도 시장을 위축시킨 다른 요인들도 있다. 북서부 지방에 기
근이 일어난 데 이어 콜레라가 창궐했다. 또 로우어 벵골(Lower
Bengal) 지역이 홍수로 인해 물에 잠기는 바람에 벼농사가 심각
한 피해를 입었다. 캘커타에서 지난 주 영국에 도착한 편지들을 보
면, 인도 시장에서 팔리는 의류의 가격은 맨체스터에서 팔리는 같
은 제품의 가격보다 많이 낮다. 중국 시장에서도 물건이 쌓임에 따
라 가격이 당연히 떨어졌다. 이런 상황에서는 영국 면제품에 대한
수요가 떨어질 것이고, 따라서 면제품의 가격은 원료가격의 점진
적 상승을 따라잡을 수 없을 것이다. 그런 한편 목화로 실을 뽑고
직물을 짜고 염색을 들이는 업종에서는 생산비도 충당하지 못하고
있다.

　　인도산 목화의 소비가 급속도로 증가하고 있으며, 가격이 추가
로 오르면 인도의 공급이 더욱 늘어날 것이다. 하지만 불과 몇 개
월 만에 생산의 모든 조건을 바꾸고 교역의 흐름을 돌려놓는 것은

불가능한 일이다. 사실 영국은 지금 거대한 인도제국을 오랫동안 잘못 통치해온 데 대한 벌을 받고 있다. 미국산 목화를 인도산 목화로 대체하려고 애쓰는 영국은 두 가지 장애를 극복해야 한다. 인도 전역에 걸쳐 통신과 운송수단이 열악하다는 사실과 인도 농민의 비참한 처지가 그 장애물이다. 인도 농민의 경우 처지가 매우 참혹하기 때문에 그들 스스로는 아무리 노력해봐야 상황을 개선시키기 어려운 지경이다.

대체로 영국의 현대산업은 똑같이 끔찍한 2개의 축(軸)에 의존해 왔다. 하나는 아일랜드 사람들과 잉글랜드 노동계급의 상당수를 먹여 살리는 유일한 수단인 감자였다. 이 축이 감자에 발생한 병과 그에 따른 아일랜드의 대재앙(아일랜드 대기근을 일컫는다. 1845년부터 1850년 사이에 50만 명 이상의 아일랜드 사람들이 굶주림으로 죽었다. 영국의 착취적인 경제정책 때문이라는 지적도 있다/옮긴이)에 의해 완전히 무너졌다. 그렇기 때문에 힘든 일을 할 노동자 수백만 명의 생식(生殖)과 유지를 위하여 보다 넓은 기반을 마련해야 했다. 영국 산업의 두 번째 축은 노예가 경작하는 미국의 목화였다. 현재 미국의 위기 때문에 영국 산업은 어쩔 수 없이 공급원을 확대하지 않을 수 없으며 따라서 목화를 노예노동으로부터 해방시킬 수밖에 없다. 영국 면제품들이 노예가 경작하는 목화에 의존하는 한 영국의 산업은 이중의 노예제도에, 말하자면 영국 내 백인의 간접적인 노예제도와 대서양 반대편의 흑인들의 직접적인 노예제도에 의존했다고 봐도 무방하다.

〈뉴욕 데일리 트리뷴, 1861년 10월 14일〉

4

미국 남북전쟁(Ⅱ)

1861년 10월 20일, 런던

지난 몇 개월 동안 런던 언론계의 주요 주간지들과 일간지들은 미국 내전에 대해 똑같은 이야기를 지겹게 반복하고 있다. 그 매체들은 북부의 자유주들을 모욕하는 한편 자신들이 남부의 노예주들에게 동조적이라는 의심에 대해 적극적으로 해명하고 있다. 사실 영국의 매체들은 두 가지의 기사를 지속적으로 쓰고 있다. 하나는 북부를 공격하는 기사이고, 다른 하나는 북부에 대한 자신들의 공격을 변명하는 기사이다. 변명을 한다는 것 자체가 무언가 켕기는 것이 있다는 말이 아닐까.

　영국의 매체들이 변명으로 내놓는 주장은 기본적으로 이렇다.

북부와 남부의 전쟁은 일종의 관세전쟁이다. 그 전쟁은 어떤 원칙을 위한 전쟁은 절대로 아니며, 노예제도의 문제를 건드리지도 않으며, 실제로 보면 북부의 지배권 욕구를 채우기 위한 것이다. 마지막으로, 정의의 여신이 북부의 편에 선다 하더라도, 800만 명의 앵글로 색슨 사람을 무력으로 종속시키려한 것은 헛된 노력이지 않는가! 남부가 연방에서 탈퇴하면, 북부는 흑인 노예제도에서 완전히 풀려날 것이고 2,000만 명의 주민과 거대한 영토를 가진 남부에는 지금까지 꿈꿔보지 못한 개발의 기회가 열리지 않겠는가? 따라서 북부는 동족상잔의 무익한 내전으로 남부를 정복하려 할 것이 아니라 남부의 연방탈퇴를 행복한 마음으로 환영해야 하는 것이 아닌가?

지금부터 영국 매체들의 구실을 조목조목 따져볼 생각이다.

첫 번째 구실은 이렇다. 북부와 남부의 전쟁은 기본적으로 관세전쟁, 즉 보호주의 체제와 자유무역 체제 사이의 전쟁일 뿐이며, 그래서 자연히 영국은 자유무역의 편에 선다는 것이다. 그렇다면 이 전쟁의 이슈는 이런 물음으로 요약될 수 있다. 노예소유자가 노예노동의 결실을 온전히 다 즐길 것인가 아니면 이 결실 중 일부를 북부의 보호주의자들에게 빼앗길 것인가? 이런 놀라운 발견을 한 것은 순전히 '런던 타임스'의 공(功)이다. '이코노미스트'와 '이그재미너', '새터데이 리뷰' 등은 이 주제를 더욱 깊이 파고들었다. 이 발견의 특징은 그것이 찰스턴(미국 사우스캐롤라이나 주 남동부에 위치한 도시로, 남북전쟁이 처음 시작된 곳으로 유명하다/옮긴이)이 아니라 런던에서 이뤄졌다는 점이다. 당연히 미국에서는 모든 사람들이 1846년부터 1861년까지 자유무역제도가 압도를 했다는 점과 하원의원 모릴(Justin Smith Morrill)이 제안한 보호주의 관세 법안이 의회를 통과한 것이 1861년이었다는 사실을 잘 알고 있다. 1861년이면 남부의 반란이 일어난 뒤의 일이다. 따라서 연방탈퇴가 일어난 것은 모릴관세가 의회를 통과했기 때문이 아니다. 오히려 거꾸로 연방탈퇴가 이뤄졌기 때문에 모릴관세가 통과될 수 있었다. 사우스 캐롤라이나 주가 1831년에 처음 연방탈퇴를 내세우며 북부에 대한 공격을 감행했을 때, 1828년의 보호주의 관세가 분명히 그 주에 핑계거리를 제공했다. 그러나 잭슨 장군의 진술을 통해 알 수 있듯이, 그것은 어디까지나 핑계에 지나지 않았다. 그러나 이번에는 그 핑계가 제시되지 않았다. 몽고메리에서 열린 연방탈퇴의회에서 모두가 관세문제에 관한 언급을 회피했다. 그 이유는 영향력 있는 남부 주의 하나인 루이지애나 주의 사탕수수 재배가 전적으로 보호주의에 의존하고 있기 때문이다.

그러나 런던의 언론은 여기서 한 걸음 더 나아간다. 미합중국의 전쟁은 연방을 강제적으로 유지하기 위한 전쟁에 지나지 않는다고 주장한다. 미국의 북부 사람들은 자신들의 국기에서 별 15개를 떼어내기를 싫어한다. 그들은 세계무대에서 어느 한 거대한 국가를 잘라버리기를 원한다. 그렇다. 만일 미국의 남북전쟁이 노예제도의 폐지를 위해 치러졌다면, 그건 분명 달랐을 거다! 그러나 '새터데이 리뷰'가 단정적으로 선언하듯 노예제도 문제는 이 전쟁과 아무런 관계가 없다.

이 대목에선 무엇보다도 전쟁이 북부가 아니라 남부에 의해 시작되었다는 사실을 기억할 필요가 있다. 북부는 자신들이 수세를 취하고 있다는 사실을 깨닫고 있다. 연방탈퇴주의자들이 합중국의 요새와 병기고, 조선소, 세관, 선박, 무기의 공급을 자신들의 목적에 이용하고, 국기를 모독하고, 합중국의 군인들을 포로로 잡던 몇 개월 동안에, 북부 사람들은 말없이 지켜보고만 있었다. 최종적으로 연방탈퇴주의자들은 뻔뻔한 전쟁행위를 감행하여 합중국 정부가 수동적인 태도를 버리도록 만들기로 결정했다. 그런 다음에 순전히 이 목적으로 그들은 찰스턴 근처의 섬터 요새에 대한 공격을 감행했다. 1861년 4월 11일, 연방탈퇴주의자 측의 보우리가드(Pierre Gustave Toutant de Beauregard) 장군은 섬터 요새의 지휘관인 앤더슨(Robert Anderson)과의 만남에서 요새에 3일치 분량의 식량밖에 남지 않았으며 따라서 이 기간만 지나면 요새가 평화롭게 넘어오게 되어 있다는 사실을 알았다. 이 평화로운 양도를 무산시키기 위해, 탈퇴주의자들은 이튿날(4월 12일) 아침 일찍 포문을 열었다. 이어 몇 시간도 채 되지 않아 요새가 함락되었다. 이 소식이 연방탈퇴의회가 자리 잡고 있던 몽고메리로 전보로 전달되자마자, 남부동맹의 전쟁장관인 워커(LeRoy Pope Walker)가 남부동맹의 이름으로 다음과 같이 공식적으로 선언했다. "오늘 시작된 이 전쟁이 언제 끝날 것인지는 아무도 모른다." 동시에 워커는 "5월 1일 안에 남부동맹의 국기가 워싱턴의 옛 국회의사당의 원형 지붕 위에 휘날리게 될 것이며 또 얼마 지나지 않아 보스턴의 파뉴일 홀(Faneuil Hall: 1742년부터 시장과 회합의 장소로 이용된 유서깊은 건물이다. 새뮤얼 애덤스를 비롯한 유명 인사들이 영국으로부터의 독립을 호소하는 연설을 한 곳으로 유명하다/옮긴이)에도 국기가 휘날릴 것”이라고 예견했다. 상황이 이런 식으로 전개된 다음에야 링컨은 선언서를 발표하면서 75,000명의 병사들에게 연방을 지킬 것을 명령했다. 섬터 요새에 대한 공격은 유일하게 합법적인 방법을, 즉 링컨이 취임연설에서 밝힌 대로 미국 국민들로 구성된 회의를 소집할 길을 막아버렸다. 링컨에게는 이제 메릴랜드와 델라웨어를 비우고 또 켄터키와 미주리와 버지니아를 넘겨주고 워싱턴에서 도피하든가 아니면 전쟁으로 대응하든가 둘 중 하나를 선택하는 길밖에 남지 않았다.

미국 내전의 원칙에 관한 물음에는 남부가 평화를 깨뜨리며 외쳤던 전투 구호가 그 답이 될 것이다. 남부동맹의 부통령이었던 스티븐스(Alexander Hamilton Stephens: 1812-1883)는 연방탈퇴의 회에서 이제 막 몽고메리에서 새로 태어난 헌법이 워싱턴과 제퍼슨의 헌법보다 탁월한 점은 사상 처음으로 노예제도를 그 자체로 선한 제도라고 인정한 사실에 있다고 선언했다. 반면에 18세기의 편견에 빠져 있던 혁명의 아버지들은 노예제도를 영국으로부터 수입된 악으로 여기며 시간이 지나면 폐지되어야 할 제도로 다루었다. 남부의 또 다른 흑색선전가인 스프랫(Leonidas Sprat)은 이렇게 외쳤다. “우리에게 그건 위대한 노예 공화국을 건설하는 문제이다.” 그러므로 북부가 칼을 끄집어낸 것이 진정 연방을 지키기 위한 것이었다면, 남부는 그 전에 이미 노예제도의 지속이 연방의 지속과 더 이상 함께 갈 수 없다는 것을 선언하지 않았는가?

섬터 요새의 공격이 개전의 신호탄이 되었듯이, 북부에서 공화당이 선거에서 승리를 거둔 것, 즉 링컨이 대통령에 당선된 것은 연방탈퇴의 신호탄이 되었다. 링컨이 대통령에 선출된 것은 1860년 11월 6일이었다. 이어 1860년 11월 8일 사우스 캐롤라이나에서 날아온 전보의 메시지는 "이곳에선 연방탈퇴가 기정사실로 여겨지고 있다"는 것이었다. 11월 10일에는 조지아 주 의회가 연방탈퇴 계획을 마련하느라 바빴으며, 11월 13일엔 미시시피 주 의회가 연방탈퇴 문제를 논의하기 위해 특별회의를 소집했다. 그러나 링컨의 대통령 당선은 단지 민주당 진영이 분열상을 보인 결과였을 뿐이다. 선거경쟁이 치열하게 벌어지는 동안에, 북부의 민주당원들은 더글라스에게, 남부의 민주당원들은 브레킨리지(John Cabell Breckinridge)에게 표를 집중적으로 던졌고, 이 민주당 표의 분산이 공화당 승리의 일등 공신이었다. 그렇다면 북부에서 공화당의 우세는 어디서 비롯되었는가? 또 북부와 남부의 당원들이 반세기 이상 동안 뜻을 함께 해온 민주당의 내부 분열은 어디서 비롯되었는가?

뷰캐넌 대통령 시절에 남부는 북부의 민주당원들과 공동 전선을 펴면서 합중국에 최대한의 지배력을 행사할 수 있었다. 1787년의 마지막 대륙회의와 1789년과 1790년에 걸쳐 처음 열린 헌법회의는 공화국 중에서 오하이오 주 북서쪽의 모든 준주(準州)에서 노예제도를 법적으로 배제했다. 미주리를 합중국의 주 중에서 노예주가 되도록 만든, 소위 말하는 미주리 타협(1820년)은 북위 36도30분 이북과 미주리의 서쪽에 있는 모든 준주에서 노예제도를 배제했다. 이 타협으로 인해 노예제도가 시행되는 지역의 위도가 몇 도 높아진 한편으론 노예제도가 장래에 확산될 수 있는 지리적 경계선이 상당히 분명하게 그려진 것처럼 보였다. 이 지리적 울타리는 1854년에 소위 캔자스-네브래스카 법에 의해 허물어졌는데, 이 법의 발의자는 당시 북부 민주당원들의 지도자였던 스티븐 A. 더글라스였다. 상하 양원을 통과한 이 법은 미주리 타협을 폐기하고, 노예제도와 자유를 똑같은 기반에 놓았으며, 합중국 정부가 노예제도와 자유를 똑같이 무관심하게 다루도록 하고, 준주에 노예제도를 도입할 것인지 여부를 주민들의 의견에 맡겼다. 따라서 미국 역사상 처음으로 준주들에서 노예제도의 확산을 제한하던 지리적 및 법적 장치들이 제거되었다. 이 새로운 법에 따라서 지금까지 자유 준주였던 뉴멕시코가, 뉴욕 주보다 5배나 큰 준주인 바로 그 뉴멕시코가 노예 준주로 바뀌었으며, 이로써 노예제도가 시행되는 지역이 멕시코 공화국 국경에서부터 북위 38도까지 크게 넓어졌다. 1859년에 뉴멕시코는 야만성을 따지자면 텍사스와 앨라배마의 법전에 버금가는 노예법전을 만들었다. 그럼에도 불구하고 1860년의 인구조사가 입증하듯이, 뉴멕시코의 거주자 10만 명가량 중에서 노예는 50명도 채 되지 않았다. 그렇기 때문에 남부의 입장에서 보면 협잡꾼 몇 사람과 노예소유자 몇 사람을 경계선 너머로 보낸 다음에 그들이 워싱턴의 중앙정부와 뉴멕시코의 관리와 청부인의 도움을 받아 주민의 대표 운운하며 노예제도를 도입하도록 하면 그만이었다. 그것으로 노예소유자들의 준주 지배가 가능해질 것이다.

그러나 이런 편리한 방법이 다른 준주들에도 적용 가능한 것은 아니었다. 따라서 남부는 한 걸음 더 나아가 합중국의 대법원에 호소했다. 전체 구성원 9명의 판사들 중 5명이 남부 사람인 대법원은 오래 전부터 기꺼이 노예소유자들의 도구가 되어 왔다. 대법원은 1857년 그 악명 높은 드레드 스콧 사건(미국에 살던 드레드 스콧이라는 노예가 1857년에 자신과 아내와 두 딸에게 자유를 달라며 제기한 소송을 일컫는다. 여기서 나온 대법원의 결정이 곧 '드레드 스콧 결정'으로 알려져 있다. 대법원은 아프리카계 미국인들은 미국 시민이 아니기 때문에 연방법원에 소송을 제기할 자격이 없다고 결정했다/옮긴이)에서 모든 미국 시민은 헌법이 인정하는 재산을 어느 준주로나 갖고 갈 권리를 누린다고 결정했다. 헌법은 노예를 재산으로 인정하고 있으며, 미합중국 정부는 이 재산을 보호할 책임을 진다고 법원은 주장했다. 따라서 노예소유자들은 헌법을 근거로 준주들 안에서 자신의 노예에게 강제로 노동을 시킬 수 있게 되었다. 이리하여 모든 노예소유자들 개인에게 지금까지 자유 준주였던 곳에서도 정착민들의 다수 의견과 관계없이 노예제도를 도입할 자격이 주어지게 되었다. 이제 준주의 의회는 노예제도를 배제할 권한을 빼앗겼으며, 연방의회와 미합중국 정부에 노예제도의 선구자들을 보호할 의무가 지워졌다.

　1820년의 미주리 타협이 준주들 안에서 노예제도의 지리적 경계선을 확장했고, 1854년의 캔자스-네브래스카 법이 모든 지리적 경계선을 허물고 그 대신에 정치적 장벽이랄 수 있는 과반수 정착민의 의지를 내세운데 이어, 지금 합중국의 대법원은 1857년의 결정을 통해 이 정치적 장벽마저 무너뜨리고 공화국 내 현재와 미래의 모든 준주들을 자유주들의 양성소에서 노예제도의 양성소로 바꿔놓았다.

그와 동시에 1850년에 발효된 '도망노예 양도법'(The Fugitive Slave Law: 1850년에 남부 주들과 북부 주들 사이에 이뤄진 타협의 일환으로 1850년 9월 의회를 통과한 법이다. 이 법에 따라 도망 노예를 체포하는 즉시 주인에게 돌려주게 되었다. 1840년대에는 남부에서 북부로 탈주하는 노예들이 매년 수백 명에 달했다. 1830년경 북부에서는 노예제도가 거의 폐지된 상태였다/옮긴이)이 뷰캐넌 행정부 때에 북부 주들에서 가혹하게 집행되었다. 남부 노예소유자들을 위해서 노예를 잡아주는 역할이 마치 헌법이 북부의 임무로 정한 것 같았다. 그런 한편으로 자유 정착민들이 준주를 식민지화하는 노력을 가능한 한 지체시키기 위해, 노예소유자들의 집단은 소위 무상 토지를 제공하는 조치들을, 즉 정착민들에게 일정 규모의 미개간 땅을 무상으로 보장해주는 조치들을 좌절시켰다.

미국의 외국정책에서도 국내정책에서와 마찬가지로 노예소유자들의 이해관계가 길잡이별의 역할을 맡았다. 실제로 뷰캐넌은 오스텐드 선언(Ostend Manifesto: 1854년에 나온 것으로 스페인으로부터 쿠바를 구입하여 노예주로 만들겠다는 내용을 담고 있다. 거기엔 스페인이 미국의 요구를 받아들이지 않을 경우에는 무력으로라도 침공하겠다는 암시가 담겨 있다/옮긴이)을, 말하자면 돈으로 구입하든 아니면 무력으로 침공하든 쿠바를 획득하는 것을 제1의 국가정책으로 삼겠다는 선언을 발표함으로써 대통령 자리에 올랐다. 그의 정부 아래에서 멕시코 북부는 치와와와 코아우일라, 소노라를 약탈하라는 신호를 애타게 기다렸던 미국의 땅 투기꾼들 사이에 이미 다 분할되었다. 이들 불법침입자들이 중앙아메리카의 국가들에서 끊임없이 벌인 약탈적인 원정은 워싱턴에 있는 백악관의 지시에 따른 것이나 다름없었다. 노예제도와 노예소유자들의 지배를 확산하기 위해 새로운 영토를 정복하는 것이 목표인 이런 대외정책과 가장 밀접하게 연결되어 있는 것이 바로 노예무역의 재개이다. 노예무역은 은밀히 미합중국 정부의 지원을 받았다. 스티븐 A. 더글라스는 1859년 8월 20일 미국 상원에서 1858년에 아프리카에서 수입된 흑인들의 숫자가 그 전의 어느 해보다도, 심지어 노예무역이 합법이었던 때보다도 더 많다고 선언했다. 1858년에 수입된 노예들의 숫자는 총 15,000명이었다.

이렇듯 무력을 앞세워 노예제도를 해외로 확장한다는 것이 국가정책의 공식 목표였다. 사실 미합중국은 남부를 지배한 노예소유자들 30만 명의 노예가 되어 있었다. 남부가 북부의 민주당원들과의 동맹을 통해 끌어낸 일련의 타협들이 이런 결과를 낳았다. 노예소유자들의 점증하는 북부 잠식에 맞서려는 노력이 1817년 이래로 주기적으로 시도되었으나 남부 주들과 북부의 민주당원들의 동맹 때문에 지금까지 번번이 좌절되고 말았다. 그러다 마침내 전환점이 찾아왔다.

노예제도의 지리적 경계선을 허물고 새로운 준주에 노예제도를 도입할 것인지 여부를 과반수 정착민들의 의지에 맡기기로 한 캔자스-네브래스카 법이 통과되자마자, 노예소유자들의 무장 밀사(密使)들과 미주리와 아칸소 국경의 폭도들이 한 손에는 사냥칼을, 다른 한 손에는 권총을 들고 캔자스를 습격하여 그곳 정착민들을 자신들의 손으로 직접 개척한 준주에서 몰아내려 들었다. 이 공격은 워싱턴의 중앙정부의 지원을 받았다. 이에 엄청난 반발이 일어나기에 이르렀다. 북부 전역에 걸쳐, 특히 북서부 지역에서 사람과 무기와 돈으로 캔자스를 지원하려는 구호단체가 결성되었다. 이 구호단체에서 공화당이 탄생했는데, 그렇다면 공화당은 캔자스를 위한 투쟁에 그 뿌리를 두고 있는 셈이다. 캔자스를 무력으로 노예 준주로 바꾸려는 시도가 실패한 뒤, 남부는 정치적 음모를 통해 똑같은 결과를 끌어내려고 노력했다. 특히 뷰캐넌 행정부는 노예헌법을 가진 캔자스를 그 상태에서 미합중국의 주에 포함시키려고 온갖 노력을 다 폈다. 이리하여 투쟁이 다시 전개되었다. 이번에는 그 무대가 주로 워싱턴의 의회였다. 북부 민주당원들의 수장인 스티븐 A. 더글라스까지도 이번(1857-58)에는 정부와 남부의 자신의 동맹들에게 반대하는 편에 섰다. 왜냐하면 노예헌법을 강요하는 것이 1854년에 통과된 네브래스카 법의 원칙, 즉 정착민들의 주권이라는 원칙에 반하기 때문이다. 만일 그가 무력이나 의회의 법을 통해 북부가 개척한 준주들을 훔칠 권리를 남부에 양보하길 원했다면, 북서부 주인 일리노이의 연방 상원의원인 더글라스는 자연히 자신의 영향력을 모두 잃게 될 것이었다. 그러므로 캔자스를 위한 투쟁은 공화당의 탄생을 불러왔고 그와 동시에 민주당 안에 처음으로 분열을 야기시켰다.

공화당은 1856년 대통령 선거에서 처음으로 강령을 제시했다. 비록 공화당 후보 존 프레몽이 승리를 거두지는 못했을지라도, 그에게 던져진 엄청난 수의 표가 여하튼 특히 북서부에서 공화당이 급속도로 성장하고 있음을 입증했다. 또 한 번의 대통령선거(1860년 5월 17일)를 위한 전당대회에서, 공화당원들은 1856년의 정강을 다시 제시했다. 일부를 추가함으로써 그 정강들을 더욱 보강했을 뿐이다. 주된 내용은 다음과 같다. 새로운 속주를 노예제도에 조금도 양보하지 않는다. 해외에서의 불법약탈행위를 즉각 중지한다. 노예무역의 재개에 반대한다. 마지막으로, 자유로운 식민지 개척을 위해 무상 토지법을 시행한다.

이 정강에서 결정적으로 중요한 것은 노예제도에 한 뼘의 땅도 더 양보하지 않는다는 내용이었다. 노예제도는 이미 합법적으로 존재하는 주들의 경계선 안에만 영원히 국한되어야 한다는 것이다. 이리하여 노예제도는 형식적으로 억제될 터였다. 그러나 미합중국의 노예주들에게는 영토의 지속적 확장과 노예제도의 지속적 확산이 삶의 법칙이다.

남부의 수출품인 목화와 담배와 사탕수수 등을 노예들의 노동을 이용하여 경작하는 것은 단순노동만을 요구하는 작업인데, 이는 비옥한 넓은 땅에 다수의 노예들을 투입하여 대량으로 경영할 때에만 수지타산을 맞출 수 있는 사업이다. 토지의 비옥(肥沃)보다 자본과 지능과 노동력의 투자에 더 의존하는 집약경작은 노예제도의 본질과는 반대이다. 따라서 그 전에 수출품 생산에 노예를 고용했던 메릴랜드와 버지니아 같은 주들은 남부로 수출할 노예를 키우는 주로 급속도로 바뀌어갔다. 심지어 인구의 7분의 4가 노예인 사우스 캐롤라이나에서도 목화의 경작이 토양의 고갈로 인해 거의 정체를 보여 왔다. 정말로, 사우스 케롤라이나는 환경 때문에 부분적으로 노예를 키우는 주로 바뀌었으며 이미 남부와 남서부의 주들에 노예를 팔아 1년에 400만 달러를 챙기고 있다. 상황이 이렇게 되자, 새로운 준주의 획득이 필요하게 되었다. 그래야만 노예 소유자들의 일부가 비옥한 새 땅을 차지하게 될 것이며 동시에 나머지 노예소유자들이 노예를 기르게 할 시장이 새롭게 확보될 것이다. 예를 들면, 합중국이 루이지애나와 미주리와 아칸소를 획득하지 않았다면, 버지니아와 메릴랜드의 노예제도는 오래 전에 종식되었을지도 모를 일이다. 몽고메리에서 열린 연방탈퇴의회에서, 남부의 대변자 중 한 사람인 툼즈 상원의원은 노예제도를 실시하는 영토의 지속적인 확장을 요구하는 경제법칙을 제시했다. 그는 "노예제도를 실시하는 영토가 크게 늘어나지 않는다면, 15년 안에 노예들이 백인들로부터 달아날 수 있도록 허용하든지 아니면 백인들이 노예들로부터 달아나는 일이 벌어질 것이다"라고 주장했다.

잘 아는 바와 같이, 각 주가 연방 하원에 진출시키는 의원의 수는 그 주의 인구 규모에 따라 달라진다. 자유 주들의 인구가 노예 주들의 인구보다 훨씬 더 빨리 성장했기 때문에, 북부 주들의 의원의 수가 남부 주들의 의원 수를 앞지르게 되어 있었다. 따라서 남부의 정치권력의 진정한 온상은 크든 작든 불문하고 모든 주들이 똑같이 상원의원 2명을 배출하는 미국 상원이었다. 상원 안에서 영향력을 확고히 하고 또 상원을 통해서 합중국에 대한 주도권을 쥐기 위해, 남부는 노예주를 지속적으로 만들어나가야 했다. 그러나 이는 텍사스의 경우처럼 외국 땅을 정복하거나 아니면 미주리와 아칸소처럼 미국의 준주들을 먼저 노예 준주로 만든 다음에 다시 노예 주로 바꿈으로써만 가능했다. 노예소유자들이 탁월한 정치인으로 존경하는 존 컬훈은 일찍이 1847년 2월 19일 상원 연설을 통해 상원만이 남부와 북부의 권력균형을 가능하게 하며, 상원에서 이 균형을 유지하기 위해선 노예제도를 실시하는 영토를 확장할 필요가 있으며, 따라서 남부가 무력을 사용하여 새로운 노예 주들을 만들려고 하는 노력은 정당하다고 주장했다.

마지막으로, 미합중국 남부의 노예소유자들의 수는 30만 명을 넘지 않는다. 이들은 소위 가난한 백인이라 불리는 수백만 명에 비하면 분명히 소수의 독재자들이다. 토지재산의 집중으로 인해 지금 가난한 백인들의 수는 점점 늘어나고 있으며 그들의 처지는 고대 로마가 멸망할 시점에 평민들이 처한 처지와 다를 바가 없다. 불법적인 착취뿐만 아니라 새로운 속주의 획득이나 그 획득에 대한 희망을 통해서만, 이들 "가난한 백인들"의 이해관계와 노예소유자들의 이해관계를 일치시키고, 가난한 백인들의 무절제한 행동욕구를 무해한 방향으로 돌리고, 또 언젠가 그들 자신도 노예소유주가 될 수 있다는 희망으로 그들을 길들이는 것이 가능하다.

그러므로 노예제도를 옛날의 영토 안에 엄격히 제한시키는 조치는 경제법칙에 따라 노예제도의 점진적인 종식을 부르게 되어 있으며, 따라서 정치 영역에서 노예주들이 상원을 통해 행사하던 주도권을 점진적으로 사라지게 만들어 노예소유자들을 가난한 백인들의 위협에 노출시키게 될 것이다. 노예 준주의 확장이 법으로 금지되어 있다는 원칙을 고수함으로써, 공화당원들은 노예소유자들의 지배를 그 뿌리부터 공격하고 있었다. 이어 공화당이 대통령 선거에서 승리를 거둠에 따라 북부와 남부 사이의 갈등은 공개적으로 두드러지게 되어 있었다. 이 선거의 승리 자체는 이미 언급한 대로 민주당 진영의 분열로 인해 가능해진 것이었다.

캔자스 투쟁이 이미 노예소유자들의 당과 이 당과 동맹을 맺었던 북부의 민주당원들 사이에 분열을 초래했다. 1860년의 대통령 선거에도 똑같은 싸움이 보다 광범위하게 다시 일어났다. 더글라스를 후보로 내세운 북부의 민주당원들은 노예제도를 준주로 도입하는 문제를 정착민들의 다수 의지에 맡기도록 했다. 브레킨리지를 후보로 내세운 노예소유자들의 당은 연방 대법원의 결정에 따라 합중국의 헌법이 노예제도를 합법화했다고, 말하자면 노예제도가 이미 모든 준주들 안에서 합법적인 제도가 되었기 때문에 특별한 조치가 필요하지 않다고 주장했다. 따라서 공화당원들이 노예 준주들의 추가 확장을 더 이상 허용하지 않은 반면에 남부의 정당은 공화국 내의 모든 준주들이 법적 보장을 받는 영토라는 주장을 폈다. 한때 캔자스를 예로 내세우며 정착민들의 의지를 무시하고 중앙 정부를 통해서 준주에 노예제도를 강요하기 위해 한 것들을, 남부의 정당은 지금 미합중국 안의 모든 준주들에게 적용될 법으로 만들려 하고 있다. 그런 양보를 끌어내는 것은 민주당 지도자들의 권력 밖의 일이며, 자신들의 군대가 공화당 진영으로 탈주하는 결과만을 낳을 것이다. 한편 더글라스의 "정착민 주권"은 노예소유자들의 집단을 충족시킬 수 없었다. 노예소유자들의 집단이 원한 것은 새 대통령 하에서 4년 동안 중앙정부의 힘을 빌려서만 이뤄질 수 있는 것이었으며, 그렇기 때문에 더 이상의 연기는 아무런 의미를 지니지 못했다. 노예소유자들에게는 새로운 권력, 즉 북서부 지역이 등장했다는 사실이 아무래도 찜찜했다. 북서부의 인구는 1850년부터 1860년 사이에 거의 배로 늘어났으며 노예주들의 백인 인구와 비슷하게 되었다. 이 지역은 전통과 기질에 별로 구속을 받지 않고 옛날의 북동부 주들처럼 타협과 타협이 이어지는 그런 삶의 방식에도 매력을 느끼지 않았다. 미합중국은 아직 남부에 중요성을 지닌다. 하지만 그건 어디까지나 미합중국이 노예정책을 수행할 연방 권력을 남부에 넘겨주는 한에서만 통하는 말이다. 그렇지 않다면, 공화당의 조치에 기대고 있다가 4년 후에 북서부의 부상(浮上)으로 인해 더 불리한 조건에서 투쟁을 벌이게 되느니보다 지금 당장 탈퇴하는 것이 더 낫다. 따라서 노예소유자들의 집단은 '모 아니면 도'라는 식으로 모든 것을 걸고 나섰다.

북부의 민주당원들이 남부의 "가난한 백인들"의 역할을 계속 맡길 거부함에 따라, 남부는 그 분열로 인해 링컨에게 승리를 바쳤으며, 그런 다음에는 공화당의 선거 승리를 자신들의 칼집에서 칼을 뽑는 구실로 내세웠다.

이 같은 모든 움직임은 노예문제 때문에 일어난 것이며 지금도 그렇긴 마찬가지이다. 그러나 여기서 말하는 노예문제는 기존의 노예주들 안에 있는 노예들이 당장 해방되어야 하느냐 하는 문제가 아니다. 그게 아니라, 북부의 자유민 2,000만 명이 30만 명인 노예소유자들의 집단에 더 복종해야 하는가, 또 공화당의 거대한 준주들이 노예제도를 폐지하는 주가 되어야 하는가 아니면 노예제도

를 인정하는 주가 되어야 하는가, 그리고 마지막으로 미합중국의
국가정책이 무력을 앞세워 멕시코와 중남미로 노예제도를 확장해
야 하는가 하는 문제이다.

<뉴욕 데일리 트리뷴, 1861년 10월 25일>

5

트렌트 호 나포 소식이
런던에 미친 영향

1861년 11월 30일, 런던

러시아를 상대로 선전포고를 한 이래로, 나는 11월 27일 '라 플라타' 호가 사우샘프턴에 전한 '트렌트(Trent) 호 사건'(1861년 11월 8일 북부군의 프리깃함 '산 하신토' 호가 중립국인 영국 선박 '트렌트' 호에 타고 있던 남부동맹의 사절 2명을 체포한 사건을 일컫는다/옮긴이)에 관한 뉴스가 불러일으킨 것과 같은 흥분이 영국 사회의 모든 계층에서 일어나는 것을 한 번도 목격하지 못했다. 오후 2시경에 전보를 통해 그 "부적절한 사건"에 관한 소식이 영국의 모든 거래소의 뉴스 열람실에 일제히 붙여졌다. 모든 유가증권이 하락했고, 초석(醋石: 폭발물 제조에 쓰이는 원료/옮긴이)의 가격은 올라갔다. 영국 정부 공채는 0.75% 떨어진 반면에 로이드 보험

회사는 뉴욕을 출항하는 선박에 대해 전쟁 위험에 따른 추가 부담금으로 5기니를 요구했다. 그날 밤 늦은 시간에 런던에 흉흉한 소문이 돌았다. 즉시 영국 주재 미국 대사에게 여권이 보내졌으며, 영국 항구에 정박 중인 모든 미국 선박에 대한 몰수 명령이 내려졌다는 따위의 소문들이었다. 미국 내의 연방탈퇴주의자들에게 우호적인 리버풀의 면직물 업계의 관계자들은 이 기회에 그 동안 애매모호한 내용의 팸플릿을 쓴 스펜스(James Spence)의 주도 아래 주식거래소 내 면직물 매장에서 회의를 소집했다. '트렌트' 호를 탔다가 '라 플라타' 호로 바꿔 타고 온 윌리엄스(Williams) 해군 준장이 당장 런던으로 소환되었다.

이틀날인 11월 28일, 런던의 언론은 그 전날 밤 정치와 경제 분야에서 일어났던 요란한 흥분과는 상당히 대조적인 모습을 보이며 대체로 온건한 입장을 보였다. 파머스턴 경을 지지하는 신문들인 '더 타임스'와 '모닝 포스트'(The Morning Post) '데일리 텔레그래프'(The Daily Telegraph) '모닝 애드버타이저'(Morning Advertiser), '선'(The Sun)은 사건을 과장하지 말고 감정을 차분하게 가라앉히라는 지시를 받았다. '데일리 뉴스'는 '산 하신토' 호를 비난하면서 미합중국 정부를 표적으로 삼기보다는 "북군 편향"이라는 의심을 받을까 조심하는 모습을 보였다. 한편 존 브라이트(John Bright(1811-1889: 퀘이커 교도이며 급진적이고 자유주의적인 영국 정치인. 곡물법 폐지 운동에 적극적으로 나섰으며 남북전쟁에서는 북부를 지지했다/옮긴이)의 신문인 '모닝 스타'(The Morning Star)는 "그런 행위"의 정책과 지혜에 대해서는 어

떠한 판단도 하지 않은 가운데 그 정당성만을 주장했다. 런던 언론
계의 전반적인 경향에 예외적인 신문은 딱 2개뿐이었다. '모닝 헤
럴드'(The Morning Herald)와 '스탠다드'(The Standard)의 토리
당 지지자들은 제호만 다를 뿐 똑같이 한 목소리를 내는데, "공화
당원들"이 마침내 덫에 걸려들었으며 비로소 전쟁의 명분을 얻게
되었다는 식으로 만족감에 들떠 크게 흥분했다. 이 신문들을 지지
한 다른 신문은 하나뿐이었다. 몇 년 동안 파머스턴 경과 튈르리
궁전(앙리 4세부터 나폴레옹 3세까지 대부분의 프랑스 황제들이
지낸 궁이며 1871년 파리 코뮌 때 파괴되었다/옮긴이)에 번갈아
가며 알랑거리며 힘겹게 연명하던 '모닝 크로니클'(The Morning
Chronicle)이었다. 런던의 주요 신문들이 평화의 논조를 보임에 따
라, 거래소의 불안도 많이 가라앉았다. 같은 날인 11월 28일, 윌리
엄스 해군 준장이 해군 본부의 회의에 참석하여 옛 바하마 해협에
서 일어난 사건에 대해 보고했다. 그의 보고는 '트렌트' 호에 탔던
관리들의 서면 조서와 함께 왕실의 법률 관리들에게 제출되었고,
이들의 의견은 그 날 밤 늦은 시간에 파머스턴 경과 러셀 백작(Earl
Russell(1792-1878): 두 차례 총리를 지낸 자유주의 성향의 영국
정치인/옮긴이)을 포함한 정부의 중요한 인물들에게 공식적으로
전달되었다.

　　11월 29일에는 여권 언론의 논조에 약간의 변화가 있었다. 왕
실의 법률 관리들이 법률적으로 따질 때 프리깃함 '산 하신토'의
절차는 불법이라고 선언했으며, 그날 늦게 회의를 소집한 내각이
다음 기선 편으로 미국 주재 영국 대사 라이언스 경(Lord Lyons)

에게 영국의 법률 관리들의 의견을 따르라는 지시를 보내기로 결정했다는 소식이 전해졌다. 따라서 주식거래소와 로이드 보험회사, 예루살렘, 발트 해 등 상업 활동이 활발하게 벌어지는 곳에서 동요가 앞서보다 훨씬 더 크게 일어났다. 게다가 미국으로 선적할 예정이던 초석의 수출이 전날 중단되었다는 소식에 이어 29일에는 엄격한 조건들이 충족되지 않은 상황에서는 이 품목을 어느 나라로도 수출해서는 안 된다는 지시가 세관에 떨어졌다는 소식이 전해지면서 불안을 더욱 부채질했다. 영국 국채의 가치가 추가로 0.75% 떨어졌으며, 돌연 모든 주식시장에 공황상태가 벌어졌다. 일부 유가증권의 경우 거래 자체가 불가능하게 되었으며, 증권의 가격이 종류를 불문하고 심각할 정도로 떨어졌다. 오후로 접어들면서 몇 가지 소문이 돌면서 주식시장이 회복세를 보였다. 그 주된 이유는 영국 주재 미국 대사 애덤스(Charles Francis Adams(1807-1886): 존 애덤스 미국 대통령의 손자이자 존 퀸시 대통령의 아들이며 영국 주재 미국 대사를 지냈다/옮긴이)가 '산하신토'의 행위에 대해 워싱턴 정부가 유감의 뜻을 표명할 것이라는 의견을 표현했다는 보도였다.

11월 30일(오늘)엔 '모닝 스타'를 제외한 런던의 모든 매체들이 일제히 미국의 배상에 대한 대안으로 전쟁을 들고 나왔다.

'라 플라타' 호의 도착에서부터 지금까지, 이 사건의 역사를 간추려 보았다. 이제는 이 사건에 관한 견해들을 기록할 것이다. 영국 우편선에 타고 있던 남부의 사절들을 체포한 행위를 고려할 때 생각해야 할 사항이 2가지가 있다. 하나는 법률적인 측면이고, 다른 하나는 정책적인 측면이다.

　이 문제의 법률적 측면을 보면, 토리당 언론과 '모닝 크로니클'의 보도에 따르는 첫 번째 어려움은 미국이 남부의 연방탈퇴주의자들을 교전 당사자로 인정한 적이 한 번도 없었으며 따라서 그들과 관련하여 교전 당사자로서의 권리를 주장할 수 없다는 점이다. 이 문제는 동시에 영국의 여권 언론들 스스로에 의해 해결된다.

　　"우리는 이 남부동맹을 이미 교전 당사자로 인정했으며, 때가 되

　　면 그들의 정부를 인정할 것이다. 따라서 우리는 두 교전 당사자

　　사이에 중립을 지키는 국가로서의 모든 의무와 불편을 떠안아야

　　한다."고 '런던 타임스'는 보도했다.

　그렇다면 미합중국이 남부를 교전 당사자로 인정하든 안 하든 불문하고, 미합중국은 영국 측에 해전에서 중립국으로서의 모든 의무와 불편을 견뎌 달라고 요구할 권리를 갖는다.

　따라서 앞에서 언급한 일부 예외를 제외한 런던의 전 언론이 '산 하신토' 호가 전시금제품에 속하는 물품이나 사람을 싣고 있는지를 확인하기 위해 '트렌트' 호를 정지시키고 승선해 조사할 권리를 갖는다는 것을 인정하고 있다. '런던 타임스'가 암시하는 내용들, 즉 영국의 관련 법은 "지금과 매우 다른 상황에서 만들어졌고", 그 당시엔 "기선들이 존재하지 않았으며" 또 "세계의 모든 국가들이 궁금해 할 내용을 담은 편지를 실은 우편선들이 알려지지도 않았으며", "우리 영국인들은 존재를 위해 싸우고 있었으며 그 시절

에 다른 국가들에게 허용되지 않을 행위들을 했다"는 내용의 글은 별 생각 없이 실은 글들이었다. 파머스턴 개인의 신문인 '모닝 포스트'는 같은 날 우편선들은 단순히 상선이며, 그렇기 때문에 전투원과 운송품에 대한 수색권으로부터 면제되지 않는다고 선언했다. '산 하신토' 호의 입장에서 보면 수색권은 사실 영국 왕실의 법률관리들뿐만 아니라 런던 언론으로부터도 인정을 받았다. '트렌트' 호가 교전국에서 교전국 항구로 항해하지 않고 중립국 항구에서 중립국 항구로 향하고 있었다는 항변(문제가 된 남부동맹의 사절들은 북부연방의 봉쇄를 피해 쿠바에서 '트렌트' 호에 승선했다/옮긴이)은 수색권은 어떤 선박의 목적지를 확실히 파악하기 위한 것이라는 스토웰 경(Lord Stowell:1745-1836)의 결정 때문에 힘을 잃었다.

두 번째, '산 하신토' 호가 '트렌트' 호 위로 포격을 가해 선박 가까운 곳에 포탄이 떨어지게 한 다음에 선박에 승선해 수색권을 행사한 것이 과연 관행과 예절을 위반했는가 하는 의문이 제기되었다. 런던의 언론들은 대체로 사건의 세부사항이 지금까지는 당사자 중 한 쪽의 조서에 의해서만 확인되고 있기 때문에 그런 사소한 의문은 영국 정부의 결정에 영향을 미치지 않을 것이라는 점을 인정한다.

'산 하신토' 호가 행사한 수색권에 대해 대체적으로 인정하는 분위기라면, 그 프리깃함이 무엇을 찾아내야 했는가? '트렌트' 호가 싣고 있는 것으로 여겨지던 전시금제품을 찾아내야 했다. 무엇이 전시금제품인가? 교전국 정부의 급송 공문서가 전시금제품인가? 그 공문서를 갖고 가던 사람들이 전시금제품인가? 두 가지 질문에 대한 대답이 '예스'인데 급송 공문서와 그것을 소지한 사람들이 중립국 항구에서 중립국 항구로 향하던 상선에서 발견되었다면, 그때도 그 공문서와 사람이 전시금제품인가? 런던의 언론들은 대서양 양안의 최고 법률 권위자들이 내린 결정이 서로 정반대이고 똑같이 설득력을 지니기 때문에 여하튼 '산 하신토' 사건에서 북부군의 수색권을 인정하는 것이 바람직하다고 판단했다.

영국 언론의 지배적인 의견도 그렇고 영국 왕실의 변호사들도 본질적인 문제는 포기하고 형식적인 것만을 문제로 삼았다. 이 변호사들은 국가들의 법률이 실질적으로 침해되지는 않고 형식적으로만 침해되었다고 주장한다. 그들은 '산 하신토' 호가 '트렌트' 호를 연방 항구로 끌고 가서 연방 포획물심판소의 의견을 묻지 않고 자신의 책임으로 남부의 사절들을 체포한 것이 잘못인데, 그 이유는 무장 순양함에겐 바다에서 판사가 될 권리가 없기 때문이라고 결론을 내렸다. 그러므로 영국 왕실의 변호사들이 문제로 삼은 것은 오직 '산 하신토' 호가 수색권을 집행한 절차상의 문제뿐이다. 나의 의견에는 영국 왕실 변호사들의 결정이 옳은 것 같다. 영국이 해상법 상의 절차를 그와 비슷하게 침범한 예를 찾기는 아주 쉬울 것이다.

영국 정부가 요구하는 배상, 즉 남부 사절들의 석방이 영국 스스로가 실질보다 형식이라고 규정한 위법행위에도 적용되는가 하는 문제도 해결될 수 있을 것 같다. 오늘자 '런던 타임스'를 보면 한 변호사가 이 문제에 대해 이런 의견을 내놓고 있다.

"만일 이 사건이 아주 명확하게 우리 쪽에 유리하게 결론이 나지 않아서 우리가 그 선박에 대한 미국 법원의 결정에 대해 이의를 제기해야 한다면, 미국 선장이 '트렌트' 호가 사우샘프턴으로 계속 항해하도록 한 그 변칙은 분명히 영국 소유주들과 영국 승객들에게 유리했다. 그런 경우에 사실상 우리에게 유리하게 돌아간 절차상의 실수가 우리가 국제적 분쟁을 일으킬 만한 근거가 될 수 있는가?"

그래도 만일 내가 생각하는 바와 같이 미국 정부가 산 하신토 호의 윌크스(Charles Wilkes) 함장이 형식적으로든 실질적으로든 해상법을 위반했다고 인정해야 한다면, 영국인들도 그 문제를 지나치게 까다롭게 끌고 가서는 안 된다. 영국 언론들이 기억해야 할 것이 있다. 그들이 미국과 영국이 서로 반목하여 전쟁을 벌이게 하려고 노력함으로써 연방탈퇴주의자들의 앞잡이 노릇을 하고 있고, 만일 그런 전쟁이 일어난다면 현재 곤경에 처한 프랑스의 루이 보나파르트가 그것을 뜻하지 않은 행운으로 여기며 전쟁에 적극적으로 나설 수 있으며, 마지막으로 영국 정부가 북미와 서인도 제도에 주둔중인 영국군의 지휘를 받는 병력과 멕시코 원정에 나선 병력 외에도 막강한 해상 군사력을 동원할 것이라는 점을 잊어서는 안 된다.

바하마 해협에서의 나포 정책에 대해서, 영국 언론뿐만 아니라 유럽 전역의 언론들은 앤시(William Lowndes Yancey(1814-1863): 미국 저널리스트이자 정치인. 연방탈퇴를 강력히 주장했으며 남북전쟁 동안에는 남부의 독립을 인정받기 위해 유럽에서 외교활동을 폈다/옮긴이)와 만(Ambrose Dudley Mann(1801-1889): 앤시와 함께 남부동맹의 사절로 유럽에서 외교활동을 폈다/옮긴이)이 런던을 활보하고 있는 가운데 미국 정부가 메이슨(James Murray Mason(1798-1871): 남부동맹의 외교사절로 영국과 프랑스를 무대로 활동하러 '트렌트' 호를 타고 가다가 체포되었다/옮긴이)과 존 슬리델(John Slidell(1793 - 1871): 남부동맹의 외교 사절로 프랑스로 가기 위해 역시 '트렌트'호에 올랐다가 북부연방에 체포되었다/옮긴이)의 신병을 확보하기 위해 취한 이상한 행동에 대해 일제히 당혹감을 표현하고 있다.

'런던 타임스'는 다음과 같은 글을 싣고 있다. 옳은 말이다.

"수어드(William H. Seward)(1801-1872: 에이브러햄 링컨과 앤드류 존슨 대통령 정부 때 국무장관을 지낸 인물/옮긴이)도 이 남부 사절들이 수감 상태에서 내는 목소리가 세인트 제임스 궁과 튈르리 궁전에서 내는 목소리보다 런던과 파리의 시민들에게 천배는 더 웅변적으로 들린다는 것을 알아야 한다."

미합중국의 국민들은 조국을 구하기 위해 자신들의 자유의 폭을 기꺼이 줄였다. 그런 그들이기에 국제적 실수를 공개적으로 인정하고 분쟁을 원만히 해결함으로써 영국 국내 여론의 방향을 돌려놓을 준비가 확실히 되어 있을 것이다. 그 실수를 계속 옹호하는 것이 곧 반란군들의 간절한 소망을 현실로 실현시켜주는 결과를 낳을 수도 있을 터이니 말이다.

〈뉴욕 데일리 트리뷴, 1861년 12월 19일〉

6

영국 내에서 일어나고 있는 감정 변화

1861년 12월 7일, 런던

대서양 이쪽에 있는 미국의 친구들은 미국 연방정부가 유화적인 조치를 취할 것을 간절히 희망하고 있다. 그들이 그렇게 바라는 것은 영국 언론들이 전쟁 중에 일어난 사건을 놓고 광적으로 흥분하는 분위기에 편승해서가 아니다. 그 사건에 대해서는 영국 왕실의 변호사들도 이미 단순한 절차상의 실수이며 국제법의 위반이 있었다는 쪽으로 의견을 모으지 않았는가. 왜냐하면 윌크스 함장이 '트렌트' 호와 화물과 여객들을 억류하지 않고 사절들만을 체포했기 때문이다. 또한 선한 영국인들의 그런 희망은 미합중국이 내전을 치르고 있을지라도 장기적으로 보면 영국과 대적할 수 없을 것이라는 우려에서 나온 것도 아니다. 미합중국이 그 동안 세계 무대에서 차지했던 거만한 지위를 한 순간이라도 버리기를 바라는 마음에서도 아니다. 그들이 그런 희망을 품도록 만든 동기는 이와는 성격이 아주 다르다.

우선, 미합중국이 직면한 과제는 반란군을 진압하고 연방을 복구하는 것이다. 노예권력과 그들이 북쪽에 확보하고 있는 동맹 세력들이 간절히 바라는 것은 언제나 미합중국이 영국과 전쟁을 벌이도록 유도하는 것이었다. 그런 적대적인 행위가 발발함과 동시에 영국이 가장 먼저 취할 조치는 남부동맹의 승인일 것이다. 두 번째 조치는 봉쇄의 종식일 것이다. 그 다음으로는, 어떠한 장군도 어쩔 수 없는 상황이 아니고는 적이 선택한 시기와 조건 하에서 전투를 받아들이지는 않을 것이라는 점이다.

파머스턴의 신뢰를 깊이 받는 '이코노미스트'는 "미국과의 전쟁은 언제 일어나든 영국 역사에서 가장 개탄스런 사건의 하나가 될 것임에 틀림없다. 하지만 그래도 전쟁이 일어나야 한다면, 지금이야말로 영국이 최소한의 피해를 입으며 동시에 부분적 보상을 요구할 수 있는 유일한 시기이다"라고 말한다.

이 "유일한 시기"에 영국이 전쟁의 구실을 잡으려 안간힘을 쓰고 있는 바로 그 이유 때문에 미합중국은 "유일한 시기"에 그런 구실을 주지 말아야 한다. 이 세상의 어느 나라도 적에게 "최소한의 피해"를 입힐 목적으로 전쟁을 하지는 않는다. 또 적이 "부분적인 보상"을 하도록 만들기 위해 전쟁을 하는 것은 더더욱 터무니없는 짓이다. 지금 이 순간의 승산은 한쪽에, 그러니까 미국의 적 쪽에 있을 것이다. 어떤 국가가 내전을 벌이면서 외국과 전쟁을 개시하는 것은 적절하지 않다는 사실에 대해 굳이 설명할 필요가 있을까? 다른 때였다면 영국의 상인계급들은 미합중국과의 전쟁을 공포의 눈으로 보았을 것이다. 그런데 지금은 정반대로 무역공동체의 영향력 있는 사람들이 몇 개월 동안 정부에 미합중국의 봉쇄조치를 과감히 깨고 영국 산업의 중추 분야에 원료를 공급하라고 촉구하고 있다. 영국의 대미(對美) 수출이 감소할 것이라는 두려움은 이미 실제로 일어난 무역 감소로 인해 그 강도가 많이 누그러졌다. '이코노미스트'는 "합중국은 훌륭한 고객이 아니고 치사한 고객이다"라고 말하고 있다. 영국 상업계가 미합중국에 내주었던 엄청난 액수의 신용은 이미 1857년의 5분의 1 수준으로 떨어졌다. 마지막으로, 특히 영국과 미국 사이에 전쟁이 발발할 경우에 프랑스가 그 것을 뜻밖의 행운으로 여기며 간섭하고 나설 것이다. 프랑스는 지금 파산상태에 빠져 국내정치가 거의 마비되다시피 한데다가 해외에서도 곤경에 처해 있는 터라 유럽에서 영국의 지지를 끌어내기 위해 대서양 반대편에서 "배신의 알비온"(Perfidious Albion: 국제관계와 외교 분야에서 쓰인 용어로, 영국 정부가 자국의 이익을 추구하면서 저지르는 배신과 불성실을 일컫는다. 알비온은 고대 그리스인이 영국을 부르던 이름이다/옮긴이)을 지원하기 위해 모든 권력을 다 남용할 것이다. 프랑스 신문만 읽어봐도 이런 분위기가 쉽게 파악된다. 프랑스 신문들이 "영국의 명예" 운운하며 마치 자신들의 일인 것처럼 열을 올리며 분개하는 모습이나 영국이 자국 국기를 모독한 미합중국에 복수를 반드시 해야 한다는 식의 장광설, 그리고 미국에 관한 것이면 무조건 악의에 차서 비난하는 행태는 아마 그 속내를 모른다면 정말로 소름 끼칠 정도로 무섭게 다가올 것이다. 마지막으로, 미합중국이 이 사건에서 양보한다 하더라도 존엄에는 조금의 상처도 입지 않을 것이다. 영국은 불평의 수위를 단지 절차상의 실수로, 기술적 실책 정도로 낮췄다. 그 정도라면 영국이 모든 해상전투에서 체계적으로 저질러온 것이 아닌가. 과거에 영국의 그런 실수에 대해 미합중국은 항의를 중단한 적이 결코 없었으며, 매디슨(James Madison) 대통령은 1812년 영국과 전쟁(흔히 '1812년 전쟁'으로 알려져 있다. 영국이 프랑스로 향하던 미국 선박을 나포하여 미국의 무역에 피해를 입힌 것이 미국이 선전포고를 한 원인으로 꼽힌다/옮긴이)을 시작하면서 발표한 메시지에서 그런 실수에 대해 터무니없는 국제법 위반이라고 선언한 바 있다. 만일 미합중국이 영국의 그런 과거의 행위에 대해 대갚음을 하는 것이 옹호될 수 있는 일이라면, 일개 미국인 함장이 자신의 책임 하에서 그동안 미국이 영국 해군을 향해 체계적으로 권리를 침해해왔다고 늘 주장해 온 바로 그런 행위를 했다는 사실을 너그럽게 인정하고 사과하는 것이 그렇게 비난 받을 만한 짓인가!

사실, 그러한 인정을 통해 이익을 보는 것은 미국뿐이다. 영국은 한편으로는 남부동맹에 고용된 모든 영국 선박을 나포하여 연방 포획물심판소로 끌고 갈 권리를 미국에 인정해야 할 것이다. 다른 한편으로는 영국은 전 세계가 보는 앞에서 1814년 겐트 평화조약(The Treaty of Ghent: 1812년에 미국과 영국 간에 벌어진 전쟁을 끝내며 맺은 조약/옮긴이)이나 1842년 영국의 애쉬버튼 경 (Lord Ashburton)경과 웹스터(Daniel Webster) 미국 국무장관 사이에 체결된 조약(The Webster – Ashburton Treaty: 미국과 북미의 영국 식민지들 사이의 국경 문제를 해결한 조약으로 1842년 8월 9일에 서명되었다/옮긴이)에서도 단념하지 않았던 주장을 실질적으로 영원히 포기해야 할 것이다. 그러면 이런 의문이 생긴다. 미합중국은 "부적절한 사건"을 자국에 유리하도록 이용할 것인가, 아니면 순간의 감정에 눈이 어두워 그 사건을 국내외의 적들에게 유리하도록 만들 것인가?

지난번 편지를 보낸 이후로, 영국 공채의 가치는 다시 떨어졌다. 현재 영국 공채의 시세는 영국과 러시아의 전쟁이 벌어진 첫 2년 동안의 수준과 비슷하다. 이번의 하락에는 여러 가지 원인이 작용하고 있다. 최근 우편선을 통해 전달된 미국 신문들에 나타난 호전적인 논조, 파머스턴의 지시로 이틀간 온건한 척 꾸몄다가 다시 격분하고 있는 런던의 언론, 영국 병력의 캐나다 급파, 무기와 폭발물 원료의 수출을 금지하는 선언, 그리고 부두와 해군 병기고에서 진행되고 있는 전쟁 준비에 관해 매일처럼 쏟아져 나오는 허풍스런 성명 등이 그 원인들이다.

미합중국이 확실히 알면 좋을 사실이 한 가지 있다. 파머스턴이 미국과 전쟁을 벌일 합법적인 구실을 원하고 있지만 각료회의에서 반대에 봉착하고 있다는 점이다. 글래드스톤(William Ewart Gladstone(1809-1898): 미국 남북전쟁 당시에 영국 재무장관을 지냈다/옮긴이)과 밀너 깁슨(Thomas Milner Gibson(1806-1884):

당시에 무역위원회 의장을 맡았다/옮긴이)이 가장 강하게 반대하고 콘월 루이스 경(George Cornewall Lewis(1806-1863): 당시 영국 육군성 장관을 맡았다/옮긴이)이 미온적으로 반대하고 있다. 파머스턴은 자신의 뜻대로 움직일 수 있는 러셀과 휘그당(토리당과 비슷한 시기에 생긴 정당으로 자유당의 전신이다/옮긴이) 집단의 지지를 등에 업고 있다. 만일 워싱턴 내각이 이들이 간절히 바라는 구실을 내준다면, 현재의 영국 내각은 쪼개질 것이고 그러다 결국엔 토리당 행정부로 교체될 것이다. 파머스턴과 디즈레일리(Benjamin Disraeli(1804-1881): 영국 총리를 지낸 정치인으로 미국 남북전쟁 당시에는 보수주의자들의 리더였다/옮긴이) 사이에 그런 장면 변화를 위한 예비적인 조치들이 이미 취해졌다. 따라서 '모닝 헤럴드'와 '스탠다드'가 전쟁을 강하게 요구하고 있고, 그 행태를 보면 마치 굶주린 늑대들이 오랫동안 구경하지 못한 고깃덩이를 본 듯한 형국이다.

파머스턴의 복안이 어떤 것인지는 몇 가지 사실만 떠올려보아도 금방 드러난다. 리버풀에서 온 전보를 통해서 영국 주재 미국 대사인 애덤스가 5월 13일 밤에 런던에 도착할 것이라는 정보를 들은 뒤인 5월 14일 아침에 연방탈퇴주의자들을 교전 당사국으로 인정하는 선언을 발표하자고 고집한 사람이 바로 그였다. 그는 동료들과 심한 언쟁을 벌인 뒤 3,000명의 병력을 캐나다로 급파했다. 1,500마일이나 되는 전선을 맡길 의도라면 우스꽝스러운 숫자이지만, 그래도 반란 세력을 응원하고 북부군을 괴롭힐 의도라면 기막힌 책략일 수 있다. 수주일 전에는 보나파르트에게 "동족 간의 투쟁"에 공동으로 무장개입할 것을 촉구했으며, 각료회의에서 그 같은 계획을 옹호했으나 동료들의 저항에 밀려 실행에 옮기는 데 는 실패했다. 이어서 그와 보나파르트는 마지막 수단으로 멕시코 에 대한 개입을 택했다. 멕시코 개입은 2가지 목적에 이바지했다. 미국인들의 분개를 불러일으키고 동시에 '모닝 포스트'의 표현을 빌리면 "워싱턴 정부의 적대행위에 따라 영국이 해야 할 일이 생기 면 어떠한 의무든 북대서양 해역에서 수행할" 함대를 파견할 준비 를 갖추는 것이다. 원정대가 출발할 때, '모닝 포스트'는 '더 타임 스'와 파머스턴의 군소 언론 노예들과 함께 매우 훌륭한 결정이라 는 논평을 내놓았다. 그러면서 그것이 노예제도를 유지하고 있는 남부군들을 2개의 포화, 즉 노예제도에 반대하는 북부군과 영국과 프랑스의 반(反)노예제도 세력에 노출시킬 것이라는 식의 박애주 의적 색채를 가미했다. 그런데 바로 그 '모닝 포스트'가 오늘자에 남부동맹의 제퍼슨 데이비스 대통령의 연설에 대해 무슨 말을 하 고 있는가? 파머스턴의 예언을 들어보자.

"우리는 이 개입이 상당히 긴 기간 동안 이어질 수 없다고 보아 야 한다. 북쪽 정부는 거리가 너무 멀기 때문에 이 문제에 어떠한 발언권도 갖지 못하겠지만 남부동맹은 멕시코와 국경을 길게 접 하고 있다. 북쪽의 정부는 우리의 중립성에 대해 끊임없이 불평 해왔다. 그러나 정치력과 중용을 갖춘 남쪽 정부는 영국이 중립 을 취하면서 양측에 공정하게 대하고 있다고 인정했다. 그리고 우리가 멕시코 내에서 하는 일에 대해서든 아니면 우리가 워싱

턴 내각과 맺고 있는 관계에 대해서든, 남부동맹의 우호적인 관

용이 우리에게 아주 중요하다."

나는 러시아 신문인 '노르드'(Nord)가 12월 3일자에서 멕시코 원정이 애초부터 겉으로 내세운 목적을 위해서가 아니라 미국을 상대로 한 전쟁을 위한 것이었다는 점을 넌지시 비치고 있다는 사실을 강조하고 싶다.

스콧 장군((Winfield Scott(1786-1866): 많은 미국인들로부터 미국 최고의 장군으로 추앙받는 인물이다. 14개 행정부에 걸쳐서 53년 동안 군복을 입었으며 그중 47년을 장군으로 지냈다/옮긴이)의 편지가 여론과 심지어 런던주식거래소에도 호의적으로 작용했다. 그러자 다우닝 스트리트(Downing Street: 200년 이상 동안 영국 총리와 재무장관의 관저가 자리 잡고 있는 거리/옮긴이)와 튈르리 궁전의 음모자들은 공작을 꾸밀 필요가 있다고 판단했다. 그래서 그들은 '파트리'(Patrie)를 동원해 공식 출처에서 나온 정보를 다 망라한 듯한 분위기를 풍기면서 '트렌트' 호에 승선한 남부동맹 사절들의 체포는 워싱턴 내각의 승인에 따른 것이었다고 주장했다.

〈뉴욕 데일리 트리뷴, 1861년 12월 25일〉

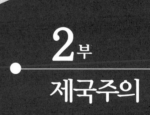

2부

제국주의

7

동인도회사, 그 역사와 결말

인도 법안의 처리를 연기하자는 스탠리 경(Lord Stanley)의 제안을 둘러싼 토론은 오늘 저녁까지 연기되었다. 이로써 1783년 이후 처음으로 인도 문제가 영국에서 정부의 문제가 되었다. 왜 이렇게 되었을까?

동인도회사의 진정한 시작은 1702년이었다. 다양한 조합들이 동인도 무역에 대한 독점을 요구하면서 하나의 회사로 힘을 모았을 때였다. 그때까지 원래의 동인도회사는 거듭해서 존재 자체를 위협받았다. 한번은 크롬웰(Oliver Cromwell(1599-1658): 청교도 혁명으로 군주제를 폐지한 1653년부터 죽을 때까지 영국을 다스렸다/옮긴이)의 보호정치 아래에서 여러 해 동안 활동이 정지되었고, 또 한 번은 윌리엄 3세(WilliamⅢ:1650-1702) 치하에서 의회의 간섭에 의해 해체될 위기에 놓이기도 했다. 동인도회사의 존재가 의회의 승인을 받게 된 것은 네덜란드인 군주인 윌리엄 3세가 지배하던 때였다. 잉글랜드 은행(Bank of England: 1694년에 민간인들에 의해 세워졌다. 설립자들은 은행의 자본을 정부에 대출해 주었다. 이것이 영국 국가 부채의 기원이다. 은행은 사실상 정부의 통제를 받았으며, 국가 금융기관의 기능을 했다. 예를 들면 이 은행에 화폐발행권이 주어진 것이다. 그럼에도 잉글랜드 은행은 제2차 세계대전이 끝날 때까지 민간 조직이었다/옮긴이)이 설립되었고, 영국에 보호무역이 확고히 정착한 시기였다. 자유를 누렸음이 분명한 그 시대는 실제로 따지고 보면 독점의 시기였는데, 이때의 독점은 엘리자베스(Elizabeth)와 찰스 1세(CharlesI) 시대처럼 왕실의 허가로 생기는 것이 아니라 의회의 승인을 통해 권한을 넘겨받고 국유화한 결과 생긴 것이었다. 영국 역사에서 이 시대는 프랑스의 루이 필립(Louis Philippe)의 시대와 아주 많이 닮았다. 옛날의 지주 귀족계급이 패배하고 있었고, 중산계급은 '금권정치'의 기치 아래에서가 아니면 귀족계급의 자리를 차지할 수 없는 상황이었다. 하원이 서민들에게 의원 선거권을 주지 않고 있던 때에, 동인도회사도 인도와의 교역에서 서민을 배제시켰다. 다른 예에서와 마찬가지로 이 예에서도 중산계급이 봉건적인 귀족계급을 상대로 처음으로 결정적인 승리를 거두었을 때 서민들은 그 권리로부터 배제되었다는 사실이 확인되는데, 이런 현상 때문에 코벳(William Cobbett(1763-1835): 팸플릿 저자이자 저널리스트이자 농부였다. 농민을 빈곤으로부터 해방시키기 위한 노력을 활발히 펼쳤으며, '곡물법'에도 반대했다/옮긴이)과 같은 대중적인 작가들은 공중의 자유를 미래에서보다 과거에서 찾았다.

돈이 따르는 이해관계의 독점과 입헌군주정치의 결합은, 예를 들어 동인도회사와 1688년 "명예"혁명(glorious revolution: 스튜어트 왕조를 뒤엎고 윌리엄 3세가 즉위한 것을 말한다. 이 이후로 토지를 가진 귀족과 돈을 가진 중산계급 사이의 타협을 바탕으로 영국에서 입헌군주제가 강화되었다/옮긴이)의 결합은 자유주의적인 이해관계와 역시 자유주의적인 왕조가 시대와 국가를 막론하고 서로 결합하게 만드는 바로 그 힘에 의해, 즉 부패에 의해, 또 다시 말하면 윌리엄 3세에겐 수호천사였지만 루이 필립에겐 치명적인 악마였던 입헌군주제를 움직이는 바로 그 힘에 의해 촉진되었다. 의회 조사에 따르면, 동인도회사가 권력자들을 위한 "선물"이라는 항목으로 지출한 돈은 혁명 전에는 1,200파운드를 좀처럼 넘지 않았다. 그러던 것이 1693년에는 무려 90,000파운드에 달했다. 리즈 공작(Duke of Leeds)은 5,000파운드의 뇌물을 받아 탄핵되었고, 어질다던 윌리엄 3세 국왕 본인도 10,000파운드를 받은 것이 확인되었다. 이런 직접적인 뇌물 외에도, 동인도회사는 이자율이 낮은 거액의 대출로 정부를 유혹하고 경쟁관계에 있는 회사의 감독관들을 매수함으로써 경쟁회사들을 몰아냈다.

동인도회사가 정부에 뇌물을 뿌려 얻은 권력을 계속 유지하기 위해선 지속적으로 뇌물을 먹이지 않을 수 없었다. 잉글랜드 은행의 입장과 꼭 마찬가지였다. 독점이 만료될 때마다, 동인도회사는 정부에 새로운 융자와 선물을 제공함으로써 면허장을 갱신할 수 있었다.

7년 전쟁(영국과 프로이센의 연합과 프랑스와 러시아와 오스트리아의 동맹 사이에 1756년부터 1763년까지 벌어진 전쟁을 말한다. 전쟁 발발의 원인 하나는 영국과 프랑스 사이의 식민 및 무역 경쟁이었다. 전쟁은 프랑스가 인도 내의 소유를 거의 다 잃는 것으로 끝났다/옮긴이)의 사건들이 동인도회사를 영리를 추구하는 회사에서 군사적이고 영토를 추구하는 권력으로 바꿔놓았다. 동양에 지금과 같은 영국 제국의 토대를 쌓은 것이 바로 그때였다. 당시에 동인도회사의 주식은 263파운드까지 올랐으며, 배당률은 연 12.5%였다. 그러나 그때 동인도회사의 새로운 적이 나타났다. 경쟁관계에 있는 회사들이 아니라, 장관들과 국민이었다. 동인도회사의 영토가 영국 함대와 영국 육군의 도움으로 정복된 것이며, 그렇기 때문에 어떠한 영국 국민도 왕실과 독립적으로 인도에 대한 영토적 주권을 가질 수 없다는 주장이 제기되었다. 장관들과 국민도 지난번 정복에서 얻었을 게 틀림없는 "멋진 보물" 중에서 자신의 몫을 요구하고 나섰다. 동인도회사는 1767년에 매년 40만 파운드를 국고에 내놓기로 합의함으로써 겨우 존재를 이어갈 수 있게 되었다.

그러나 동인도회사는 이 합의를 충실히 이행하지 못하고 재정난에 빠졌으며, 그 결과 영국 국민들에게 공물을 바치기는커녕 의회에 금전적 지원을 호소하기에 이르렀다. 면허장의 내용에 심각한 변화가 일어나게 된 것은 바로 이런 사정 때문이었다. 새로운 조건에도 불구하고 동인도회사의 문제는 여전히 개선되지 않았고 또 영국이 북미의 식민지들을 거의 다 잃은 터라, 다른 곳에서 식민 제국의 위상을 다시 높일 필요성이 어느 때보다 더 강하게 대두되었다. 그런 상황에서 탁월한 정치인 폭스(Charles James Fox)는 1783년에 '이사회'(Courts of Directors: 주주들 중에서 주주들에 의해 선출되는 24명의 이사로 구성되며 동인도회사의 실무를 책임졌다/옮긴이)와 '주주회의'(Courts of Proprietors: 1년에 4차례 이상 만나서 이사를 선임하고 그들의 활동을 감독하고 정책을 논의했다/옮긴이)를 폐지하고 인도 정부 전체에 대한 권리를 의회가 임명하는 7명의 행정관들에게 넘기자는 내용의 그 유명한 인도 법안을 제출할 좋은 때가 왔다고 판단했다. 우둔한 왕(조지 3세)이 개인적으로 상원에 영향력을 행사함에 따라, 폭스의 법안은 부결되었으며 이것이 계기가 되어 폭스와 노스 경(Lord North)의 연합 정부가 깨어지고 그 유명한 피트(William Pitt(1759-1806): 1783년에 24세의 나이에 영국의 최연소 총리에 올랐다/옮긴이)가 정부의 수반에 올랐다. 피트는 1784년에 인도 관련 법안을 제출하여 상하 양원을 통과시켰다. 추밀원(樞密院: Privy Council)의 고문관 6명으로 통제위원회(Board of Control)라는 것을 구성하자는 내용이었다. 이 위원회가 하는 일은 "민간정부나 군사정부와 관련 있는 모든 행위와 작전과 이해관계 혹은 동인도회사의 영토와 소유로 인해 생기는 수입을 점검하고 감독하고 통제하는" 것이었다.

이 문제에 대해 역사학자인 밀(James Mill)은 이렇게 말한다.

"그 법을 통과시키는 과정에 두 가지 목적이 추구되었다. 폭스 법안의 가증스런 목적에 대한 비난을 피하기 위해서는 권력의 중요한 부분이 이사들의 수중에 남아 있는 것처럼 보일 필요가 있었다. 그런 반면에 정부의 이익을 위해서는 그러한 핵심 권력을 실제로 빼앗을 필요가 있었다. 피트는 그 법안이 자신의 경쟁자가 제출한 법안과는 다르다고 강조했다. 경쟁자의 법안은 이사들의 권력을 파괴한 반면에 피트의 법안은 그 권력을 거의 그대로 남겨두었다는 것이었다. 폭스의 법안에서는 장관들의 권력이 공개적으로 지켜질 것이었다. 그러나 피트의 법안에서는 그 권력이 은밀히 그리고 기만에 의해 지켜졌다. 폭스의 법안은 동인도회사의 권력을 의회가 임명하는 행정관들에게로 넘기는 것으로 되어 있었다. 반면 피트의 법안은 왕이 임명하는 행정관에게 권력을 넘기도록 했다."

이리하여 1783년과 1784년은 지금까지 처음이자 마지막으로 인도 문제가 정부의 문제가 되었던 해였다. 피트의 법안이 발효됨에 따라, 동인도회사의 면허가 갱신되었고, 인도 문제는 그 후 20년 동안 옆으로 밀려났다. 그러나 1813년에 프랑스와의 전쟁이, 그리고 1833년에는 새로 제안된 개혁법(Reform Bill: 1832년에 의회를 통과한 개혁법을 말한다. 지주와 금융귀족의 정치적 독점을 폐지하고 산업 중산계급에게도 의회 진출권을 준다는 것이 골자이다/옮긴이)이 다른 모든 정치문제들을 압도했다.

그렇다면 이것이 인도 문제가 1784년 이후로 중요한 정치문제가 되지 못했던 첫 번째 이유이다. 1784년까지 동인도회사는 무엇보다도 먼저 존재의 중요성을 확보해야 했다. 그 이후로는 동인도회사의 소수 권력자가 회사의 모든 권력을 흡수하여 책임은 지지 않으면서도 권력은 최대한 행사했다. 그 후로도 면허를 갱신해야 할 시점인 1813년과 1833년에 영국 국민들은 다른 중대한 관심사에 넋을 놓고 있었다.

여기서 조금 다른 관점을 취해 볼 생각이다. 처음에 동인도회사는 단지 자사의 대리인들을 위해 공장과 제품을 보관할 장소를 확보하려는 시도로 시작되었다. 대리인들과 제품을 보호하기 위해 요새를 몇 군데 세웠다. 일찍이 1689년에 인도에 대한 지배권을 확보하고 토지에서 나오는 수입을 주요 소득원으로 만든다는 인식을 품었음에도 불구하고, 동인도회사는 1744년까지 봄베이와 마드라스와 캘커타 주변의 중요하지 않은 지역 몇 곳을 획득했을 뿐이었다. 인도 남부 카르타나카에서 발발한 전쟁은 동인도회사가 그 지역의 주권을 사실상 넘겨받는 결과를 낳았다. 벵골 전쟁과 클라이브(Robert Clive)의 승리에서 그보다 훨씬 더 의미 있는 결과가 나왔다. 벵골과 비하르와 오리사를 점령하게 된 것이다. 18세기 말과 19세기 첫 몇 해 동안에 동인도회사는 티푸 사입(Tippoo Saib(1749-1799): 하이다르 알리의 뒤를 이어 인도 마이소르를 통치한 인물이다. 아버지가 집권하는 동안에 영국군과 맞서 싸우기도 했으나 권좌에 오른 뒤인 1784년에 영국과 평화협정을 맺었다. 1789년에 영국의 보호를 받던 트라반코어 주를 공격했다가 영국군에 패하고 1798년에 권좌에서 물러났다. 그 후 티푸는 1798년에 프랑스와 동맹을 맺었다가 영국에 미소르를 침공할 구실을 주었으며, 이 전쟁에서 목숨을 잃었다/옮긴이)과 잇달아 전쟁을 치렀으며, 그 결과 상당한 권력을 확보하고 종속제도(subsidiary system: 인도 공국들의 주권자를 동인도회사에 종속시키는 제도를 말한다/옮긴이)를 크게 확대했다. 1820년대에 이르러서야, 사막 안쪽에 자리 잡은 핵심적인 인도의 국경이 마침내 정복되었다. 영국 제국이 인도의 모든 위대한 중앙권력이 차지했던 아시아의 이 지역에 닿은 것은 이때가 처음이었다. 그러나 인도 제국의 가장 취약한 지점, 그러니까 옛 점령자가 새로운 점령자에게 쫓겨날 때마다 주인이 바뀌곤 했던 서쪽 국경은 아직 영국의 수중에 들어오지 않았다. 영국은 1838년부터 1849년 사이의 시크(Sikh) 전쟁(펀자브의 시크 왕국과 영국 사이에 1845-1846년, 1848-1849년에 걸쳐 2차례 일어난 전쟁을 일컫는다/옮긴이)과 아프간(Afghan) 전쟁(1839년부터 1842년까지 아프가니스탄과 동인도회사 사이에 벌어진 전쟁을 말한다. 이 전쟁에서 영국과 인도군 4,500여명이 사망한 것으로 전해진다/옮긴이)을 통해서 펀자브와 신드를 강제 병합함으로써 동인도 대륙의 민족적, 정치적, 군사적 전선들을 확실히 소유할 수 있게 되었다. 이 지역들은 중앙아시아에서 쳐들어오는 침략군을 격퇴시키고, 러시아가 페르시아의 국경 쪽으로 진출하는 것을 저지하는 데 반드시 필요한 곳이었다. 1840년대에 8,572,630명이 거주하는 167,000평방마일의 땅이 영국령에 추가되었다. 내륙 쪽을 보면, 원주민들이 사는 모든 국가들이 이젠 영국의 소유지로 둘러싸여 있고, 다양한 형태로 영국의 지배를 받고 있으며, 구제라와 신드를 제외하곤 모두가 바다로 나갈 길이 끊긴 상태이다. 그리고 그 외형을 보면, 인도는 이제 종말을 고했다. 하나의 거대한 영국령 인도제국이 존재한 것은 1849년 이후의 일이다.

이런 식으로 영국 정부는 동인도회사라는 이름으로 2세기 동안 전투를 치렀으며, 마침내 인도의 자연스런 국경에 닿게 되었다. 이제 우리는 이 기간에 영국의 모든 당사자들이 왜 침묵을 지키며 동인도회사의 행태를 묵인했는지, 그리고 그 동안 위선적으로 평화를 소리 높여 외쳤던 사람들까지도 인도 제국의 식민지화가 마무리되었는데도 왜 침묵을 지키며 묵인하고 있는지 그 이유를 이해할 수 있다. 우선 그들이 인도를 자신들의 가혹한 '자선행위'의 대상으로 삼기 위해선 먼저 인도 제국을 손에 넣어야 했다. 이 관점에서 우리는 동인도회사의 면허장을 갱신하던 옛날에 비해 올해 1853년에 인도 문제의 위상이 크게 바뀐 이유를 이해할 수 있다.

여기서 다시 다른 관점을 취해보자. 영국의 상업이 다양한 단계를 거치며 인도와 교류해온 과정을 검토하다 보면, 인도 법안을 둘러싼 특이한 국면이 보다 잘 이해된다.

엘리자베스 여왕의 통치 하에 동인도회사의 활동이 시작되던 시점에, 이 회사에겐 인도와의 교역에서 이익을 남기도록 보장한다는 목적으로 은과 금과 외국 주화를 해마다 30,000파운드어치를 반출하는 것이 허용되었다. 이는 그 당시의 시대정신에 반하는 행위였으며, 이에 토머스 먼(Thomas Mun(1571-1641): 중상주의를 신봉한 영국 경제학자로 서비스의 중요성을 역설했다/옮긴이)은 『영국의 대(對)동인도 무역론』(A Discourse on Trade from

England to the East Indies)에서 "중상주의"의 토대를 제시했다. 그는 이 논문에서 귀금속이 한 국가가 소유할 수 있는 부로서 유일하게 진짜 부라는 점을 인정하면서도 그와 동시에 수출국의 국제수지가 흑자인 경우에는 귀금속의 유출을 허용해도 무방하다는 주장을 폈다. 이런 맥락에서 그는 동인도에서 수입된 물품들이 주로 다른 국가로 재수출되었으며, 이 국가들로부터 인도 제품에 대한 대금 결제에 필요한 것보다 훨씬 더 많은 금을 얻는다고 주장했다. 이와 똑같은 정신에서, 조시아 차일드(Josiah Child(1630-1699): 영국의 상인이자 정치인이었으며 동인도회사의 지사를 지냈다/옮긴이)는 『동인도 무역이 최고의 무역임을 보여주는 논문』(A Treatise wherein It Is Demonstrated That the East India Trade Is the Most National Trade of All Trades)을 발표했다. 이후로 동인도회사는 더욱 대담해졌다. 이처럼 기이한 인도의 역사에서 인도에 대한 독점권을 주장한 사람들이 영국 내에서 자유무역을 처음으로 설파했던 사람들이었다는 사실이 호기심을 자극할 것이다.

동인도회사와 관련하여 의회의 간섭이 다시 제기되었다. 이번에는 그 주체가 상업계급이 아니고 산업계급이었다. 17세기 말과 18세기의 상당 기간에 동인도 목화와 비단의 수입이 영국의 가난한 제조업자들을 망치고 있다는 항의의 목소리가 높을 때였는데, 이는 존 폴렉스펜(John Pollexfen(1636-1715): 영국의 상인이자 정치경제학자/옮긴이)이 『제조업이 서로 조화를 이루지 못하는 영국과 인도』(England and India Inconsistent in Their Manufactures)라는 에세이에서 제시한 의견이었다. 이어서 의회가 간섭하고 나섰다. 윌리엄 3세의 법률 제11호와 제12호의 10장에 의해, 인도와 페르시아와 중국에서 수입한 비단옷과 옥양목을 입는 것이 금지되었으며, 그런 물건들을 갖거나 파는 모든 사람들에게 200파운드의 벌금이 물려졌다. 그 후에도 "계몽된" 영국 제조업자들의 불만이 거듭된 결과, 조지(George) 1세와 2세, 3세의 통치 동안에도 비슷한 법이 시행되었다. 따라서 18세기 대부분 기간에 인도 제품들은 대체로 유럽 대륙으로 팔기 위해 영국으로 수입되었으며 영국 시장에는 풀리지 않았다.

영국 국내의 탐욕스런 제조업자들의 간청에 따라 의회가 동인도회사에 간섭하는 외에도, 런던과 리버풀과 브리스톨의 상인들은 면허장 갱신이 있을 때마다 동인도회사의 무역독점을 깨뜨려 노다지로 여겨지던 그 무역에 동참하려는 노력을 전개했다. 이런 노력의 결과, 1773년의 법에 동인도회사의 면허를 1814년 3월 1일까지 연장하며 그때부터는 영국의 민간인들도 인도에 수출할 권리를 갖게 되며 인도에 주재하는 동인도회사의 관리들은 영국으로 거의 모든 제품을 수입할 권리를 갖는다는 조항이 삽입되었다. 그러나 이 양보에 붙은 조건도 매우 많아서 민간 상인들이 영국령 인도로 수출하는 것은 사실상 불가능했다. 1813년에 이르러선 동인도회사가 상업계의 압력을 더 이상 견딜 수 없는 상황이 되었다. 이렇게 되자 중국 무역에 대한 독점권을 제외하고 인도와의 무역은 일부 조건 하에서 민간인에게도 열어주었다. 1833년에 면허를 갱신할 때에는 마침내 이 마지막 제약까지 풀렸다. 이젠 동인도회사는 무역 업무를 수행할 수 없게 되었다. 이리하여 동인도회사의 상업적 성격은 사라지게 되었으며, 인도 영토에서 영국 시민들을 배제해왔던 동인도회사의 특권도 폐지되었다.

그 사이에 동인도 무역은 영국 내의 다양한 계급들이 그 무역을 대하는 입장을 바꿔놓음으로써 매우 중대한 혁명을 수행해냈다. 18세기에 인도에서 영국으로 이동한 부(富)는 상대적으로 덜 중요했던 통상보다는 직접적인 착취에 의한 것이었다. 1813년에 무역을 민간에게 연 뒤, 인도와의 교역은 아주 짧은 기간에 3배로 뛰었다. 그러나 이게 전부가 아니었다. 무역의 성격 자체가 바뀌었다. 1813년까지 인도는 주로 수출국이었다. 그러던 것이 지금은 수입국이 되었다. 그런 식으로 아주 급하게 진행된 결과, 환율도 1823년에 이미 크게 떨어졌다. 아주 오랜 옛날부터 세계 면직업의 거대한 공장이었던 인도에는 이제 영국 실과 면제품이 넘쳐나게 되었다. 인도 제품이 영국 시장에서 배제되거나 지극히 까다로운 조건에서만 허용된 이후로, 영국 제품이 아주 작은 명목상의 관세만 물고 인도로 밀려들어와 한때 이름을 떨쳤던 인도의 면직 업계를 황폐화시켰다. 1780년에 인도로 수입된 영국 제품의 가치는 386,152파운드에 지나지 않았으며, 같은 해에 영국으로 빠져나간 금의 가치는 15,041파운드였다. 1780년 영국의 총수출이 12,,648,616파운드였다는 점을 고려한다면, 영국의 대(對)인도 무역은 전체 외국무역의 32분의 1에 지나지 않았다. 그러던 것이 1850년에는 잉글랜드와 아일랜드의 인도 수출액이 8,024,000파운드였으며, 이중에서 5,220,000파운드가 면제품이었다. 면제품 수출의 경우 그 4분의 1이상이 인도로 나간 것이었다. 그러나 면직업은 영국 인구의 8분의 1을 고용했으며, 전체 국가수입 중 12분의 1을 부담했다. 경제위기가 일어날 때마다 동인도와의 무역은 영국 면직업에 매우 중요하게 되었으며, 동인도 대륙은 실제로 영국의 최대 시장이 되었다. 면직이 영국의 전체 사회구조에 중요성을 더할수록, 동인도는 영국 면직물 업계에 결정적으로 중요한 시장이 되었다.

그때까지, 인도를 거대한 사유지로 바꿔놓은 상업 중산계급의 이해관계와 군사력으로 인도를 정복한 동인도회사의 이해관계, 그리고 인도를 면직물로 넘쳐나게 만든 방적 자본가의 이해관계는 서로 손을 맞잡고 함께 나아갔다. 그러나 산업의 이해관계가 인도 시장에 의존하는 정도가 커갈수록, 또 인도에 원래 있던 산업이 파괴될수록 인도에서 새로운 생산력을 창조해낼 필요성이 더욱 강하게 느껴졌다. 만일 어떤 나라가 당신에게 대가로 내놓을 제품이 없다면, 당신은 그 나라로 제품을 계속 수출하지 못한다. 1843년부터 1846년까지 4년 동안, 영국에서 인도로 수출한 물품은 약 2억 6,100만 루피였다. 이어 1847년부터 1850년까지 4년 동안에는 그 액수가 2억5,300만 루피에 지나지 않았다. 한편 인도에서 영국으로 수입한 물품은 1843년부터 1846년 사이에는 2억7,400만 루피였고 1847년부터 1850년 사이에는 2억5,400만 루피였다. 영국인들은 인도의 영국 제품 소비력이 크게 위축되어 최하위 수준으로 떨어졌다는 사실을 깨달았다. 인구 일인당 영국 제품 소비력을 보면 영국령 서인도제도가 연 14실링이고, 칠레가 9실링 3페니, 브라질이 6실링 5페니, 쿠바가 6실링 2페니, 페루가 5실링 7페니, 중앙

아메리카가 10페니였으나 인도는 9페니 정도에 지나지 않았다.

이어서 미국의 목화 작황이 좋지 않았다. 이것이 1850년에 영국인들에게 1,100만 파운드의 손실을 안겼다. 그들은 동인도에서 목화를 많이 수입하지 않고 미국에만 의존한 사실을 후회했다. 더욱이, 그들은 인도에 자본을 공급하려는 모든 시도가 인도 당국의 방해에 봉착한다는 사실을 깨달았다. 이리하여 인도는 한편으로는 산업 이해관계들이 경쟁을 벌이는 전쟁터가 되었고, 다른 한편으로는 상업 중산계급과 동인도회사의 소수 권력자들의 이해관계가 서로 부딪치는 전쟁터가 되었다. 영국에서 자신들의 부상(浮上)을 알고 있던 제조업자들은 이제 인도 안에서 이러한 반대 세력들을 근절시킬 것을, 인도 정부의 낡은 구조를 파괴할 것을, 그리고 동인도회사를 최종적으로 추락시킬 것을 요구하고 나섰다.

이젠 인도문제를 판단할 마지막 네 번째 관점을 볼 때이다. 1784년 이후로 인도의 재정은 수렁 속으로 점점 더 깊이 빠져들었다. 지금 인도의 국가부채는 5,000만 파운드에 달한다. 그런데도 세입원은 지속적으로 줄어들고 있고, 지출은 더욱 늘어나고 있다. 아편세라는 무모한 수입으로 힘들게 균형을 맞춰나가고 있지만, 그것마저도 중국인들이 아편을 직접 재배하기 시작함에 따라 위협을 받고 있으며, 무분별한 버마 전쟁(동인도회사는 1824년부터 1826년까지, 그리고 1852년에 각각 버마를 상대로 전쟁을 벌여 승리를 거두었다. 두 번째 전쟁에서 페구 지방을 점령했으나 버마는 평화조약 체결을 거부하고 페구 점령을 인정하지 않았다. 영국은 1860년대에 버마에 불평등조약을 강요한 데 이어 1885년에 버마 전 지역을 병합했다/옮긴이)에 따를 비용 때문에 전망은 더욱 어둡다.

지금까지 나는 인도 문제가 왜 1783년 이후 처음으로 영국의 문제가, 그리고 정부의 문제가 되게 되었는지 그 이유를 살펴보았다.

〈뉴욕 데일리 트리뷴, 1853년 7월 11일〉

8

선전포고, 그리고 동방문제의 역사

드디어 전쟁이 선포되었다. 어제 의회의 양원에서 국왕의 교서가
낭독되었다. 상원에서는 애버딘 경(Lord Aberdeen)이, 하원에서는
J. 러셀 경(Lord J. Russell) 경이 읽었다. 왕의 교서는 "러시아의 터키
침략에 능동적으로 맞서기 위해" 취해질 조치들을 설명하고 있다.
'런던 가제트'(The London Gazette)는 내일 전쟁에 관한 공식 포고
문을 실을 것이며, 금요일에는 그 포고문에 대한 봉답문(奉答文)이
의회 토론의 주제가 될 것이다.

영국의 선전포고와 동시에, 루이 나폴레옹도 프랑스 상원과 입
법원에 비슷한 뜻을 전했다.

차르(러시아 황제)에게 영국과 프랑스 왕들의 최후통첩을 전

했던 캡핀 블랙우드(Captain Blackwood)가 지난 토요일 러시아는 그 문서에 대해 논평을 하지 않을 것이라는 대답을 안고 돌아옴에 따라, 러시아에 대한 선전포고는 더 이상 미룰 수 없게 되었다. 그러나 블랙우드의 임무는 종합적으로 볼 때 유익한 것이 아니었다. 그것은 러시아 군대에 한 해 중에서 가장 위험한 시기인 3월 한 달 동안 전쟁 준비를 할 시간적 여유를 주었다.

차르와 영국 정부 사이에 비밀 통신이 오갔다는 사실의 폭로는 영국 정부에 대한 공중의 분노를 폭발시키기는커녕, 정말로 믿기 어렵겠지만, 오히려 주간지와 일간지에 영국이 애국심이 매우 투철한 내각을 두었다는 사실을 일제히 축하하라는 신호탄이 되었다. 그러나 눈이 가려져 있는 영국 공중이 정부의 진짜 행위에 대해 눈을 뜨도록 만들 회합이 곧 열릴 예정인 것으로 나는 알고 있다. 다음 주 목요일, 스토어 스트리트에 위치한 뮤직홀에서 열릴 것이다. 폰손비 경(Lord Ponsonby)과 라야드(Layard) 씨, 어콰트(Urquhart) 씨 등이 거기에 참석할 것으로 보인다.

'합부르기셔 코레스폰던트'(Hamburgischer Correspondent)는 다음과 같은 기사를 싣고 있다.

> "상트페테르부르크에서 16일 이곳에 도착한 보고에 따르면, 러시아 정부는 동방문제에 관해 다양한 문서들을 발표할 것을 고려하고 있다. 발표될 문서 중에는 앨버트 공(Prince Albert)이 쓴 편지 몇 통도 포함되어 있다."

앞서 12일에 프랑스와 영국, 터키 사이에 삼국동맹 조약이 체결되었다는 소식이 전해지고 있다. 그러나 터키의 술탄(Sultan: 이슬람 국가의 군주/옮긴이)이 대(大)무프티(Grand Mufti: 이슬람 국가에서 종교 분야의 최고 권위자를 일컬음/옮긴이)에게 개인적으로 간청했음에도 불구하고, 울라마(ulama: 이슬람교의 법과 신학의 지도자/옮긴이) 집단의 지지를 업고 있는 대무프티는 터키 내 기독교인들의 처지의 변화에 관한 조항을 인정하는 파트와(fetva: 무프티가 이슬람법에 대해 내리는 결정/옮긴이)를 발표하길 거부했다. 그 조항이 코란의 계율과 모순된다는 이유에서였다.

터키 정부와 터키의 정신적 지도자들 사이의 관계의 본질, 그리고 터키 정부가 오스만 제국 내의 기독교 주민들을 보호하는 문제와 관련해 현재 처한 곤경을 제대로 이해하기 위해선, 이 문제의 과거 역사와 전개 과정을 거슬러 올라가며 살펴볼 필요가 있다. 동방에서 일어나는 모든 분규의 밑바닥에는 언제나 이 문제가 도사리고 있다.

코란과 거기서 비롯된 이슬람 법률은 다양한 민족들의 지리학과 민족학을 단순하고 편리하게 두 개의 민족과 두 개의 국가로 나눈다. 이슬람 교도와 이교도, 이슬람 국가와 이교도 국가의 구분만 있는 것이다. 이교도는 곧 '적'이다. 이슬람교는 이교도 민족을 배척한다. 따라서 이슬람 교도와 이교도 사이에는 적대감이 영원히 존재한다. 이런 점에서 보면 베르베르 사람들(북아프리카 산지에 사는 종족/옮긴이)의 국가들의 해적선은 이슬람의 성스런 함대였다. 그렇다면 오스만 제국 내 기독교 주민들의 존재와 코란은 어떻게 조화를 이룰 수 있을까? 이슬람 법률은 이렇게 말한다.

"만일 어떤 도시가 항복문서에 의해 항복하고 또 거주자들이 '라야'(rayah), 즉 자신의 신앙을 포기하지 않은 채 이슬람교 군주의 신하가 되기로 동의한다면, 그들은 이슬람교도와 휴전할 때 '카라지'(kharaj: 인두세)를 지급해야 한다. 그러면 그들의 재산을 몰수하는 행위는 더 이상 허용되지 않는다. 당연히 그들의 집도 빼앗아서는 안 된다. … 이런 경우 그들이 옛날에 다니던 교회는 그들의 재산의 일부가 되고 그 안에서 예배를 올리는 것도 가능하다. 그러나 교회를 새로 세우는 것은 허용되지 않는다. 그들은 기존의 교회를 수리할 권리만을 갖는다. 허물어진 부분을 다시 짓는 것도 가능하다. 기독교인들이 수리를 빙자하여 새로 건물을 짓는 것을 방지하기 위해 지방의 총독 대리자가 언제든 기독교도의 교회와 성소를 방문할 수 있다. 만일 어떤 도시가 강압적으로 정복당한다면, 그곳의 거주자들도 자신의 교회를 계속 가질 수 있다. 그러나 그때는 숭배행위는 할 수 없으며 교회는 오직 거주와 피난처로만 사용해야 한다."

콘스탄티노플은 유럽 쪽 터키의 상당 지역과 똑같이 항복문서에 의해 항복했기 때문에, 그곳의 기독교인들은 터키 정부 아래에서도 '라야'로 사는 특권을 누리고 있다. 이 특권을 그들은 이슬람교도의 보호를 받기로 동의함으로써 얻게 되었다. 기독교인들이 이슬람 법률에 따라 이슬람교도의 통치를 받게 되고, 또 콘스탄티노플의 정신적 지도자가 동시에 그들의 정치적 대표자와 사법적 대표자가 되는 것은 바로 이런 사정 때문이다. 오스만 제국 안의 어디를 가든 그리스인 '라야'의 집단이 있다. 대주교와 주교는 법률상 시의회의 구성원이 되며, 총대주교의 지시 아래 그리스인들에게 부과된 세금의 할당을 감독한다. 총대주교는 자신의 신자의 품행에 대해 오스만 제국에 책임을 진다. 자신의 교회의 '라야'에 대한 재판권을 갖는 총대주교는 이 권리를 대도시들과 주교들에게 각자의 감독 관구 안에서 행사하도록 위임한다. 주교들의 선고가 내려지면 오스만 제국의 집행관들은 그 형을 의무적으로 집행해야 한다. 주교들이 최종 결정을 내릴 수 있는 처벌은 벌금형과 투옥, 태형과 유배이다. 이 외에, 교회는 주교들에게 파문(破門)의 권리를 부여한다. 벌금형에서 나오는 것 외에도, 주교들은 민사 및 상업 소송에 대해 다양한 세금을 받는다. 성직자 조직 안의 각 직급엔 저마다 가격이 매겨진다. 총대주교는 그 직책을 얻기 위해 추밀원에 큰 액수의 공물을 지급한다. 그러나 총대주교는 거꾸로 자기 아래에 있는 성직자들에게 대주교와 주교 자리를 판다. 그러면 대주교와 주교는 자기 아래의 사람들에게 공물을 거두고 자리를 팔아 스스로 보상을 받는다. 아래 계급의 사람들은 그 권력을 침례와 결혼, 이혼, 유언 등과 같은 종교적 활동을 통해 소매로 판다.

이런 설명을 근거로 하면, 터키의 그리스인 기독교도들과 그들의 전반적인 사회구조를 지배하고 있는 이런 신정(神政)의 핵심은 '라야'를 코란 아래로 종속시키는 데 있는 것이 분명하다. 거꾸로 코란은 터키 내 그리스인 기독교도를 이교도로, 즉 종교적 의미에서만 하나의 민족으로 다룸으로써 이슬람교 성직자들이 영적 및 세속적 권력을 결합시킬 수 있도록 했다. 그렇다면 만일 그리스인 기독교도들이 시민적 해방을 통해서 코란에 종속된 상태에서 벗어난다면, 그들이 성직자들에게 종속되는 것도 깨어짐과 동시에 그들의 사회적, 정치적, 종교적 관계에도 어떤 혁명이 일어날 수 있을 것이다. 이런 식으로 전개된다면 불가피하게 그리스인 기독교도들은 러시아로 넘어가야 할 것이다. 만일 코란을 민법으로 대체하고자 한다면, 비잔틴 사회의 전체 구조를 서양화해야 한다.

이슬람교도와 기독교 주민들의 관계를 설명하고 나니, 이젠 이런 의문이 일어난다. 이슬람교도와 이교도 외국인의 관계는 어떠한가?

코란은 모든 외국인을 적으로 취급하기 때문에, 어느 누구도 극도로 조심하지 않고는 이슬람 국가에 들어가려 하지 않을 것이다. 따라서 그런 사람과 교역을 시작하기를 바랐던 최초의 유럽 상인들은 예외적인 대우와 특권을 확보할 길을 찾으려고 노력했다. 이 대우와 특권은 처음에는 개인에게만 적용되었으나 나중엔 전체 국가로 확대되었다. 이리하여 생긴 것이 치외법권이다. 치외법권은 오스만 제국이 다양한 유럽 국가들에게 내어준 특권에 관한 증서이며, 이 국가들의 시민들은 이슬람 국가들을 자유롭게 왕래하며 조용히 업무를 수행하고 종교행위를 할 수 있었다. 치외법권은 계약 당사자들 사이에 서로 논쟁을 거쳐서 얻어지거나 상호 이익과 양보를 조건으로 받아들여지는 호혜적인 법령이 아니라는 점에서 조약과 근본적으로 다르다. 반대로, 치외법권은 그것을 허용하는 정부 측의 일방적인 양보이다. 그렇기 때문에 이슬람 국가의 정부는 언제든지 그것을 취소할 수 있다. 오스만 제국도 한 국가에 허용했던 특권을 취소하고 그것을 다른 나라로 넘긴 적이 여러 차례 있다. 아니면 특권의 적용을 지속하길 거부함으로써 한꺼번에 모든 치외법권을 폐지하기도 했다. 이런 변덕스런 성격 때문에 치외법권은 끊임없이 분쟁의 씨앗이 되었다. 대사들의 입장에서 보면 불만의 원천이었으며, 그리고 새로운 왕조가 시작될 때마다 서로 모순되는 각서와 면허장들이 되살아나는 원인이 되었다.

외국 강대국들이 오스만 제국 안의 그리스인 기독교도, 즉 '라야'가 아니라 터키를 방문하거나 그곳에서 거주하는 자국 기독교도들을 보호할 권리도 이 치외법권에서 비롯되었다. 그런 보호권을 가장 먼저 얻은 강대국은 프랑스였다. 프랑수아 1세의 프랑스와 쉴레이만 1세의 오스만 제국 사이에 1535년에 치외법권이 체결되었다. 1604년에 아흐메드 1세와 앙리 4세 사이에, 그리고 1673년에 모하메드 4세와 루이 14세 사이에 갱신되었다. 그리고 1740년에 "프랑스 궁전과 오스만 제국 궁전 사이에 체결된 옛날 및 최근의 치외법권과 조약들"이라는 긴 이름으로 더욱 확장되었다. 이 협정의 32조는 프랑스의 종교를 신봉하는 모든 수도원에 대해서는 그것이 어디에 소재하든 관계없이 프랑스가 보호할 권리를 가지며 성소의 프랑스인 방문객에 대해서도 프랑스가 보호권을 갖는다고 정하고 있다.

러시아는 프랑스의 예를 모방하여 1774년에 강대국으로는 처음으로 카이나르지 조약(Treaty of Kainardji: 이 조약에 의해 터키는 크림반도를 러시아에 할양하고 터키 해역에서의 러시아 선박의 자유 항해를 인정하고 터키 내 기독교인들에 대한 보호를 약속했다/옮긴이)에 치외법권을 삽입했다. 이어서 나폴레옹도 치외법권의 존재와 지속을 조약의 주제로 만드는 것도 괜찮겠다고 판단하고 거기에 쌍무적인 성격을 부여했다.

그렇다면 성지(聖地) 문제와 기독교인들에 대한 보호 사이에는 어떤 관계가 있는가?

성지 문제는 곧 예루살렘에 정착한 그리스인 기독교도 공동체와 그들이 그곳에 소유한 건물들, 특히 '성묘교회'의 보호에 관한 문제이다. 여기서 말하는 소유는 소유권을 의미하지 않는다는 사실을 알아야 한다. 코란은 기독교인에게 소유권을 금지하고 있다. 소유는 단지 사용권만을 의미한다. 이 사용권을 내세워 다른 공동체들이 같은 장소에서 예배를 올리지 못하도록 막지는 못한다. 소유자는 열쇠를 간직하고, 건물에 출입하고, 건물을 수리하고, 신성한 성화를 밝히고, 빗자루로 방을 쓸고, 카펫을 까는 것 외에는 그 어떤 특권도 누리지 못한다.

성지들과 성묘교회의 각 부분들은 라틴계와 그리스인, 아르메니아인, 아비시니아(에티오피아의 옛 이름/옮긴이)인, 시리아인, 콥트인이 소유하고 있다. 이처럼 성지가 자신들의 소유라고 주장하는 다양한 사람들 사이에서 갈등이 시작되었다. 이 종교적 다툼을 동방에서의 영향력 행사라는 측면에서 본 유럽의 주권자들은 우선 그 땅의 지배자들을, 자신의 지위를 남용하는 탐욕스럽고 광적인 군사령관들을 직접 상대했다. 기회주의를 택하고 있는 오스만 제국과 그 관리들은 라틴 사람과 그리스 사람, 아르메니아 사람들에게 돌아가며 호의적인 심판을 내리며 모든 사람들의 주머니로부터 금을 빼앗아냄과 동시에 모든 사람들을 비웃는 교활한 모습을 보였다. 오스만 터키의 관리들이 여러 민족이 서로 갖기를 원하는 곳에 대한 소유권을 라틴 사람들에게 인정하면서 면허장을 내주기만 하면, 그 즉시 아르메니아 사람들이 터키 사람들에게 더 두툼한 지갑을 건네고 그와 정반대되는 면허장을 얻었다. 그리스인들에게도 이와 똑같은 책략이 동원되었다. 오스만 제국의 다양한 면허장과 관리들의 판결에 공식적으로 기록되어 있듯이, 그리스인들은 가짜 성직을 획득하는 방법을 잘 알고 있었다. 때때로 오스만 제국 정부의 결정이 시리아의 군사령관과 하급관리들의 탐욕과 악의 때문에 좌절되기도 했다. 그렇게 되면 협상을 다시 시작하고, 새로운 대리인들을 임명하고, 돈을 다시 쓸 필요가 있었다. 터키 정부는 예전에 금전적인 이익을 노려 했던 것을 이 시대에는 두려움 때문에 보호를 구하고 호의를 살 목적으로 하고 있다. 프랑스와 라틴 사람들을 정당하게 다뤄 마음을 달랜 뒤, 오스만 제국은 서둘러 러시아와 그리스 사람들에게도 똑같은 조건을 제시했다. 맞닥뜨리기에 너무 무서운 폭풍을 미리 피하기 위한 조치였다. 성묘교회의 성소와 예배당, 그리고 돌들 중에서 다양한 기독교 공동체들 사이에 다툼을 유발할 목적에 쓰이지 않은 것은 하나도 없다.

성묘교회 주변에 온갖 교파의 기독교가 모여 있으며, 그들의 종교적 주장을 들춰보면 그 밑에 수많은 정치적, 국가적 경쟁이 도사리고 있다는 사실이 드러난다.

예루살렘과 성소들에는 종교를 믿는 민족들이 살고 있다. 라틴 사람과 그리스 사람, 아르메니아 사람, 콥트 사람, 아비시니아 사람, 시리아 사람이 살고 있는 것이다. 그리스 사람이 2,000명, 라틴 사람이 1,000명, 아르메니아 사람이 350명, 콥트 사람이 100명, 시리아 사람이 20명, 아비시니아 사람이 20명이다. 총 3,490명이 살고 있다. 오스만 제국 안에는 그리스 사람이 1,373만 명, 아르메니아 사람이 240만 명, 라틴 사람이 90만 명 살고 있다. 이들은 또 다시 세분화된다. 앞에서 논한 그리스 교회는 콘스탄티노플의 총대주교를 인정하는데, 이 교회에 다니는 사람들은 차르를 영적 최고 권위자로 받드는 그리스계 러시아인과 아테네의 왕과 종교회의를 최고의 권위로 받아들이는 순수 그리스 사람과는 근본적으로 다르다. 마찬가지로, 라틴 사람들도 로마 가톨릭 교도와 마론파 교도 등으로 갈라진다. 아르메니아 사람도 그루지아 사람과 라틴 아메리카 사람으로 나뉜다. 콥트 사람과 아비시니아 사람도 마찬가지이다. 성지에서 종교적으로 가장 큰 세력을 누리고 있는 사람들은 그리스 사람과 라틴 사람, 아르메니아 사람이다. 라틴 교회는 주로 라틴 인종을, 그리스 교회는 슬라브 족과 터키계 슬라브 족과 순수 그리스 민족을 대표하는 것으로 여겨진다. 다른 교회들은 아시아인과 아프리카인을 대표한다.

이처럼 언제나 갈등을 빚는 사람들이 모두 성묘교회에 매달리고 있는 모습을, 성직자들이 치르는 전투를, 그리고 베들레헴의 돌집 출신인 어느 인물과 벽걸이 융단, 성소의 열쇠, 제단, 사당, 의자, 방석 등이 그들의 경쟁의 대상이라는 사실을 한번 상상해보라. 이 얼마나 우스꽝스런 일인가!

금욕을 추구하는 사람들이 벌이는 이 성전(聖戰)을 이해하려면 먼저 그들의 삶의 방식과 거주 형태를 이해해야 한다. 최근 그곳을 찾은 어느 여행객이 들려주는 이야기이다.

"다양한 국가의 온갖 종교적 쓰레기들이 서로를 적대시하고 질투하면서 고립된 채 예루살렘에서 살고 있다. 모두가 유목민 같다. 순례여행에 이끌려 끊임없이 몰려오기도 하고 전염병이나 탄압에 시달리다가 죽기도 한다. 유럽인들은 죽거나 몇 년 뒤에 유럽으로 돌아간다. 군사령관과 경비대는 다마스쿠스나 콘스탄티노플로 간다. 그리고 아랍인들은 사막으로 사라진다. 예루살렘은 단지 텐트를 치는 곳일 뿐 뿌리를 내리고 사는 곳은 아니다. 신성한 도시의 사람들은 모두가 자신의 종교를 바탕으로 생계를 이어간다. 그리스 사람이나 아르메니아 사람은 매년 예루살렘을 찾는 순례자 12,000명 내지 13,000명을 통해 돈을 번다. 라틴 사람들은 프랑스와 이탈리아 등지에 있는 같은 교인들의 보조금으로 살아간다."

수도원과 교회 이외에도, 기독교 국가들은 예루살렘의 성묘교회에 붙은 작은 숙소를 소유하고 있으며, 거기에 사는 수도사들은 성스런 거주지를 밤낮으로 지켜야 한다. 그러다 일정 기간이 지나면 그 임무를 동료에게 넘겨주고 자유의 몸이 된다. 이 독방에는 문이 하나밖에 없는데 신전의 안쪽으로 나 있다. 교회의 문들은 닫혀 있으며, 문들을 지키는 터키인들은 돈을 받지 않고는 절대로 문을 열어주지 않으며 문을 닫는 것도 자기 마음이다.

성직자들 사이의 다툼이 가장 악질이라고 마자랭(Mazarin)은 말했다. 그런 성직자들이 이 성소들 안에 함께 살면서 그걸 바탕으로 먹고 살아간다니, 그게 과연 어떤 모습일지 상상이 되는가!

서술을 끝내기 전에 기억해야 할 것이 있다. 로마 사람들과 사르디니아 사람, 나폴리 사람, 스페인 사람과 오스트리아 사람들로 이뤄진 라틴 교회의 아버지들은 한결같이 프랑스의 자국민 보호를 부러워하고 있다.

예루살렘의 정착 인구는 약 15,500명인데, 그 중에서 4,000명이 이슬람교도이고 8,000명이 유대인이다. 터키인과 아랍인과 무어인으로 구성된 이슬람교도들은 전체 인구의 4분의 1을 차지하며 당연히 모든 면에서 주인 노릇을 하고 있다. 그들은 콘스탄티노플에 있는 자신들의 정부가 허약해지고 있다는 사실에도 전혀 기가 죽지 않는다. 예루살렘에 사는 유대인의 고통과 비참은 어떠한 것과도 비교되지 않는다. 그들은 시나고그(유대인 예배당)가 있는 시온과 모리아 사이의 '하레스-엘-야후드'(hareth-el-yahoud)라 불리는 더없이 열악한 곳에서, 그리스인에게 모욕을 당하고 라틴 사람들에게 박해를 당하며 유럽 동포들이 드물게 보내주는 구호금으로 연명하고 있다. 그러나 유대인들은 그곳에서 태어난 사람이 아니며, 오직 구원자가 나타난다는 여호사밧 골짜기에서 살다가 그곳에서 죽고 싶다는 욕망에 끌려 다른 나라에서 머나먼 그곳으로 온 사람들이다. 어느 프랑스 작가는 이렇게 말한다.

"자신의 죽음을 직시하면서, 그들은 고통 받으며 기도한다. 그들의 시선은 한때 솔로몬 신전이 우뚝 솟아 있던 모리아 산으로 향했다. 그들로서는 감히 가까이 다가가지 못하는 산으로 말이다. 그러면서 그들은 이스라엘 백성의 불행에, 그리고 전 세계로 뿔뿔이 흩어진 그들의 운명에 눈물을 뿌렸다."

이런 유대인들을 더욱 비참하게 만들기 위해, 영국과 프러시아는 1840년 예루살렘에 영국 국교회의 주교를 임명했다. 이 주교의 공개적인 목적은 유대인을 개종시키는 것이었다. 그는 1845년에 죽을 만큼 두들겨 맞았으며, 유대인과 기독교인과 터키 사람으로부터 똑같이 비웃음을 샀다. 실은 예루살렘의 모든 종교들을 단합하게 만드는 최초이자 유일한 이유가 바로 이 주교라는 말도 있다.

기독교인들이 성소에서 하는 공동 숭배가 아일랜드에서 다양한 교파의 신도들 사이에 필사적으로 벌어지고 있는 싸움으로 귀착되는 이유가 이젠 이해될 것이다. 그러나 다른 한편으로 보면 성지를 둘러싼 이 싸움은 단순히 국가들만 아니라 민족들의 세속적 싸움을 숨기고 있으며, 또 서방의 눈에는 우스꽝스러워 보이지만 동방에는 더없이 중요한 성소 보호가 끊임없이 재생산되고 있고 또 언제나 눌려 있을 뿐 해결은 절대로 되지 않는 동방문제의 한 양상인 것도 이해가 될 것이다.

〈뉴욕 데일리 트리뷴, 1854년 4월 15일〉

9

러시아와 중국의 무역

파머스턴 경과 루이 나폴레옹이 무력을 통해 확대시킨 중국과의 교역과 교류의 실상을 보면, 러시아가 현재 중국과의 무역에서 누리고 있는 지위에 대해 질투심이 느껴지지 않을 수 없다. 정말로, 러시아는 돈을 지급하거나 군사력을 행사하지 않고도 단지 중국과의 투쟁을 뒤로 미룬 결과 호전적인 국가들보다 훨씬 더 많은 것을 얻고 있다.

러시아와 중국 제국의 관계는 전반적으로 기이하다. 영국인과 미국인들에게는 광동(廣東)의 권력자와 직접 소통할 특권조차도 주어지지 않고 있는 반면에 러시아인들은 북경(北京)에 대사관을 두는 특권까지 누리고 있다. 그런데 적대적 행위의 자제에 관한 문제라면, 중국과 직접적 소통을 전혀 하지 않고 있는 프랑스야말로 아마추어나 다름없다고 하겠다. 러시아의 그런 특권은 러시아가 중국 제국에 조공을 바치는 속국의 하나로 여겨져도 좋다고 인정함으로써 얻은 것이라는 말도 있다. 그럼에도 불구하고 그것으로 인해 러시아의 외교가 유럽에서처럼 중국 안에서 자국을 위해 영향력을 행사할 수 있게 되었다. 이 영향력은 결코 외교적인 일에만 국한되지 않을 것이다. 러시아인들은 중국과의 해상교역에서 배제되었기 때문에 과거의 어떠한 이해관계나 개입으로부터도 자유롭다. 그들은 또한 중국인들이 아주 오랜 옛날부터 해상으로 접근해 오면서 자국을 혼란스럽게 만든 모든 외국인들에게 품었던 반감도 피하고 있다. 그러나 해상교역에서 배제된 데 대한 보상으로, 러시아인들은 특이한 육상교역의 기회를 누리고 있으며, 그런 무역에서는 어떠한 경쟁국도 나타나지 않을 것 같다. 예카테리나(Ekaterina) 2세 통치 기간인 1787년에 체결된 조약에 따른 교역의 중심지는 남부 시베리아에서 중국과 국경을 접하고 있는 캬흐타로, 이르쿠츠크에서 남쪽으로 100마일 가량 떨어진 도시이다. 한 해에 한두 번씩 정기적으로 열린 이 무역은 12명의 관리들의 감독을 받는다. 러시아인 6명과 중국인 6명은 캬흐타에서 만나 교환율을 정한다. 이 교역은 철저히 물물교환 형식으로 진행되는데, 이 자리에서 정한 교환율에 따라 쌍방의 물건이 거래된다. 교역의 중요 물품은 중국의 경우에는 차(茶)이고, 러시아의 경우엔 면직물과 모직물이다. 최근 몇 년 동안에 이 교역이 크게 늘어난 것 같다. 캬흐타에서 러시아인들에게 팔린 차의 양은 10년 또는 12년 전에는 평균 4만 상자를 넘지 않았다. 그러나 1852년에는 그 양이 17만5천 상자에 달했다. 이 중 상당 부분은 러시아 대륙의 소비자들에게 '캐러번 티'(caravan tea: 오룡차(烏龍茶)와 기문홍차와 랍상 소우총을 섞은 차로 모두 중국에서 만들어졌다. 그 이름은 옛날에 낙타를 이용하여 중국차를 러시아를 거쳐 유럽 대륙으로 수송하던 대상(caravan)에서 비롯되었다/옮긴이)로 알려진 고품질의 차였다. 이는 해상으로 수입되는 저품질의 제품과 대비된다. 중국인들이 판 다른 물품들은 사탕수수와 면화, 생사(生絲)와 비단제품이었으나 모두 매우 적은 양만 팔렸다. 러시아인들은 이 제품들의 대금을 똑같이 면직물과 모직물로 지급했다. 거기에 약간의 가죽과 연철과 모피와 아편이 더해졌다. 거기서 사고 팔린 물건의 양은 1,500만 달러어치가 넘었다. 1857년에는 중국 국내에 소요 사태가 일어나고 차 생산지의 도로가 반란 세력들에게 점령당함에 따라 캬흐타로 나간 차의 양이 5,000상자로 뚝 떨어졌다. 그해에 사고 팔린 물건의 가치는 600만 달러에 지나지 않았다. 그러나 그 다음 2년 동안에 이 교역이 되살아났으며, 1855년에 그 시장을 위해 캬흐타로 보낸 차는 12만 상자에 달했다.

이 교역의 양이 증가함에 따라, 러시아 국경 안에 위치했던 캬흐타는 단순한 요새나 시장에서 벗어나 꽤 큰 도시로 발달했다. 국경 지역의 수도로 선택되었으며, 군사 지휘관과 민간인 지사까지 두는 영광을 누리게 되었다. 동시에 공문 전달을 위한 우편 통신이 900마일이나 떨어진 캬흐타와 북경 사이에 직접적으로, 그리고 정기적으로 이뤄지게 되었다.

아직 누그러지지 않은 적개심이 해상무역의 억제라는 결과를 낳고 있다면, 유럽은 이 길로 차를 공급받을 수 있을 것임이 분명하다. 정말로, 해상교역이 열려 있는 때조차도 러시아는 철도망을 완성하게 되면 유럽 시장에 차를 공급하는 데 있어서 해상으로 교역하는 국가들과 더욱 유리하게 경쟁할 수 있을 것이다. 이 철도는 크론슈타트와 리예파야 같은 항구들과 캬흐타에서 무역을 하는 상인들의 거주지인 러시아 내륙의 고도(古都) 니즈니 노브고로드를 직접 연결할 것이다. 이 육로로 유럽에 차를 공급하는 것이 비단 교역을 위해 구상 중인 퍼시픽 레일로드를 이용하는 것보다 더 바람직할 것이다. 중국의 또 다른 주요 수출품인 비단은 가격에 비해 부피가 작기 때문에 육상으로 운송하는 것이 가능하다. 그런 한편 이 같은 중국 교역은 러시아 제품들에게 다른 어느 곳에도 없는 출구를 활짝 열어줄 것이다. 그러나 우리는 러시아의 노력이 이 육상교역의 발전에만 국한되지 않는다는 것을 깨닫게 될 것이다. 러시아가 현재 중국을 지배하고 있는 민족(만주족)의 고향땅인 아무르 강을 소유한 지가 벌써 7년이 되었다. 이쪽 방향으로 펼치는 러시아의 노력은 지난번 전쟁에서 일부 저지를 받았으나 두말할 필요도 없이 다시 힘을 얻어 더 강력하게 밀어붙일 것이다. 러시아는 쿠릴 열도와 근처의 캄차카 해안을 소유했다. 이미 이 해역에 함대를 두고 있으며, 언젠가는 중국과의 해상교역에 참가할 기회를 노리게 될 것이다. 그러나 러시아의 입장에서 보면 해상무역은 이미 독점권을 행사하고 있는 육상교역의 확장에 비하면 아무것도 아니다. 〈뉴욕 데일리 트리뷴, 1857년 5월 18일〉

10

교역이냐 아편이냐?

1858년 9월 20일, 런던

연합군의 전권대사들이 중국의 손목을 비틀어 새로운 조약(톈진
(天津)조약: 1856년에 중국인 소유인 애로호에 청나라 관리가 올
라가 영국 국기를 끌어내려 바다로 던지고 선원들을 체포하는 사
건이 일어났다. 당시 이 배가 해적행위와 밀수를 한다는 소문이 있
었다. 영국은 자국 국기를 모독했다는 이유로 전쟁을 벌여 톈진을
점령했다. 이 전쟁의 결과 청나라는 1858년에 톈진에서 영국, 프랑
스, 러시아, 미국 4개국과 조약을 맺었다. 불평등 조약이었음은 말
할 필요도 없다/옮긴이)을 체결했다는 소식은 제1차 아편전쟁이
끝난 뒤인 1845년에 장사꾼들의 눈앞에 어른거렸던 것과 똑같은,
무역급증이라는 신기루를 불러일으켰을 것 같다. 상트페테르부

르크에서 온 전보가 사실이라고 가정한다면, 중국과의 교역 중심지를 다수로 늘렸다고 해서 반드시 대중(對中) 무역이 증가할까? 1857-58년의 전쟁이 1839-42년의 전쟁보다 더 화려한 결과를 끌어낼 수 있을까? 1842년의 조약(제1차 아편전쟁(1840-1842) 끝에 청나라와 영국이 맺은 불평등 조약인 난징(南京)조약을 말한다/옮긴이)은 미국과 영국의 대(對)중국 수출을 증가시키기는커녕 1847년의 경제위기를 악화시키는 결과만을 초래한 것이 확실하다. 이와 비슷하게, 현재의 조약도 무진장한 시장이라는 꿈을 꾸게 만들고 허황된 투기를 조장함으로써 세계시장이 전반적인 충격에서 서서히 회복하고 있는 시점에 새로운 위기의 씨앗이 될 수도 있다. 제1차 아편전쟁은 부정적인 결과 외에도 합법적인 통상을 희생시키며 아편무역을 촉진하는 데 성공했다. 만일 영국이 문명세계의 전반적인 압박에 밀려 인도에서의 아편 경작을 포기하고 무력을 앞세워 중국에 아편을 파는 행위를 못하게 되는 일이 발생하지 않는다면, 제2차 아편전쟁의 결과도 그런 식으로 돌아갈 것이다. 영국인 몽고메리 마틴(Montgomery Martin)이 아편무역의 도덕성에 대해 다음과 같은 글을 쓰고 있음에도 불구하고, 우리는 아편무역의 도덕성에 대해 좀처럼 생각하지 않으려 한다.

　"아니, '아편무역'과 비교하면 '노예무역'이 오히려 자애로운 편이다. 우리는 아프리카 사람들의 육체를 파괴하지는 않았다. 그들을 살려두는 것이 우리에게 이익이 되기 때문이다. 우리는 그들의 본성을 더 사악하게 만들지도 않았고, 그들의 정신을 타락시키지도 않았으며, 그들의 영혼을 파괴하지도 않았다. 그러나 아편을 파는 사람은 불행한 사람들의 도덕적 존재를 타락시키고 붕괴시키고 절멸시킨 다음에 육체마저 죽인다. 그 사이에 결코 만족을 모르는 몰록(고대에 근동 지역에서 어린이를 제물로 바치던 신을 말하며, 성경에 등장한다/옮긴이) 같은 신에게 매 순간 새로운 희생자가 끌려온다. 영국인 살인자와 중국인 자살자는 이 몰록 신의 사당 앞에 누가 제물을 더 많이 바치는지 보자며 서로 경쟁을 벌이고 있다."

중국인들은 재화와 마약을 동시에 취할 수는 없다. 실제 상황을 보면 중국 무역의 확장은 결국 아편무역의 확장으로 이어진다. 아편무역의 성장은 합법적인 교역의 발달과 양립할 수 없다. 1847년에 영국의 대(對)중국 교역 현황을 파악하기 위해 구성된 하원의 한 위원회는 이렇게 보고했다.

"중국과의 교역이 한동안 매우 만족스럽지 못한 상황이고, 또 통상의 확대에 따른 결과는 매우 큰 시장에 자유롭게 접근하게 될 때 품기 마련인 기대를 결코 충족시키지 못했다는 점을 우리는 유감스럽게 생각한다. … 교역의 어려움이 중국 내의 영국 제품에 대한 수요가 부족하거나 다른 국가들의 경쟁이 갈수록 치열해져서가 아니다. 아편에 대한 지급 때문에 은이 거의 고갈되고 따라서 중국과의 일상적인 교역이 매우 어렵게 되었다."

1849년 7월 28일자 '프렌드 오브 차이나'(Friend of China)도 이와 똑같은 의견을 일반화하면서 이렇게 말한다.

"아편무역이 꾸준히 증가하고 있다. 영국과 미국에서 차와 비단의 소비가 늘어나면, 그것은 자연히 아편무역의 증가로 이어질 것이다. 제조업자들에겐 희망이 없다."

중국에서 활동하는 한 미국 상인은 1850년 1월호 '헌츠 머천츠 매거진'(Hunt's Merchants' Magazine)에 게재된 기사에서 중국과의 교역에 관한 전반적인 문제를 이런 물음으로 압축했다. "어느 것을 억눌러야 하는가? 아편무역인가, 아니면 미국 또는 영국 제품의 수출인가?" 중국인들도 이와 똑같은 관점을 갖고 있었다. 몽고메리 마틴은 이렇게 말한다. "나는 상해의 무역 담당 관리에게 중국과의 교역을 증대시키는 최선의 수단이 무엇인지에 대해 물었다. 그러자 그 관리가 영국 영사 밸푸어(George Balfour)가 보는 앞에서 나에게 '중국에 지나치게 많은 아편을 보내지 않도록 하십시오. 그러면 중국인들이 당신 나라의 제품을 구입할 수 있을 것입니다'라고 대답했다."

지난 8년 동안에 이뤄진 전반적인 통상의 역사를 보면 이 같은 입장들을 새롭고 놀라운 방법으로 뒷받침하고 있다. 그러나 아편무역이 합법적인 교역에 미치는 해로운 영향을 분석하기 전에, 아편무역의 시작과 전개에 대해 짧게 검토할까 한다. 1767년 이전에는 인도에서 수출한 아편의 양은 무게가 133파운드인 상자로 200

개를 넘지 않았다. 아편은 상자 하나당 3달러 정도의 관세를 물면 의약품으로 중국으로 합법적으로 반입하는 것이 가능했다. 터키로부터 아편을 구입한 포르투갈 사람들이 중국에 거의 독점적으로 공급했다. 1773년에, 영국의 왓슨(John Watson) 대령과 동인도회사의 부사장 휠러(Hugh Wheeler)가 동인도회사도 중국과의 아편무역에 뛰어들자고 제안했다. 두 사람은 세계적으로 악명을 떨친 죄수들의 명단에 이름을 올릴 자격이 충분한 사람들이다. 이들의 제안에 따라, 마카오의 남서쪽 만에 정박해 있던 선박들에 아편 창고가 만들어졌다. 그러나 이 투기는 실패작으로 드러났다. 1781년에 벵골 정부가 아편을 가득 실은 무장 선박을 중국으로 보냈으며, 1794년에는 동인도회사가 광동 항구의 정박지인 황포(黃埔)에 거대한 아편 선박을 정박시켰다. 황포가 마카오보다 창고로 더 편리한 것으로 확인되었던 것 같다. 황포를 선택하고 겨우 2년이 지난 시점에 중국 정부가 중국인 아편 밀수업자들에게 곤장을 치고 목에 형틀을 거는 처벌을 한다는 내용의 법을 통과시킬 필요성까지 느꼈으니까. 1798년경에 동인도회사는 아편을 직접 수출하는 행위를 그만두었다. 대신에 아편 생산업자가 되었다. 인도 내에서는 아편의 독점이 확립되어 있었다. 동인도회사의 선박들은 마약을 거래하지 못하게 되어 있었다. 그러나 너무나 위선적이게도 동인도회사가 민간 선박에 중국과의 무역 허가를 내 준 면허장에는 동인도회사에서 만든 것이 아닌 아편을 실을 경우에는 위약금을 물린다는 조항이 포함되어 있었다. 1800년에 중국의 아편 수입이 2,000상자에 달했다. 이렇게 되자 19세기로 접어들면서 동인도회사와 중국 제국 사이의 갈등이 상당히 예외적인 양상을 띠게 되었다. 중국 황제는 백성의 자살 행위를 저지하기 위해 외국인에 의한 독물의 수입과 자국 백성의 독물 소비를 동시에 금지시켰던 반면에, 동인도회사는 인도에서의 아편 경작과 금지품인 아편의 중국 판매를 자사의 재정 시스템의 한 부분으로 신속히 바꿔놓고 있었다.

'반(半)야만인'이 도덕의 원칙을 지키는 한편, 문명화된 사람은 이기주의의 원칙에서 그 도덕의 원칙에 맞섰다. 여기 세계 인구의 거의 3분의 1을 품은 거대한 제국이 있다. 이 제국은 전반적 교류를 배제한 가운데 고립된 채 하늘이 내린 완벽성을 갖춘 제국이라는 환상에 빠져 시대를 거역하며 식물처럼 버티고 있다. 그런 제국이 마침내 운명을 건 결투에서 목숨이 끊어질 처지에 놓여 있다. 이 결투에서 구(舊) 세계의 대표자는 윤리적 동기에서 움직이는 것 같고, 위압적인 현대사회의 대표자는 더없이 매력적인 시장에서 가장 헐값에 사고 가장 좋은 조건에 팔 수 있는 특권을 노리고 있다. 이거야말로 아무나 상상할 수 없는, 참으로 비극적이고 기이한 모순이 아닌가.

〈뉴욕 데일리 트리뷴, 11월 23일〉

11

멕시코에 대한 간섭

1861년 11월 8일, 런던

영국과 프랑스와 스페인의 멕시코 간섭은 나의 생각엔 세계사의 사건들 중에서 가장 극악무도한 사건이다. 그것은 파머스턴 경의 책략인데, 그 목적의 광기와 거기에 동원된 수단의 어리석음은 이런 일에 익숙하지 않은 사람들을 깜짝 놀라게 만들고 있으며 이 노회한 책략가의 알려진 능력과도 부합하지 않는 것으로 보인다.

언제나 프랑스 국민의 불만을 달랠 아이디어를 짜내고 있던 루이 보나파르트에게는 멕시코 원정이 그런 아이디어의 하나로 불쑥 떠올랐을 수도 있다. 최근 모로코와 산토도밍고에서 별로 힘들이지 않고 성공을 거두면서 자만에 빠진 스페인은 멕시코에서 어떤 부활을 꿈꾸고 있음에 틀림없다. 그럼에도 불구하고 프랑스의 계획은 엉성하기 짝이 없으며, 프랑스와 스페인 양국은 영국의 지휘 아래 멕시코를 공동으로 원정한다는 계획에 대해 반대할 것이 확실하다.

9월 24일, 파머스턴 개인이 소유한 신문인 '런던 모닝 포스트'는 영국과 프랑스, 스페인 사이에 이제 막 체결된 조약의 조건에 따라 마련된 공동 간섭 계획에 대해 처음으로 상세하게 발표했다. 이 성명이 해협을 채 건너기도 전에, 프랑스 정부는 파리의 '파트리'의 칼럼을 통해 그것이 거짓말이라고 직접 비난했다. 9월 27일, 파머스턴을 지지하는 '더 타임스'가 그것과 대조적인 내용의 사설에서 그 계획에 대해 처음으로 침묵을 깼으나 '파트리'의 칼럼을 인용하지는 않았다. '더 타임스'는 러셀 백작이 멕시코에 대한 간섭과 관련하여 영국 측의 결정을 프랑스 정부에 전달했고, 프랑스 외무장관 드 투베넬(Edouard Antoine de Thouvenel)이 프랑스 황제도 그와 비슷한 결론을 내렸다고 대답했다는 내용까지 밝혔다. 마드리드의 한 반(半)관영 신문은 스페인이 멕시코에 간섭할 의도를 갖고 있다고 확인하면서도 동시에 영국과의 공동간섭이라는 아이디어에 대해서는 비판했다. 그래도 파머스턴의 계략은 멈추지 않았다. '더 타임스'는 "그 원정에 대해 미국 대통령도 전적으로 동의했다"고 단정적으로 전했다. 그러나 '더 타임스'의 기사를 주목하고 있는 모든 미국 신문들은 그런 확언을 오래 전에 부정했다.

따라서 현재와 같은 형태의 공동간섭은 영국의 작품, 즉 파머스턴 측근의 작품인 것이 확실하며, '더 타임스'도 이 점을 분명히 인정한 바가 있다. 스페인은 프랑스의 압력에 겁을 먹고 조약을 준수하기로 했으며, 프랑스는 유럽정책에서 자국이 끌어낸 양보 때문에 파머스턴의 아이디어에 찬성했다. 이 점에서 보면, 11월 6일자 '더 타임스'가 런던에서 멕시코에 대한 공동간섭이 결정되었다는 보도를 게재함과 동시에 사설에서 최근 프랑스 군대에 의해 영토를, 즉 다펜탈(Dappenthal)을 침공당한 스위스의 항의를 매우 소홀하게 다룬 점은 의미 있는 우연의 일치라 할 수 있다. 멕시코 원정에 동참하는 대가로, 루이 보나파르트는 아마 스위스와 유럽 대륙의 다른 지역의 침공에 대해 백지위임장을 받았을 것이다. 이를 둘러싼 영국과 프랑스의 비밀협상이 9월과 10월 내내 이뤄졌다.

영국 내에는 멕시코 공채를 소유한 사람들을 제외하고는 멕시코에 대한 간섭을 바라는 사람은 아무도 없다. 그러나 영국의 멕시코 공채 소유자들은 국민의 마음을 조금도 움직여놓지 못했다. 그렇기 때문에 파머스턴의 계획을 국민들에게 설득시키기도 어렵긴 마찬가지였다. 차선의 수단은 똑같은 실험실에서 똑같은 재료를 갖고 양만 달리 하여 만든 서로 모순되는 성명들을 내놓아 영국이라는 코끼리를 어리둥절하게 만드는 것이었다.

'모닝 포스트'는 9월 24일자에서 "멕시코에서 영토전쟁은 절대로 벌어지지 않을 것"이며 유일한 이슈는 멕시코 재무부에 대한 금전적 요구뿐이며, 또 "멕시코 정부의 기반이 확고하지 않아 협상을 벌이는 것이 불가능하기 때문에 멕시코의 주요 항구들을 일시적으로 점령하여 관세수입을 압류할 것"이라고 선언했다.

9월 27일자 '더 타임스'는 이와 반대로 "파산한 한 국가의 채무 불이행으로 인해 우리 동포들이 되돌리기 힘든 약탈을 당했음에도 불구하고, 우리는 오랜 시간의 인내를 통해 강철처럼 단단해졌으며, 따라서 영국인 공채 소유자들의 사적인 약탈이 간섭의 목적은 아니다"라고 선언했다. 그러나 '더 타임스'는 "이 정도로까지 몇 개 나라가 힘을 합해 침공해야 할 필요성이 있다면 그건 멕시코가 충분히 건강하다는 것을 증명하는 것"이라고 지적하면서, "연합함 대가 멕시코 만에 출현하여 몇 곳의 항구를 점령하는 것만으로 멕시코 정부가 평화를 지키기 위한 노력을 다시 펼치도록 만들고 또한 불순 세력들에게 강도질보다 합법적인 방법을 택하도록 설득시킬 수 있기를 바란다"는 뜻을 전했다.

'모닝 포스트'의 보도에 따르면 그 원정은 "멕시코에 정부라는 것이 존재하지 않아서" 시작되었다. 그런데 '더 타임스'에 따르면 그 목적은 '기존의' 멕시코 정부를 응원하고 지원하는 것이다. 도대체 진실은 뭔가! 어떤 정부를 강화한다고 해놓고는 그 나라의 영토를 점령하고 세수(稅收)를 몰수하려 하다니, 이것만큼 이상한 강화의 수단이 달리 또 있을까?

'더 타임스'와 '모닝 포스트'가 먼저 신호를 보냈다. 그러자 존 불(John Bull: 전형적인 영국인을 뜻하는 표현/옮긴이)이 의회의 신탁(神託)에 넘겨졌다. 거기서 존 불을 앞에 놓고 4주일 동안 앞에 말한 것과 똑같이 모순적인 방법들이 체계적으로 논의되었다. 그러다 여론이 마침내 멕시코에 대한 공동간섭이라는 아이디어에 충분히 익숙하게 되었다. 그때까지도 간섭의 목표는 일부러 전면에 내세워지지 않았다. 마침내 프랑스와의 협상이 마무리되었다. '모니퇴르'가 간섭에 나설 3개 강대국들 사이에 협약이 10월 31일

이뤄졌다고 선언했다. 그리고 자사의 소유자 한 사람이 프랑스 함대의 선박 한 척을 지휘하게 되어 있는 '주르날 데 데바'(Journal des Debats)가 세계를 향해 어떠한 영토적 점령도 없을 것이라고 알렸다. 또 멕시코 해안의 베라크루스와 다른 도시들이 점령될 것이며, 멕시코의 합법적인 당국이 간섭의 요구조건을 받아들이지 않을 경우에 수도로 진격하기로 합의했으며, 게다가 멕시코가 강력한 정부를 수입하도록 만들 것이라고 덧붙였다.

9월 27일 처음 선언을 내놓은 이후로 '더 타임스'는 멕시코라는 나라의 존재 자체를 잊은 듯 오랫동안 침묵하다가 지금 다시 전면으로 나섰다. '더 타임스'와 파머스턴의 관계를 모르거나 '더 타임스'의 칼럼이 파머스턴의 책략을 처음 소개했다는 사실을 모르는 사람들은 오늘 날짜 이 신문의 사설을 읽으며 이 신문이 원정 전반에 대해 더없이 날카롭게 풍자하고 있다고 생각할 것이다. 그 사설은 "이 원정은 매우 비상한 원정"이라는 언급으로 시작한다.

"3개국은 힘을 합쳐서 전쟁을 벌이기보다는 질서를 잡기 위한 권위 있는 간섭을 통해서 네 번째 국가가 훌륭한 행동을 하도록 협박하고 있다."

질서를 잡기 위한 권위 있는 간섭이라고! 엄밀히 따지면 이거 야말로 신성동맹의 구호인데, 불간섭의 원칙을 자랑스럽게 여기는 영국의 입장에서 보면 매우 이상하지 않은가! 그리고 "전쟁과 전쟁선포, 국제법의 다른 모든 명령들을 다 놓아두고 질서를 잡기 위한 권위 있는 간섭을 택한 이유는 무엇인가?" 이에 대해 "멕시코에는 정부란 것이 존재하지 않기 때문"이라고 '더 타임스'는 말한다. 그리고 원정의 공식 목적은 무엇인가? "멕시코의 합법적인 당국에 요구사항을 전하기 위해서이다."

간섭에 나선 강대국들이 내세우는 유일한 불평은, 말하자면 이 같은 적대행위를 조금이라도 정당화할 수 있는 유일한 이유는 쉽게 요약된다. 그것은 공채 소유자들의 금전적 요구이며 또 영국과 프랑스와 스페인의 국민들에게 저질러진 것으로 전해진 일련의 개인적인 모욕이다. 이것들은 '모닝 포스트'가 처음부터 제시한 간섭의 이유들이었으며, 또한 얼마 전에 존 러셀 경이 영국의 멕시코 공채 소유자들의 대표자와 한 인터뷰에서 공식적으로 인정한 이유들이기도 하다. 오늘자 '더 타임스'는 "영국과 프랑스, 스페인은 멕시코가 약속을 구체적으로 이행하도록 하고 또 자국 국민들을 보호하기 위해 원정을 계획했다"고 보도하고 있다. 그러나 기사가 전개되면서, '더 타임스'는 에둘러 이렇게 외친다.

"분명, 적어도 멕시코 당국으로부터 우리의 금전적 요구에 대한 인정을 끌어내는 데는 성공할 것이다. 사실, 영국 프리깃함 한 척으로도 언제든 그 정도의 만족을 얻을 수는 있을 것이다. 또한 분노를 강하게 표출할수록 즉각적이고 실질적인 보상이 더 많이 따르게 된다는 사실도 우리는 알고 있다. 그러나 그처럼 많은 것이 얻어진다 하더라도 지금 논의되고 있는 것과 같은 극단적인 조치까지 취할 필요가 없는 것은 확실하다."

그런 다음에 '더 타임스'는 많은 말을 늘어놓으면서 애초에 이 원정의 근거로 제시된 이유들이 얄팍한 구실에 지나지 않고, 채권 관계를 바로잡을 목적이라면 지금과 같은 절차가 전혀 필요하지도 않으며, 사실 "금전적인 주장에 대한 멕시코 정부의 인정을 끌어내고 유럽 시민들을 보호하는 것"은 멕시코에 대한 공동 간섭과는 아무런 관계가 없다는 점을 실토한다. 그렇다면 이 원정의 진짜 목적은 무엇인가?

'더 타임스'의 설명을 더 깊이 파고들기 전에, 우리는 말이 나온 김에 사람들이 애써 피하려는 듯한 "기이한 구석"을 더 돌아볼 것이다. 가장 먼저, 스페인이, 다른 나라들 중에서 특히 스페인이 외채 의무를 지키라며 성전을 벌이는 것은 정말 웃기지 않는가! 지난 일요일자 '쿠리에 뒤 디망쉬'(Courier du Dimanche)는 이미 프랑스 정부에 스페인으로부터 외채를 상환 받을 가능성을 높이라고 요구하고 나섰고, 아울러 스페인에도 "프랑스 공채 소유자들에게 옛날에 약속한 상환을 늦게나마 이행하라"고 촉구했다.

두 번째로 더욱 기이한 점은 존 러셀의 최근 선언에 따르면, 파머스턴이, 그러니까 멕시코 정부가 영국인 채권 소유자에게 돈을 갚도록 하기 위해 멕시코를 침공하고자 하는 바로 그 파머스턴이 멕시코 정부의 항의에도 불구하고 영국의 조약상 권리들과 멕시코가 영국인 채권자들에게 제공한 담보를 자발적으로 희생시켰다는 사실이다.

1826년에 영국과 체결한 조약에 따라, 멕시코는 당시 멕시코 제국을 형성하고 있던 영토 어디에도 노예제도를 허용하지 않게 되어 있었다. 똑같은 조약의 또 다른 조항에 의해, 멕시코는 영국 자본가들로부터 얻는 융자에 대한 담보로 영국에 4,500만 에이커에 달하는 텍사스의 공유지를 제공했다. 그리고 10년인가 12년 뒤에 멕시코에 맞서던 텍사스를 위해 중재자로 개입한 사람이 바로 파머스턴이었다. 당시 텍사스와 맺은 조약에서, 그는 반(反)노예제도의 명분뿐만 아니라 공유지에 대한 담보까지 희생시켰다. 말하자면 영국 채권 소유자들로부터 그들이 확보한 담보물을 강탈한 셈이다. 당시에 멕시코 정부가 항의했지만, 훗날 존 컬훈 미국 전쟁장관은 영국 내각에 "영국이 텍사스에서 노예제도를 폐지시키는 가장 확실한 방법"은 텍사스를 미국에 병합시키는 것이라고 농담 삼아 일러주었다. 1826년 조약을 통해 얻은 담보를 파머스턴이 자발적으로 포기함에 따라, 영국 채권 소유자들은 사실 멕시코에 대해 상환을 요구할 권리를 상실하게 되었다.

'더 타임스'가 현재의 간섭은 금전적 요구나 투자자들의 개인적 분노와도 아무런 관계가 없다는 점을 인정했다면, 이번 원정의 진정한 목적은 도대체 무엇인가? "질서를 위한 권위 있는 간섭"이라고?

영국과 프랑스와 스페인이 새로운 성전(聖戰)을 계획하면서 전 세계에 걸쳐 질서를 회복하기 위해 스스로 무장 재판소가 됨에 따라, "멕시코는 무질서로부터 구원을 받고 자치와 평화의 길로 들어설 수 있어야 하고" 또 침입자들에 의해 "강력하고 안정적인 정부가 확고히 서야 하며", 그 정부는 "멕시코의 일부 정당"을 바탕으로 구성되어야 할 것이라고 '더 타임스'는 강조한다.

그렇다면 지금 파머스턴과 그의 대변지인 '더 타임스'가 공동 간섭을 그들이 공언한 목적을, 말하자면 무질서를 종식시키고 멕시코에 강력하고 안정적인 정부를 정착시킨다는 목적을 이룰 수단으로 보는 사람이 과연 있을까? 그런 터무니없는 목표를 소중히 여기기는커녕, '더 타임스'는 9월 27일자 사설에서 다음과 같이 주장한다.

> "우리 나라와 우리의 동맹국들 사이에 이견이 있을 수 있는 유일한 문제는 멕시코 공화국의 정부에 관한 것일 수 있다. 영국은 지금 멕시코의 권력을 잡고 있는 자유주의 정당이 그대로 권력을 쥐기를 바라고 있지만, 프랑스와 스페인은 최근에 전복된 성직자들의 통치를 더 선호한다는 의심을 받고 있다. … 만일 프랑스가 구세계와 신세계 모두에서 성직자들과 무법자들의 보호자를 자처한다면, 그것은 정말로 이상할 것이다."

오늘자 사설에서, '더 타임스'는 똑같은 맥락에서 추론을 계속하다가 다음과 같은 글에서 양심을 되찾는 모습을 보인다.

> "간섭하고 나선 강대국들이 분열상을 보이고 있는 멕시코의 2개 정당 중에서 어느 쪽을 지지할 것인가 하는 문제에서 의견의 일치를 이룰 수 있을 것이라고 생각하기도 어렵고, 또 그렇게 강하게 대립하는 적들이 실현시킬 수 있는 타협을 끌어낼 것이라고 상상하는 것도 마찬가지로 어렵다."

그렇다면 파머스턴과 '더 타임스'는 "멕시코에 정부가 존재하고 있다"는 것을 충분히 알고 있고, 또 영국이 겉으로 선호하는 "자유당이 지금 권력을 쥐고 있다"는 것도 잘 알고 있다. 또 스페인의 간섭이 성직자들과 무법자들의 마지막 희망이라는 것도, 끝으로 멕시코의 무질서가 서서히 사라지고 있다는 것도 잘 알고 있다. 따라서 그들은 멕시코를 무질서로부터 구한다는 것 외에는 달리 공언된 목표가 없는 공동간섭이 오히려 그 반대의 결과를 낳을 것이며, 합법적인 정부를 약화시키고, 프랑스와 스페인의 무기를 공급함으로써 성직자 정당을 강화하고, 내전의 불씨를 다시 붙이고, 무질서를 타파하기는커녕 오히려 더 심화시킬 것이라는 점을 알고 있다.

'더 타임스'가 이런 전제들에서 끌어내는 추론은 정말로 "놀랄 만하고 호기심을 자극한다".

"이러한 여러 가지 고려사항들이 원정의 결과를 걱정스런 마음으로 예상하게 할지라도, 그 우려가 원정을 방해하지는 못한다."

그러나 '더 타임스'가 지적한 것 중에서 가장 "진기한 것"은 아직 나의 뇌리를 떠나지 않고 있다.

"만일 링컨 미합중국 대통령이 협약에 따라서 곧 벌어질 작전에 참가하라는 초대를 받아들여야 한다면, 그 개입의 성격은 더욱 진기해졌을 것이다."

만일 멕시코와 우호적인 관계를 유지하고 있는 미국이 유럽의 질서 전파자들과 연합해야 하고 또 그 유럽 국가들의 작전에 가담함으로써 유럽의 무장 최고재판소가 아메리카 대륙의 국내 문제에 간섭하도록 허용한다면, 그거야말로 더없이 진기한 일일 것이다. '신성동맹'을 대서양 반대편으로 옮겨 심으려는 최초의 계획은 왕정복고 시대에 샤토브리앙(François-René de Chateaubriand(1768-1848): 프랑스 작가이며 역사학자이자 정치인이다. 정치적으로는 왕정주의자였다/옮긴이)이 프랑스와 스페인의 부르봉 왕가를 위해 마련한 것이었다. 그 시도는 영국 총리 캐닝(George Canning)과 미국 대통령 먼로(James Monroe) 때문에 실패로 끝났다. 미국 내에서 현재 일어나고 있는 격변이 파머스턴에게는 다른 형태로 옛날의 그 계획을 실현시킬 기회로 보였다. 미국은 당분간 외국이 연방의 존속을 위한 자국의 전쟁에 간섭하는 것을 허용해서는 안 된다. 그렇기 때문에 3국의 멕시코 간섭과 관련하여 미국이 할 수 있는 일은 항의하는 것밖에 없다. 미국에 호의적인 유럽 국가들은 미국이 항의를 하고 따라서 극악하기 짝이 없는 계획에 연루되지 않았다는 점을 만천하에 확고히 알리기를 바라고 있다.

유럽의 다른 2개 강대국과 연합을 이뤄 수행하는 파머스턴의 군사원정은 재가도 받지 않고 영국 의회의 뜻을 거스르며 정회(停會) 기간에 시작되었다. 파머스턴이 주도하고 의회의 승인을 받지 않은 최초의 전쟁은 아프간 전쟁이었는데, 이 조치는 서류를 위조해 제시함으로써 정당화되었다. 그런 종류의 또 다른 예는 1856

년부터 1857년 사이에 일어난 페르시아 전쟁이었다. 그는 당시에 "하원의 재가를 먼저 받아야 한다는 원칙은 아시아 전쟁에는 적용되지 않는다"는 구실로 그 전쟁을 옹호했다. 그런데 이 원칙은 마찬가지로 아메리카 대륙의 정치에도 적용되지 않는 것 같다. 이렇게 되면 의회는 외국전쟁에 대한 통제권을 갖고 있으면서도 국고에 대한 통제권을 잃게 될 것이며, 의회 정부는 하나의 광대극에 지나지 않게 될 것이다.

〈뉴욕 데일리 트리뷴, 1861년 11월 23일〉

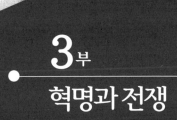

3부

혁명과 전쟁

12

중국과 유럽의 혁명

1853년 6월 14일, 런던

인간의 행동을 지배하는 원칙들에 대해 깊이 생각한 어느 철학자는 '극단들의 접촉'이라는 법칙이 자연을 지배하는 비밀 중 하나라고 주장하곤 했다. 그의 관점에서 볼 때, "극과 극은 서로 통한다"는 격언이 삶의 모든 영역에 작용하는 위대하고 막강한 진리였다. 그 철학자에게 이 격언은 절대로 버릴 수 없는 진리였다. 천문학자들이 케플러(Johannes Kepler)의 법칙과 뉴턴(Isaac Newton)의 위대한 발견을 버릴 수 없듯이.

"극단들의 접촉"이라는 것이 보편적인 원칙이든 아니든, 중국 혁명(청나라의 혁명가인 홍수전(洪秀全)이 1850년대에 일으킨 태평천국운동을 말한다/옮긴이)이 문명 세계에 미칠 영향에서 그 법칙의 놀라운 예가 발견될 것이다. 유럽 인민들의 다음번 봉기와 그들이 정부에 공화주의적인 자유와 경제를 요구할 다음번 운동은 지금 존재하고 있는 다른 그 어떤 정치적 대의(大義)보다도, 심지어 러시아의 위협과 그에 따라 예상되는 또 한 차례의 유럽 전쟁보다도 현재 중국 제국에서 일어나고 있는 일에 더 크게 좌우될 것이라는 주장이 매우 이상하고 매우 모순되게 들릴지도 모르겠다. 그러나 중국의 상황을 주의 깊게 들여다본다면, 모두가 알 수 있듯이, 그것은 절대로 모순이 아니다.

지난 10여 년 동안 중국에서 지속적으로 반란을 일으키다가 지금 무시무시한 혁명으로 폭발하려 하는 사회적 대의들이 무엇이든, 그리고 그 사회적 대의들이 종교, 왕조 혹은 국가의 형태를 어떠한 것으로 취하든, 이 소요는 중국에 아편을 구매하라고 압력을 넣고 있는 영국 대포에 의해 확실히 진압될 것이다. 영국의 무력 앞에 만주 왕조는 완전히 박살났다. 천조(天朝)의 영원성에 대한 미신적인 믿음도 깨어졌고, 문명세계로부터의 은둔도 깨어졌다. 무역을 위해 시장도 개방되었다. 그 후로 교역은 캘리포니아와 오스트레일리아의 골드러시에 힘입어 급속도로 진행되었다. 그와 동시에 중국 제국의 피나 다름없는 은화가 영국령 동인도로 빠져나가기 시작했다.

무역수지가 지속적으로 중국에 유리하게 돌아가던 1830년까지는 인도와 영국과 미국에서 중국으로 은이 지속적으로 유입되었다. 그러던 것이 1833년 이래로, 특히 1840년 이후로 오히려 중국에서 인도로 은이 나가면서 중국 제국을 거의 고갈시키다시피 했다. 따라서 아편무역을 금지하는 황제의 강력한 칙령들이 내려졌고, 이 조치들에 대한 저항 또한 거세졌다. 이 같은 엄청난 경제적 영향 외에도, 아편 밀수에 따르는 뇌물이 남부 지방의 중국 관리들을 완전히 부패시켰다. 황제가 중국의 아버지로 여겨졌던 것과 마찬가지로, 황제의 지방 관리들도 각 지역에서 그곳의 아버지로 여겨졌다. 그러나 국가의 거대한 조직을 두루 아우르는 유일한 도덕적 연결인 가부장적 권위가 아편 밀수를 통해 엄청난 부를 축적한 관리들의 부패로 인해 점점 훼손되었다. 이런 현상은 주로 반란이 시작된 남부의 성에서 나타났다. 아편이 중국인들을 지배하게 만든 바로 그 조치를 통해, 황제와 학자연하던 관리들이 지배권을 빼앗기고 있었음은 말할 필요조차 없다. 마치 중국인들이 대대로 이어져온 어리석음에서 깨어나도록 만들기 위해 역사가 먼저 모든 중국인들을 아편에 취하게 만들어야 했던 것이 아닌가 하는 의문이 들기도 한다.

그 전에는 무척 귀했던 영국 면직물과 모직물의 수입이 1833년 이후로 급속도로 증가했다. 이때가 바로 중국과의 독점 교역권이 동인도회사에서 개인들로 넘어간 때였다. 그리고 1840년 이후로는 교역량이 더 큰 폭으로 증가했다. 이때는 다른 국가들, 특히 미국이 중국과의 교역에서 일정 몫을 차지하던 때였다. 외국 제품의 수입은 중국의 산업에 그보다 앞서 소아시아와 페르시아, 인도에 끼쳤던 것과 비슷한 영향을 미쳤다. 중국에서는 방적공과 직조공들이 외국과의 경쟁에서 가장 큰 타격을 입었으며, 공동체도 그만큼 어수선하게 되었다.

1840년의 불행한 전쟁(제1차 아편전쟁) 후에 영국에 지불해야 할 공물과 비생산적인 아편의 대량소비, 아편무역으로 인한 귀금속의 국외 유출, 외국 제품의 경쟁이 국내 제조업에 미친 파괴적인 영향, 공무원의 부도덕성 등은 2가지 문제를 낳았다. 기존의 세금은 더욱 무거워졌고, 거기에 새로운 세금까지 더한 것이다. 따라서 1853년 1월 5일 북경에서 발표된 황제의 포고에는 무창(武昌)과 한양(漢陽) 등 남부 지방의 관리들에게 백성의 세금 납부를 면제해주거나 연기시켜줘서 어떠한 경우에도 예년의 액수를 넘지 않도록 하라는 내용이 담기게 되었다. 그렇게 하지 않으면 "가난한 백성들이 어떻게 버틸 수 있겠는가?"하고 반문하는 포고의 내용에 그 이유가 그대로 담겨 있다. 황제는 이어 "그리하여 고난과 절망의 시기에 나의 백성들이 세리(稅吏)에게 쫓기며 괴로워하는 일이 없길 바란다"고 말한다. 이와 비슷한 언어와 양보를 우리는 1848년에 독일의 중국이랄 수 있는 오스트리아로부터 들은 것으로 기억하고 있다.

중국의 재정과 도덕, 산업, 정치구조를 해체시킨 이 모든 요인들은 1840년에 황제의 권위를 무너뜨리며 천조(天朝)가 세속의 세계와 접촉하도록 강요한 영국의 대포 아래에서 절정에 달했다. 완벽한 고립이야말로 옛 중국의 보전을 위한 제1의 조건이었다. 그 고립이 영국의 개입으로 인해 폭력적으로 막을 내린 터에, 이제 중국의 해체는 밀봉된 관 안에 조심스럽게 보관된 미라가 바깥 공기에 노출될 때마다 파괴되듯 뻔한 일이었다. 영국이 중국혁명을 초래한 지금, 문제는 이 혁명이 때가 되면 영국에, 이어서 영국을 통해 유럽에 어떤 영향을 미칠 것인가 하는 것이다. 이 물음은 결코 풀기 어려운 것이 아니다.

1850년 이후로 영국 제조업이 미증유의 성장을 이뤘다는 사실이 우리 독자들의 주의를 자주 끌어왔다. 놀랄 만한 번영 속에서도 산업위기가 다가오고 있음을 분명히 말해주는 징후를 찾아내기는 그다지 어렵지 않았다. 캘리포니아와 오스트레일리아가 새롭게 세계무대에 등장하고 있음에도 불구하고, 그리고 전례 없는 대규모의 이민이 이뤄지고 있음에도 불구하고, 특별한 사건이 일어나지 않아도 시장 확장이 영국 제조업의 확장을 따라잡을 수 없는 시점은 결국에는 오고야 말 것이며, 이 불균형은 과거에 그랬던 것처럼 새로운 위기를 일으킬 것임에 틀림없다. 그러나 만일 거대 시장들 중 하나가 별안간 위축된다면, 그로 인해 위기의 도래는 더욱 빨라질 것이다. 지금 중국의 반란이 영국에 이와 똑같은 영향을 미치고 있음에 틀림없다. 영국이 차(茶)에 대한 관세를 내린 중요한 이유들 중 하나가 바로 새로운 시장을 개방시키거나 기존 시장을 확장할 필요성이었다. 차의 수입이 늘어날 경우 영국 제조업의 중국 수출이 증대될 것으로 기대되기 때문이다. 1834년에 동인도회사의 무역독점권이 폐지되기 전까지, 영국의 대(對)중국 수출은 60만 파운드(영국의 통화 단위)에 불과했다. 그러던 것이 1836년에는 1,326,388파운드, 1845년에는 2,394,827파운드, 1852년에는 3,000,000파운드에 달했다. 영국이 중국으로부터 수입하는 차의 양은 1793년에 16,167,331파운드(무게 단위)를 넘지 않았다. 그러나 1845년에는 50,714,657파운드, 1846년에는 57,584,561파운드를 기록했으며, 지금은 60,000,000파운드 이상이다. 상해의 수출품 목록에서 차가 이미 지난해보다 2,000,000파운드나 더 많이 수출된 것으로 확인되듯이, 지난 계절의 차 수확은 부족하지 않았던 것 같다. 차 수출량에 나타난 차이는 두 가지 상황으로 설명될 것이다. 한편으로 보면 1851년 말경에 시장 상황이 아주 좋지 않았으며 그때 남은 분량이 1852년에 수출 물량으로 나갔을 수도 있다. 다른 한편으로 보면 차의 수입에 관한 영국 법률이 개정되었다는 소식이 중국에 닿으면서 차들이 일제히 높은 가격에 시장으로 쏟아져 나왔을 수도 있다. 런던의 대규모 차회사의 문서에서 발췌한 글에서 이런 분석이 보인다.

“상해의 공포는 극에 달한 것으로 전해진다. 금을 사재기하는 현상이 나타나면서 금값이 25%나 뛰었으며, 은은 아예 사라져버려 통관을 하려는 영국 선박들이 관세를 내려 해도 은을 확보하지 못할 지경이다. 그 때문에 알콕(Rutherford Alcock) 영사가 동인도회사가 물품대금을 받는 즉시 책임지고 관세를 지급하게 하겠다는 약속을 중국 당국에 해야 했다. 통상의 미래를 생각한다면, 귀금속의 품귀야말로 가장 나쁜 현상의 하나이다. 이런 현상이 귀금속이 절실히 필요한 시점에 나타나고 있으니 더욱 안타까운 일이 아닐 수 없다.”

연중 이맘때면 보통 새로운 차를 위한 계약을 준비한다. 그런데 지금은 아무런 이야기가 오가지 않고 있다. 온통 인명과 재산을 보호할 방법에 관한 이야기뿐이다. 모든 거래가 뚝 끊어졌다.

> "만일 4월과 5월에 찻잎을 확보할 수단이 확보되지 않는다면, 흑
> 차나 녹차 할 것 없이 고품질의 차의 수확을 기대하기 어려울 것
> 이다. 크리스마스 때까지 거둬들이지 않은 밀에서 수확이 많을
> 것이라고 기대할 수 없는 것처럼."

지금 중국 앞 바다에 정박해 있는 영국과 미국 혹은 프랑스의
함대들이 찻잎을 확보할 수단을 제시하지 못할 수도 있다. 하지만
이 함대들은 간섭을 통해서 차를 생산하는 내지와 차를 수출하는
항구 사이의 모든 거래를 끊어버릴 정도의 혼란은 쉽게 일으킬 수
있다. 따라서 이번에 수확될 작물의 경우에는 가격상승이 예상될
수밖에 없다. 이미 런던에서는 투기가 시작되었다. 앞으로 차의 공
급 부족이 너무도 분명하다. 이게 전부가 아니다. 비록 중국인들도
자신이 가진 모든 상품을 외국인에게 내다 팔 마음의 준비가 되어
있다 할지라도, 그들도 혁명의 격동기를 겪는 모든 사람들과 마찬
가지로 격변을 우려하며 자신들의 차와 비단에 대한 대가로 경화
(硬貨) 외에 다른 것은 받지 않을 것이며 그렇게 받은 경화를 축적
하기 시작할 것이다. 따라서 영국은 자국의 중요한 소비재인 차의
가격인상과 금의 고갈, 면직물과 모직물 시장의 위축을 예상해야
한다. 상업 공동체의 차분한 마음을 어지럽힐 모든 요인을 낙천적
으로만 보던 '이코노미스트'마저도 다음과 같은 언어를 사용하지
않을 수 없다.

"중국과 같은 거대한 시장을 발견했다고 해서 크게 우쭐해 해서는 안 된다. … 영국의 중국 무역이 피해를 입을 가능성이 더욱 커졌다. 또한 맨체스터와 글래스고의 제품에 대한 중국의 수요도 줄어들 것임에 틀림없다."

차와 같은 꼭 필요한 물품의 가격상승과 중국과 같은 중요한 시장의 위축이 서유럽의 농작물 수확량 감소와, 그에 따른 육류와 곡류와 다른 농산품 가격의 상승과 동시에 일어날 수 있다는 점을 잊어서는 안 된다. 그럴 경우 제조업자들의 시장도 좁아지게 되어 있다. 왜냐하면 생활필수품의 가격상승이 국내에서나 해외에서 제조품 수요의 감소로 이어질 것이기 때문이다. 영국 곳곳에서 농작물 대부분의 상황이 이전보다 못하다는 불평이 쏟아져 나오고 있다. '이코노미스트'는 이 문제에 대해 다음과 같이 전하고 있다.

"잉글랜드 남부에는 파종을 하지 않은 땅이 많다. 파종을 뒤로 미루다 보면 어떠한 농작물도 심지 못하는 사태가 발생할 것이다. 그러나 지금 씨앗을 뿌린 땅의 상당 부분도 진흙투성이거나 아니면 농작물의 생장에 적합하지 않은 땅으로 확인될 것이다." 밀을 경작할 수밖에 없는 습한 땅이나 척박한 땅에는 불운이 도래할 것이라는 징후가 분명히 나타나고 있다. "사탕무를 심을 시기는 이미 지났다는 이야기가 있는데다 사탕무를 심은 땅도 거의 없다. 그러는 한편 순무를 심기 위해 땅을 가는 시기도 빨리 지나가고 있다. 이 중요한 농작물을 심을 적절한 준비가 전혀 이뤄지지 않고 있다. 귀리를 뿌리는 것도 눈비로 많은 방해를 받고 있다. 제때 뿌린 귀리가 거의 없는데, 귀리를 늦게 뿌리면 당연히 큰 수확을 내지 못한다."

많은 지역에서 가축들의 상실도 상당했다. 곡물을 제외한 다른 농산품의 가격은 지난해보다 20% 내지 30%, 심한 경우에는 50%까지 인상되었다. 유럽 대륙의 농산물 가격은 영국보다 상대적으로 더 많이 올랐다. 벨기에와 네덜란드에서는 호밀이 100%나 올랐다. 밀과 다른 곡물도 그 뒤를 따르고 있다.

이런 상황에서, 영국의 무역이 이미 세계 통상의 많은 부분을 차지하고 있기 때문에 중국 혁명이 그렇지 않아도 폭발 일보 직전이던 현재의 산업 시스템에 불씨를 집어던짐으로써 오랫동안 내연하고 있던 총체적 위기를 폭발시킬 수 있다고 주장해도 무방할 것이다. 그러면 총체적 위기는 밖으로 퍼져나가면서 유럽 대륙에 정치혁명을 야기할 것이다. 서구의 강대국들이 영국과 프랑스, 미국의 전함들을 앞세우고 상해와 남경, 그리고 대운하의 어귀로 "질서"를 전파하고 있는 가운데 중국이 서구 세계로 "무질서"를 퍼뜨리고 있다니, 정말 재미있는 광경이 아닐 수 없다. 비틀거리는 만주 왕조(청나라)를 지원하려고 '질서를 전파한다'는 이들 강대국들은 외국인을 혐오하고 배척하는 것이 한때는 단지 중국의 지리적 및 민족적 상황의 결과에 지나지 않았으나 만주족에게 정복당한 이후로는 정치체제로 굳어졌다는 사실을 망각하고 있는가? 17세기 말에 중국과의 무역을 놓고 서로 경쟁을 벌였던 유럽 국가들 사이의 혼란스런 알력이 청나라가 배외정책을 채택하는 데 일조를 했음은 말할 필요도 없다. 그러나 만주족에게 정복당한 때인 17세기 전반에 엄청난 수의 중국인들 사이에 팽배했던 불만을 외국인들이 이용하지 못하도록 막기 위해서, 이 이상의 조치들이 새 왕조에 의해 취해졌다. 이런 여러 가지 사정이 고려된 결과, 외국인들에게는 북경과 차 생산지역으로부터 멀리 떨어진 광동(廣東)을 통하는 외에는 중국인과의 모든 교류가 금지되었다. 그 통상마저도 외국무역을 하도록 특별히 허가를 받은 공행(公行)들을 통하도록 했다. 이 조치 역시 나머지 백성들이 불쾌한 이방인들과 접촉을 하지 못하도록 막기 위한 것이었다. 어떠한 형태가 되었든, 이 시기에 서구 정부들이 중국의 정책을 간섭하는 것은 중국내 혁명을 더욱 과격하게 만들고 무역의 정체 상태를 더욱 연장시킬 뿐이었다.

여기서 잠시 인도를 보도록 하자. 인도의 영국 정부는 세입의 7분의 1을 중국에 대한 아편 수출에 의존하고 있었다. 또 인도의 영국 제품 수요는 인도의 아편 생산에 크게 좌우되고 있었다는 점을 지적할 필요가 있다. 중국인들이 아편을 끊기 어렵게 된 것은 사실이다. 독일인들이 담배를 끊기 어려운 것이나 마찬가지이다. 그러나 중국의 새 황제가 양귀비를 재배하여 직접 아편을 생산하는 쪽을 찬성한다는 이야기가 전해짐에 따라, 인도의 세입원인 아편 재배 산업과 동인도회사 소속 인도 무역선의 돈줄이 동시에 치명적인 타격을 입을 것이 분명하다. 이 결정타가 지금 당장은 관련 당사자들에게 느껴지지 않을지라도, 그것이 시간을 두고 세계 금융위기를 더욱 악화시키고 연장시킬 것이다.

18세기가 시작된 이후로, 유럽에서 일어난 중대한 혁명 중에 통상위기와 금융위기가 선행되지 않은 혁명은 하나도 없었다. 1789년의 혁명도 그랬고, 1848년의 혁명도 마찬가지였다. 지배 집단들과 피지배 집단 사이에, 국가와 사회 사이에, 그리고 다양한 계급들 사이에서만 갈등의 징후들이 더 위협적으로 변하고 있는 것은 아니다. 기존 권력들 사이의 갈등 또한 마찬가지로 점진적으로 고조되고 있다. 이제 곧 군주들이 칼을 끄집어내고 최후의 수단에 기대야 할 만큼 심각한 실정이다. 유럽 각국의 수도에는 매일 세계의 전쟁 소식을 담은 전보가 당도해 두려움을 불러일으켰다가 이튿날이면 1주일 정도 평화가 유지될 것이라는 또 다른 전보에 의해 그 두려움이 해소되고 있다. 그럼에도 불구하고, 유럽 강대국들 사이의 갈등이 제아무리 고조되고 외교전선이 위협적으로 보일지라도, 또 이 나라 아니면 저 나라의 열정적인 도당들이 어떤 운동을 벌일지라도, 경제적 번영이 이뤄진다면 군주들의 분노뿐만 아니라 인민들의 격분도 마찬가지로 누그러질 것이 분명하다. 세계시장에서 유럽산업의 대표로 나서고 있는 영국에서 여느 때처럼 그 조짐이 가장 먼저 나타날 텐데, 만일 어떤 전반적인 무역 및 산업적 위기가 발생한 결과가 아니라면, 전쟁도 혁명도 유럽 국가들을 갈라놓지는 않을 것이다.

　　지금 영국에서는 공장들이 전례 없는 규모로 확장되고 있고 공식적인 정당들이 거의 해체된 상태이다. 프랑스의 국가 조직은 협잡과 투기를 일삼는 하나의 거대한 사업체로 변했다. 오스트리아는 파산 직전이다. 어디 할 것 없이 비행(非行)이 난무하여 인민의 복수를 부를 상황이다. 반동세력들 사이에도 이해관계를 놓고 충돌이 빚어지고 있으며, 러시아의 정복 야욕이 한 번 더 만천하에 공개되었다. 이런 상황에서 그런 위기가 초래할 정치적 결과에 대해 곰곰 생각하는 것은 어쩌면 불필요한 일일지도 모르겠다.

〈뉴욕 데일리 트리뷴, 1853년 6월 14일〉

13

스페인 혁명

"왕비는 건드리지 마라"라는 말은 카스티야 사람들이 옛날에 즐겨
쓰던 격언이다. 그러나 대담한 무뇨스 부인(Madame Munoz: 양시
칠리아의 마리아 크리스티나. 1829년에 스페인 국왕 페르난도 7세
(Ferdinand Ⅶ)와 결혼했으나 국왕이 죽은 직후인 1833년에 왕실
근위병과 결혼하면서 이 이름으로 불리게 되었다/옮긴이)과 그녀
의 딸 이사벨(Isabella)이 심지어 카스티야 왕비들의 권리까지 아
주 오랫동안 침해한 까닭에 스페인 국민들의 왕실에 대한 적대감
이 많이 불식되었다.

　　1843년의 군사반란(나르바에스(Narvaez)와 콘차(Concha) 같
은 장군들이 진보주의자들의 지도자인 에스파르테로(Baldomero

Espartero)의 독재에 맞서 일으킨 반혁명 군사반란을 말한다/옮긴이)은 3개월 동안 유효했고, 1854년의 반란은 불과 몇 주일밖에 이어지지 않았다. 내각이 해체되고, 산 루이스 백작(Count San Luis)은 국외로 달아났고, 크리스티나 왕비는 프랑스 국경으로 가려고 기를 쓰고 있다. 그리고 마드리드에는 군대와 시민들이 정부에 대한 반대를 선언했다.

19세기가 시작된 이후로 스페인의 혁명운동(봉건주의를 폐기하고 가톨릭교회의 영향력을 축소함으로써 스페인에 자본주의를 정착시키려는 혁명으로 중산계급이 중심이 되었다/옮긴이)은 놀라울 정도로 공통적인 특징을 한 가지 보이고 있다. 북부지방에 정기적으로 소요사태를 일으켜 온, 주나 지방의 특권을 옹호하는 운동을 제외하고는 모든 혁명운동에서 이 특징이 나타난다. 궁정에서 시작된 음모에는 반드시 군사봉기가 수반되었고, 또 자치도시의 혁명선언이 연속적으로 이어졌다는 점이다. 이런 현상이 나타나는 이유는 두 가지이다. 우선, 현대적 의미로 '국가'라고 부를 수 있는 것이 왕실과 대치할 국민적 통합체를 찾을 수 있는 곳은 군대뿐이기 때문이다. 두 번째 이유는 스페인의 특이한 위치와 반도전쟁(Peninsular War(1808-14): 스페인 전쟁으로도 불린다. 영국이 스페인과 포르투갈 영토 안에서 프랑스와 싸운 전쟁이다. 이때 스페인과 포르투갈 정부는 프랑스를 상대로 독립전쟁을 전개했다/옮긴이)으로 인해 스페인이라는 국가의 존립에 결정적으로 중요한 모든 것이 군대로 집중될 조건이 조성되었다는 점이다. 따라서 유일한 전국적 시위(1812년의 시위(스페인 최초의 중산계급 혁명이었으며, 이 혁명 중에 선거를 통해 의회를 구성한다는 내용을 담은 카디스 헌법이 만들어졌다/옮긴이)와 1822년의 시위(두 번째 중산계급 혁명이었으며, 그 결과 혁명운동을 주도한 좌파가 권력을 잡았다/옮긴이)는 군에서 비롯되었으며, 국가의 다른 유동적인 분야들은 자연히 군대를 모든 전국적 소요의 도구로 인식하게 되었다. 그러나 1830년부터 1854년까지의 힘든 시기에 스페인의 도시들은 군대가 국가의 대의(大義)를 지키는 조직이 아니라 왕실을 보호하는 역할을 맡으려는 야심가들의 경쟁의 도구로 전락했다는 사실을 깨닫기에 이르렀다. 따라서 1854년의 운동은 심지어 1843년의 운동과도 아주 다르게 되었다. 오도넬(Don Leopoldo O'Donnell) 장군의 반란을 국민들은 왕실에서 주도권을 쥔 세력을 몰아내기 위한 음모로만 보았다. 이 반란이 그 전에 왕실의 총애를 받았던 세라노(Serrano y Dominguez)의 지지를 받았기 때문에 특히 더 그런 식으로 여겨졌다. 따라서 소도시와 시골지역은 마드리드의 기병대의 어떠한 호소에도 난색을 표명했다. 오도넬 장군이 작전의 성격을 완전히 바꾼 것도 이런 배경 때문이었다. 고립되지 않고 실패하지 않으려면 어쩔 수 없는 노릇이었다. 그는 자신의 혁명선언에 군대의 패권에도 똑같이 반대한다는 내용의 조항을 3개나 끼워 넣었다. 의회 소집, 경제 정부, 시민군의 창설이 그 조항들이다. 이중 마지막 조항은 군대로부터 독립을 바라는 소도시들의 바람을 들어주려는 뜻에서 나온 것이었다. 그렇다면 군사반란이 대중반란의 지지를 얻을 수 있었던 것은 군부가 이 마지막 조건을 받아들였기 때문이라는 것은 분명한 사실이다. 군사반란이 이 조항들을 실천에 옮길 것인지는 앞으로 두고 볼 일이다.

　카를로스 지지자들(페르난도 7세의 동생인 돈 카를로스(Don Carlos)를 왕위에 앉히려는 세력을 일컬음. 이들은 1833년에 내전을 일으켰다/옮긴이)을 제외한 모든 집단들이 저마다 목소리를 높였다. 진보당, 1837년 헌법 지지자, 1812년 헌법 지지자, 통합당(포르투갈의 병합을 주장), 공화당 등이 있다. 공화당에 관한 소식은 가려들을 필요가 있다. 왜냐하면 파리 경찰의 검열을 거치기 때문이다. 이 정당들의 대결 외에도, 경쟁적인 군사 지도자들의 주장도 다양하게 나왔다. 에스파르테로는 오도넬이 성공했다는 소식을 접하자마자 레가네스의 은신처에서 나와 스스로 그 운동의 최고 지도자라고 선언했다. 그러자 자신의 옛날 경쟁자가 전쟁터에 나타난 것을 알게 된 카이사르 나르바에스(Caesar Narvaez)는 그 즉시 여왕에게 충성을 제안했으며 그것이 받아들여짐에 따라 새로운 내각을 구성하게 된다. 지금부터 내가 전하려는 세부사항들을 근거로 본다면, 군대는 어디에서나 주도권을 잡지 못한 것처럼 보이고 또 일부 지역에서는 시민들의 압도적인 압박에 굴복한 것처럼 보일 수도 있다.

　지난번에 보도한 발렌시아 지방의 혁명선언 외에 알리칸테 지방에서도 혁명선언이 있었다. 안달루시아 지방에서는 그라나다와 세비야와 하엔에서, 올드 카스티야 지방에서는 부르고스에서, 레옹 지방에서는 바야돌리드에서, 비스카야 지방에서는 산 세바스티안과 빅토리아에서, 나바라 지방에서는 톨로사와 팜플로냐와 기푸스코아에서, 아라곤 지방에서는 사라고사에서, 카탈로냐 지방에서는 바르셀로나와 타라고나와 레리다와 헤로나에서 혁명선언이 있었다. 또한 발레아레스 제도에서도 혁명선언이 있었다는 소문이 있다. 카르타헤나에서 온 7월 12일자 편지에 따르면, 무르시아에서도 혁명선언이 있을 것으로 되어 있다. 이 편지를 읽어보자.

> "이곳의 군사령관이 발표한 명령에 따라, 카르타헤나 지방의 거주자들 중에서 총이나 다른 무기를 소지한 사람들은 모두 24시간 안에 민간 당국에 무기들을 맡겨야 한다. 정부는 프랑스 영사의 요구를 받아들여 프랑스인들에게는 1848년의 경우와 마찬가지로 영사관에 맡길 수 있게 했다."

이 모든 혁명선언 중에서 4개만은 특별히 언급할 필요가 있다. 비스카야 지방의 산 세바스티안과 카탈로냐 지방의 수도 바르셀로나, 아라곤 지방의 수도 사라고사, 그리고 마드리드 등이다.

비스카야 지방에서는 혁명선언이 지방자치체에서 나왔고, 아라곤 지방에서는 군인이 주도했다. 산 세바스티안의 지방자치체는 시민들을 무장시키자는 제안이 나오자 반란을 지지한다는 입장을 선언했다. 도시는 즉각 무장한 사람들로 뒤덮였다. 도시에 주둔하고 있던 2개의 대대를 설득시켜 반란군에 합류하도록 할 수 있었던 것은 17일이 되어서였다. 시민과 군인들의 연합이 마무리되었고, 무장시민 1,000명이 일부 군인들과 함께 팜플로나로 향하다가 나바르에서 반란을 조직했다. 산 세바스티안의 무장 시민들이 출현한 것만으로도 나바르 지방의 수도에 봉기를 일으키기에 충분했다. 자발라(Zabala) 장군은 혁명운동에 합류한 뒤에 프랑스 바욘으로 가서 사라고사에서 패한 뒤 그곳에 피신해 있던 코르도바(Cordova) 연대의 병사들과 장교들에게 즉시 고국으로 돌아가 산 세바스티안에서 자신의 조직에 가담할 것을 제안했다. 일부 보도에 따르면 자발라 장군이 마드리드로 가서 에스파르테로 밑에서 명령을 수행한 것으로 되어 있고, 또 다른 보도는 그가 아라곤 지역의 반란에 합류하기 위해 사라고사로 향했다고 전한다. 바스크 지방의 사령관으로 주도 비토리아의 혁명선언에 동참하길 거부하고 있던 마자레도(Mazarredo) 장군은 프랑스로 떠나지 않을 수 없었다. 자발라 장군의 지휘 아래에 있는 군대는 부르봉 연대의 2개 대대와 기총병 1개 대대, 기병 파견대 등이다. 바스크 지방에 대한 이야기를 끝내기 전에, 나는 당시 정세의 특징을 단적으로 보여줄 한 가지 예로 기푸스코아의 총독으로 임명된 육군 준장 바라스테귀(Barrastegui)가 에스파르테로의 부관 출신이라는 사실을 전하고 싶다.

바르셀로나에서는 분명히 군대가 주도권을 쥐었다. 그러나 우리가 받은 추가 정보를 근거로 판단하자면 그 행위의 자발성이 심히 의문스럽다. 7월 13일 오후 7시에 산 파블로와 부엔 수세소의 병영을 차지하고 있는 군인들이 민중의 시위에 굴복하고 혁명을 선언했다. 그러면서 여왕 만세, 헌법 수호, 내각 해체, 크리스티나 타도를 외쳤다. 군중과 형제애를 나누며 함께 어울려 람블라로 행진하던 군인들은 '플라자 데 라 콘스티투시온'(헌법광장)에서 걸음을 멈췄다. 그러자 그때까지 6일 동안 지휘관에 대한 불신 때문에 바르셀로나의 교외인 바르셀로네타에서 실내에 머물고 있던 기병대가 혁명을 선언했다. 이때부터 전체 주둔병이 시민들 쪽으로 넘어갔으며, 권력 당국의 저항은 더 이상 가능하지 않게 되었다. 10시가 되자 지역사령관인 마르체시(Marchesi) 장군이 시민의 압박에 굴복했으며, 자정에는 카탈로냐의 사령관이 혁명세력의 편에 서겠다는 뜻을 밝혔다. 그는 시청으로 가서 그곳을 가득 채우고 있던 시민들에게 연설을 했다. 18일에는 군 지휘관과 다른 탁월한 인물들로 임시정부가 구성되었다. 이들은 헌법과 여왕과 도덕성을 외쳤다. 바르셀로나에서 추가로 날아온 뉴스는 일부 노동자들이 당국의 발포 명령에 따라 총격을 받았다고 전한다. 그들이 기계를 파괴하고 재산권을 침해했다는 이유에서였다. 또한 이웃 도시에서 소집된 공화당의 한 위원회가 체포되었다는 소식도 들어왔다. 그러나 이 뉴스들은 "12월 2일의 손들"(the hands of the Second of December: 1851년 12월 2일 쿠데타를 일으킨 루이 나폴레옹의 정부를 일컫는다/옮긴이)을 거치기 때문에 진위를 가릴 때 특별히 조심해야 한다. 나폴레옹 3세 정부는 공화주의자와 노동자를 비방하는 것을 특별한 사명으로 여기고 있다.

사라고사에는 군대가 주도권을 쥐었다는 말이 돌고 있다. 그러나 시민군이 조직되었다가 금방 해체되었다는 추가 소식에 의해 이 말도 사실이 아닌 것으로 확인된다. 사라고사의 혁명선언이 있기 전, 마드리드로 향하던 중에 마드리드에서 20km쯤 떨어진 토레혼에 숙영하고 있던 몬테사 연대(기병)의 군인 150명이 반란을 일으키고 13일 밤 연대 군자금을 갖고 마드리드에 도착한 자신들의 지휘관들을 포기했다. 바라이반(Baraiban) 대위의 지휘를 받던 그 군인들은 쿠엔카의 부체타(Buceta) 대령의 부대와 합류할 목적으로 말을 타고 우에테로 향했다. 마드리드에 대해 말할 것 같으면, 에스파르테로가 "중부의 군대"를, 그리고 자발라 장군이 북부의 군대를 이끌고 혁명을 주도하며 이곳으로 진군하고 있는 것으로 전해지지만, 어떻게 보면 왕실에 의존하는 도시가 반란행위에는 맨 마지막에 가담하는 것이 오히려 당연하다. 15일자 '마드리드 가세타'(Madrid Gaceta)는 도당들이 패주 중이며 군인들의 충성이 날로 높아가고 있다는 전쟁장관의 발표를 아직도 싣고 있다. 마드리드의 상황을 매우 정확히 판단한 것으로 보이는 산 루이스 백작은 노동자들에게 오도넬 장군과 무정부주의자들은 그들의 일자리를 빼앗게 될 것이지만, 만일 정부가 성공을 거둔다면 모든 노동자들을 일당 6레알(75센트)로 공공근로에 고용할 것이라고 선언했다. 이 책략으로 산 루이스는 마드리드 시민들 중에서 가장 쉽게 흥분하는 부류를 자신의 밑으로 끌어들이길 원했다. 그러나 그의 성공은 1848년 파리에서 신문 '르 나시오날'(Le National)을 중심으로 모였던 온건한 중산계급 공화주의자 집단이 거둔 성공과 비슷했다. 그가 그런 식으로 얻은 동맹들은 곧 그의 가장 위험한 적으로 돌변했다. 그 동맹들을 지지할 기금도 엿새 만에 바닥을 드러냈다. 정부가 그때 수도에서의 혁명선언을 매우 두려워하고 있었다는 사실은 반란의 진척사항에 관한 뉴스는 어떠한 것도 배포하지 못하게 금지한 라라(Lara) 장군의 선언을 통해 분명하게 확인된다. 그것만이 아니다. 블라세르(Blaser) 장군의 작전이 부대원들이 혁명 열기에 전염되지 않도록 막기 위해 반란군과의 접촉을 차단하는 데 주력했다는 사실도 정부의 두려움이 어느 정도였는지를 잘 보여주고 있다. 오도넬 장군의 첫 번째 계획이 기병의 작전에 아주 유리한 라만차 평야에서 정부군과 조우하는 것이었다는 소문이 있다. 그러나 이 계획은 안달루시아의 주요 도시 몇 곳과 밀접히 연결되어 있는, 옛날에 왕실의 총애를 받았던 세라노의 도착으로 인해 포기되었다. 그래서 헌법군대는 라만차에 남지 않고 하엔과 세비야로 진군하기로 결정했다.

그런데 블라세르 장군의 행태가 프랑스의 프랑수아 1세 국왕을 즐겁게 해주려던 16세기 스페인 장군들과 프리드리히 대제(Frederick the Great)가 비웃었던 18세기 스페인 장군들의 행태와 놀랄 정도로 많이 닮은 것 같다.

이번의 스페인 반란이 프랑스 정부와 영국 정부 사이에 불화의 씨앗이 되고 있는 것은 분명하다. 오도넬 장군이 반란이 일어나기 전에 영국 대사의 공관에 숨었다고 전한 프랑스 신문의 보도는 보나파르트가 반란의 설명에 대해 품고 있는 오해를 누그러뜨리지 못할 것 같다. 보나파르트와 빅토리아(Victoria) 여왕 사이에 갈등의 기미가 이미 나타나고 있다. 보나파르트는 칼레에서 열린, 프랑스 군인들이 영국 선박에 승선하는 것을 기념하는 식장에서 여왕을 만날 것으로 기대했다. 그러나 여왕은 같은 날 옛 왕비 아멜리(Marie-Amélie de Bourbon)를 방문함으로써 보나파르트의 기대를 저버렸다. 영국 장관들은 백해와 흑해와 아조프 해를 봉쇄하지 않은 데 대한 설명을 요구받자 또 다시 그 구실로 프랑스와의 동맹을 내세웠다. 그러자 보나파르트는 영국의 형식적 동의를 기다리지도 않고 그 즉시로 정부 기관지 '르 모니퇴르'를 빌려 그 해상에 대한 봉쇄를 선언하는 것으로 맞섰다. 프랑스 병사들이 영국 선박에 오른 것이 프랑스 내부에서 나쁜 효과를 낳는 가운데, 보나파르트는 같은 목적으로 쓰일 프랑스 선박의 명단을 발표했다.

〈뉴욕 데일리 트리뷴, 1854년 8월 12일〉

14

보나파르트 암살 미수

'신은 망하게 하려는 자를 먼저 미치게 만든다'(소포클레스의 '안티고네'에 나오는 표현/옮긴이)는 말은 유럽에서 대체로 프랑스의 권력 강탈자를 두고 한 말처럼 통하는 것 같다. 그러나 불과 몇 주일 전까지만 해도, 모든 나라의 무수히 많은 아첨꾼들이 그 강탈자를 일종의 현세의 신이라도 되듯 일제히 우상화했다. 그런데 신처럼 여겨지던 그 존재가 현실 속에서 위험한 꼴을 처음 겪으면서 느닷없이 미쳐버렸다는 소문이 돌고 있다. 그러나 그의 첫인상에 별다른 감흥을 느끼지 못한 사람들에겐 '불로뉴의 영웅'(1840년 8월 6일 쿠데타를 시도한 루이 보나파르트는 불로뉴에 상륙하여 폭동을 일으키려고 했다. 그의 시도는 실패했고, 종신형을 선고 받았으나 1846년에 영국으로 탈출했다/옮긴이)이 지금 옛날의 그 모습 그대로라는 사실이, 즉 일개 도박꾼에 지나지 않는다는 사실이 아주 명백해 보인다. 만일 그가 마지막 카드에 모든 것을 걸고 있다면, 변한 것은 사람이 아니다. 게임의 승률이 변했을 뿐이다.

이전에도 보나파르트의 목숨을 노린 사건들이 있었지만 제국의 경제에는 눈에 띄는 영향이 나타나지 않았다. 1월 14일 터진 그 폭발물(이날 이탈리아 혁명가 펠리체 오르시니(Felice Orsini)가 이탈리아의 독립을 위해 나폴레옹 3세를 암살하려 실패하고 1858년 3월 13일 처형되었다/옮긴이)이 사람들만 죽인 것이 아니라 정세까지 바꿔놓은 이유는 무엇인가? 이 사건으로 인해 제국이 변한 것은 전혀 없었다. 다만 이미 변화된 모습을 가리고 있던 장막이 찢어졌을 뿐이다.

보나파르트가 권좌에 오른 비결은 적대적인 집단들의 지리멸렬한 행태에서, 그리고 그가 쿠데타를 일으킨 시기가 상업세계가 번영기로 접어들던 시기와 일치한다는 사실에서 찾아질 것이다. 그렇기 때문에 무역위기는 모든 계급과 모든 집단의 풍기문란 외에 도덕적 기반이라고는 아무것도 없는 프랑스 제국의 물질적 바탕을 허물게 되어 있었다. 노동자 계급은 일자리를 잃는 바로 그 순간 집권 정부에 적대적인 태도를 다시 취했다. 상업과 산업 중산 계급의 상당 부분은 그 위기로 인해 나폴레옹이 과거에 쿠데타를 서두르게 만들었던 바로 그 지위로 다시 추락했다. 나폴레옹이 클리쉬에 있던 채무자 감옥에 대한 두려움 때문에 마음의 동요를 끝내고 쿠데타를 감행하게 되었다는 이야기는 이미 잘 알려진 사실이다. 그와 똑같은 동기가 파리의 중산계급을 1848년에 거리의 바리케이드로 내몰았으며, 나폴레옹은 당시의 정치적 격변을 절호의 기회로 여겼다. 이렇게 분석하고 들어가다 보니 공황이 극에 달했던 시점에 프랑스 은행이 정부의 명령으로 기일이 돌아오는 모든 증서를 연장시켜준 이유가 아주 명쾌하게 이해된다. 그러나 이처럼 부채상환을 연장하는 것은 상업 활동을 되살리는 것이 아니라 공황을 만성화 시키는 결과만을 낳을 뿐이다.

파리 중산계급의 또 다른 한 부류로 소자산가들, 즉 작은 규모의 고정 소득을 누리는 사람들이 있다. 사회적 영향력이 매우 강한 이 사람들은 프랑스 제국의 왕조와 모험심 강한 신하들이 활성화시켜 부의 축적에 이용한 바로 그 증권거래소의 극심한 등락으로 인해 한꺼번에 망할 지경에 이르렀다. 프랑스 문명을 대표한다고 자처하는 상류층의 일부는 이 제국을 피할 수 없는 임시변통 정도로 여겼을 뿐 절대로 정통성을 인정하지 않았으며, "삼촌의 조카"(나폴레옹 3세는 나폴레옹 1세의 조카이다/옮긴이)에 대한 심한 적대감을 숨기지도 않았다. 최근에는 단순한 방편에 지나지 말아야 할 것을 영원한 제도로 바꾸려는 시도에 대해 사람들이 온갖 방법으로 분노를 표현하려 들었다. 르펠르티에 가(街)에서 암살 시도가 일어날 당시 사람들의 전반적인 감정이 그랬다. 한편으로 보면 이번 사건을 통해 노출된 감정은 사이비 보나파르트로 하여금 폭풍우가 몰아칠 것이라는 예감을 느끼게 했고 또 마지막 카드를 던지게 만들었다. 황제의 지지자들이 오페라하우스에서 나오며 쏟아냈던 절규와 외침과 "공중의 열광"에 관한 이야기들이 '르 모니퇴르'에 많이 실렸다. 그날 거리에 나타났던 열광의 진짜 의미는 현장을 지켜본 한 인물이 밝혔고 또 권위 있는 영국 신문이 그 신빙성을 인정한 다음과 같은 비화(秘話)에서 잘 드러나고 있다.

"14일 밤 비번이었던 황실의 고위관리 한 사람이 대로를 건너고 있을 때 폭발소리가 들렸다. 이어서 사람들이 오페라하우스 쪽으로 달려가는 것이 보였다. 그도 그쪽으로 달려 현장에 도착했다. 그러자 현장에 가장 가까이 있던 사람이 '빨리 황실 사람을 찾아서 마차를 다시 보내라고 해요. 아무도 없으면 당신이 직접 가 줘요.'라고 말했다. 이 부탁을 들은 사람은 즉시 황실 사람들을 찾아 나섰지만 쉬운 일이 아니었다. 위에서부터 아래까지, 의전관에서부터 하인까지 한 두 사람의 예외를 제외하곤 모두가 부리나케 달아났기 때문이다. 그렇게 사람을 찾느라 15분쯤 보낸 뒤 그는 어떤 사람을 잡아 필요한 것들을 일러준 뒤 궁으로 급히 보냈다. 25분 내지 30분 정도 흐른 뒤에 그 사람이 르펠르티에 가로 돌아와 군중들 틈을 뚫고 극장의 기둥 쪽으로 힘들게 나아갔다. 부상을 입은 사람들이 여기저기 널브러져 있었고 어디나 지옥이었다. 그 신사가 조금 떨어진 곳의 사람들 틈에서 경찰국장 피에트리를 발견하고는 큰소리로 외쳤다. 군중에 떠밀리는 상황에서 경찰국장의 주의를 끌기 위해서였다. 경찰국장에게 다가서자마자 그는 외쳤다. '즉시 길을 막아요. 마차가 곧 도착할 거요. 여기 문까지 마차가 올 수 없어요. 게다가, 지옥이 따로 없어요. 사람들을 해산시켜요.' 피에트리는 놀라서 그를 올려다보

왔다. 그러면서 '사람들을 해산시키라고?'라고 중얼거렸다. '아
니 사람들은 다 갔어요. 5분도 안 돼 다 없어졌어요.' 그와 대화
를 하던 사람이 그를 응시했다. '그러면 저 군중은 뭡니까? 꼼짝
달싹 않은 채 한 걸음도 움직이지 않고 있는 저 사람들은 누구입
니까?' '저 사람들은 모두 나의 사람들입니다.'라고 페트리가 대
답했다. '지금 이 순간 르펠르티에 가에는 이방인은 한 사람도
없습니다. 당신 눈에 보이는 사람은 모두 우리 사람들입니다.'

만일 '르 모니퇴르'가 보도한 거리의 열광의 비밀이 그러한 것
이었다면, '암살 미수 사건 직후 대로에 켜진 조명'에 관한 글들은
그 조명을 목격한 파리 시민들을 속이지 못했을 것이다. 그 조명은
말하자면 황제와 황후에게 고용된 소매상들의 가게에만 밝혀진 것
이었다. 심지어 이 사람들까지도 "지옥의 기계"(폭발물)가 폭발하
고 30분쯤 지나서 경찰관들이 찾아와 황제의 암살 모면을 아주 다
행으로 생각한다는 뜻을 전하기 위해 즉시 조명을 밝히는 것이 좋
겠다고 말했다는 사실을 조금도 주저하지 않고 밝혔다.
　　그것만이 아니다. 황제를 지지하는 공공 시위와 황제의 무사
를 축하하는 봉답문도 그 성격상 황제의 철저한 고립을 입증하는
것이나 다름없다. 봉답문에 서명한 사람들 중에서 이런저런 연으
로 행정부와 연결되지 않는 사람은 하나도 없다. 모두가 프랑스의
핵심 기관에 빌붙어 사는 기생충이며, 내무부의 조종에 따라 움직
이는 마네킹이었다. '르 모니퇴르'는 매일 한결같이 똑같은 내용
의 축하를, 말하자면 황제가 자기 자신에게 보내는 것이나 마찬가

지인 축하의 글을 마치 쿠데타에 대한 국민의 끝없는 지지의 증거인 양 의무적으로 실어야 했다. 급기야 파리 시민들로부터 황제에게 올리는 축하의 봉답문까지 받으려는 노력이 전개되었으며, 그럴 목적으로 경찰관들이 봉답문을 지니고 다니기도 했다. 그러나 봉답문에 서명하겠다고 나서는 시민들이 그다지 많지 않아 그 계획은 수포로 돌아갔다. 파리의 소매상들까지도 그런 봉답문을 발의하는 주체로 경찰이 적절하지 않다는 이유로 서명을 거부하기도 했다. 파리 언론의 태도를 보면 공공자금에 기대지 않고 공공에 의존하는 매체인 경우에는 시민들의 태도와 완전히 일치했다. 세습 권리에 대해 투덜거리는 불행한 '스펙타퇴르'(Spectateur)가 있는가 하면, 나폴레옹의 무사함에 국민이 열광한다는 보도를 뒷받침하기 위해 반(半)관영 신문들을 인용한 '파르 드 라 루아르'(Phare de la Loire)가 있다. 또 관례적인 정중함을 갖춰 축하의 뜻을 전하는 '주르날 데 데바'(Jounal des Débats)가 있는가 하면, '르 모니퇴르'의 기사를 그대로 전하는 매체도 있다. 한 마디로 요약하면, 프랑스가 아직은 제국에 대항해 무기를 들 준비가 되어 있지는 않다 해도 기회가 나기만 하면 언제든 제국을 무너뜨릴 결심은 이미 한 상태라고 할 수 있다.

'런던 타임스'의 빈 특파원은 "최근 파리에서 돌아온 정보원들에 따르면, 그곳의 전반적인 여론은 현재의 왕조는 곧 쓰러지게 되어 있다는 쪽으로 기울고 있다"고 쓰고 있다.

그때까지 프랑스에서 쿠데타가 최종적으로 승리를 거둘 것이라고 믿고 있던 유일한 사람인 보나파르트는 곧 자신의 환상이 공허하다는 사실을 알게 되었다. 모든 공공단체들과 언론이 르펠르티에 가에서 발생한 범죄는 이탈리아인들이 저지른 것이며 그 사건으로 인해 루이 나폴레옹을 향한 프랑스의 사랑이 더욱 커졌다는 식으로 충성을 맹세하고 있음에도 불구하고, 루이 나폴레옹 본인은 서둘러 입법부(Corps Législatif: 보나파르트가 쿠데타(1851년)를 일으킨 뒤인 1852년 2월 14일 제정된 헌법에 따라 국가위원회와 상원과 입법부가 구성되었다. 그러나 입법부는 나폴레옹 3세의 불법적인 권리를 휘두를 방패로 전락하고 말았다/옮긴이)로 가서 그 음모는 어느 민족이 개입된 사건이며 따라서 그 민족을 "억압할 법"이 필요하다고 선언했다. '혐의자법'(lois des suspects: 1858년 2월 19일 입법부를 통과했다. 제2제국에 적대적인 사람을 프랑스 영토 밖으로 추방한다는 내용이 들어 있다/옮긴이)이라는 이름으로 그런 법들이 이미 제안되었으며, 그것은 쿠데타 초기에 동원했던 조치들을 되살린 것에 지나지 않는다. 그러나 쿠데타 초기에는 그 조치들이 일시적인 방편으로 공표되었던 반면에 지금은 기본법으로 선포되었다. 이로써 제국은 처음 탄생할 때 동원한 바로 그 불명예스런 행위에 의해서만 유지될 수 있게 되었으며, 다소 정상적인 정부인 것처럼 보이도록 하기 위해 취했던 모든 겉치레를 벗어던졌고, 따라서 권력 강탈자의 국가 지배를 마지못해 인정하던 시기는 이제 영원히 흘러가버렸다. 이러한 사실들을 루이 나폴레옹 본인이 나서서 선언한 셈이었다.

앞서 루이 나폴레옹은 쿠데타 계획을 실행에 옮기기 직전에 모든 현(縣)에서, 특히 시골 지역에서 국민의회(National Assembly)를 겨냥하여 대통령에 대한 무한한 신뢰를 표현한 봉답문을 받아내려고 획책했다. 지금은 이 기반마저도 사라졌기 때문에 그가 호소할 곳이라곤 군대뿐이었다. 군부의 봉답문들 중 하나를 보면 알제리 보병(알제리인을 비롯한 프랑스 식민지의 사람들을 중심으로 1830년에 창설되었다/옮긴이)들이 황제에 대한 충성을 특별히 선언할 기회를 갖지 못한 것을 유감으로 생각한다는 내용이 있는데, 이것은 프랑스에서 고대 로마의 근위병이 했던 것과 같은 부패 통치가 행해질 것이라는 점을 공개적으로 선언한 것이나 다름없다. 나폴레옹은 프랑스를 5개의 군관구로 나누고 각 군관구에 사령관을 한 사람씩 두었으며, 이 사령관들을 총사령관인 펠리시에(Jean Jacques Pélissier)의 통제 하에 두었다. 이런 조치는 그런 부패통치를 염두에 둔 결과 나온 것이다. 한편 푸드(Fould)와 모르니(Morny), 페르시니(Persigny), 바로슈(Baroche)와 같은 무시무시한 사람들로 추밀원과 비슷한 위원회를 구성한 사실은 새로 취임한 정치인들이 어떤 종류의 통치를 펼 것인지를 프랑스인들에게 잘 보여주고 있다. 이 위원회의 신설은 보나파르트 가문의 화해와 맞물리면서 베스트팔렌의 전 국왕이었던 제롬 보나파르트(Jerome Bonaparte)가 황제 궐위 시에 국가위원회의 대통령이 된다는 내용이 담긴, '모니퇴르'에 게재된 루이 나폴레옹의 편지에 깜짝 놀라고 있던 세계를 더욱 놀라게 만들었다. 이 모든 조치들은 "위험한 여정에 오르려는 순례자"의 준비처럼 비쳤다. 그렇다면 '스트

라스부르의 영웅'(루이 보나파르트는 1836년 10월에 쿠데타를 시
도하면서 스트라스부르 요새의 포병 연대가 반란을 일으키도록 하
는 데 성공했다. 그러나 이 병력은 몇 시간 안에 무장해제 당했고
이어 보나파르트도 체포되었다/옮긴이)은 또 어떤 모험을 하려는
것인가? 그가 아프리카 원정을 통해 난국을 타개하려 할 것이라고
보는 사람도 있고, 영국을 침공할 뜻을 품고 있다고 말하는 사람도
있다. 첫 번째 계획이라면, 그가 세바스폴로 갔던 때(나폴레옹 3세
는 1855년 3월에 국민과 군부의 불만을 억누르기 위해 크림반도
로 원정을 떠났다/옮긴이)를 떠올리게 만든다. 그러나 그런 원정
은 지금도 그때와 마찬가지로 국내문제를 피하려는 비겁한 행위로
비칠 것이다. 영국에 대한 적대행위라면, 어떠한 것이 되었든 그것
은 보나파르트에게 유럽에서 자신의 고립을 확인시켜 주는 결과가
될 것이다. 르펠르티에 가의 암살 미수 사건이 프랑스 안에서 그의
고립을 확인시켜준 것처럼 말이다. 이미 군대의 봉답문을 통해 나
타난 영국에 대한 위협이 영국–프랑스 동맹을 깨뜨리기 직전 상태
이다. 파머스턴의 외국인 법안(Alien Bill: 파머스톤은 1858년 2월
에 영국에 거주하는 영국인이나 외국인이 영국이나 다른 나라에서
살인행위에 가담할 때 영국 법정에서 재판을 받고 또 엄중하게 처
벌된다는 내용의 법안을 제출했으나 뒤에 다른 의원들의 수정안
이 채택되고 파머스턴의 법안은 폐기되었다. 이 일로 파머스턴 내
각은 사퇴했다. 파머스턴이 이런 법안을 제안한 것은 나폴레옹 암
살 미수 사건이 일어난 뒤 프랑스 정부로부터 영국이 프랑스 정치
범에게 피난처를 제공한다는 비난을 들은 뒤의 일이다. 나폴레옹

암살 사건을 일으킨 오르시니는 영국인과 프랑스인의 도움을 받았다/옮긴이)은 영국인의 상처 난 자존심에 다시 소금을 뿌리는 결과가 될 것이다. 보나파르트는 어떤 식으로든 구겨진 체면을 살려야 할 입장이지만 그가 취하는 조치는 어떤 것이든 그의 파멸을 재촉하는 결과를 낳을 것이다. 지금 그는 괴상하고 사악하고 파괴적인 경력의 종말을 향해 점점 가까이 다가가고 있다.

〈뉴욕 데일리 트리뷴, 1858년 2월 22일〉

15

어떤 역사적 비교

1859년 3월 18일, 런던

루이 나폴레옹이 자기보다 운이 좋지 않았던 베네치아의 마리노 팔리에로(Marino Faliero(1285-1355): 1355년에 쿠데타를 시도했다가 실패하고 처형당했다/옮긴이)를 흉내 내면서 막강한 군사력을 파리의 거리에 배치한 가운데 거짓말과 배신, 한밤의 음모, 매수되지 않는 의원들의 체포 등을 통해 왕위에 올랐을 때, 유럽의 군주들과 귀족, 지주, 제조업자, 불로소득생활자, 주식투기꾼은 거의 예외 없이 나폴레옹의 성공이 마치 자신의 성공이라도 되는 양 크게 고무되었다. 그 사람들이 킬킬거리며 떠벌리는 소리는 대충 이런 식이었다. "죄는 그의 몫이지만 그 열매는 우리의 것이야. 루이 나폴레옹은 튈르리 궁전에서 통치하고, 우리는 각자의 영역에서,

공장에서, 증권거래소에서, 사무실에서 보다 안전하고 보다 독재적으로 다스리면 돼. 사회주의 타도! 황제 만세!"

　그리고 군인들 옆에 서서, 나라를 강탈한 운 좋은 루이 나폴레옹은 부자와 세력가, 구두쇠와 투기꾼을 가리지 않고 모든 이들을 자기편으로 끌어들이기 위해 머리를 짜냈다. 그는 "제국이 곧 평화다"라고 외쳤으며, 백만장자들은 그를 거의 신성시하다시피 했다. 교황도 그를 애정 어린 말투로 "너무나 사랑스런 예수 그리스도의 아들"이라고 불렀으며, 로마 가톨릭의 성직자들도 온갖 확신과 사랑의 표현으로 그를 환영했다. 주가도 올랐다. 크레디 모빌리에 은행들이 세워져 번창했다. 새로운 철도와 새로운 노예무역, 온갖 종류의 새로운 투기에서 펜대 한번 굴리면 수백만 프랑이 굴러들어왔다. 영국 귀족은 과거에 등을 돌리고 새로운 보나파르트 앞에서 모자를 벗고 인사를 했다. 보나파르트는 가족과 함께 빅토리아 여왕을 방문했으며 런던 시로부터 융숭한 대접을 받았다. 영국 증권거래소는 프랑스 증권거래소와 함께 축배의 잔을 들었다. 주식투기의 사도들 사이에도 전반적으로 보나파르트를 축하하는 분위기가 강했으며 서로 악수를 나눴다. 금송아지가 마침내 완전히 신성시되었으며, 이 새로운 프랑스 독재자가 금송아지를 만든 아론(Aaron: 성경에 모세의 형으로 나오는 인물로 모세의 부재시에 이스라엘인들을 만족시키기 위해 금송아지 우상을 만든 것으로 전해진다/옮긴이)이라는 믿음이 돌았다.

　그리고 7년의 세월이 흘렀다. 그 사이에 모든 것이 변했다. 나폴레옹 3세는 결코 해서는 안 되거나 결코 잊히지 않을 말을 했다.

그가 자신의 선구자가 스페인과 러시아에서 했던 것처럼 무모하게 자신의 운명을 재촉했든 아니면 유럽의 왕실과 부르주아 사회에서 들린 그에 대한 불평의 소리가 그로 하여금 일시적으로 그들의 의지에 굴복하게 만들었든, 그의 마법은 영원히 풀려버렸다. 그들은 오래 전부터 그를 악한으로 알고 있었다. 그러나 쓸모 있고 융통성 있고 복종을 잘 하고 고마워할 줄도 아는 악한으로 알고 있었다. 지금 그들은 자신들의 실수를 확인하면서 후회하고 있다. 나폴레옹 3세는 그런 그들이 자신을 이용하고 있다고 짐작하며 언제나 그들을 이용해왔다. 그가 그들을 사랑한 것은 그가 만찬이나 와인을 사랑하는 것이나 똑같다. 그들은 어떻든 그를 도와왔다. 이제 그들은 또 다른 방법으로 그를 돕든가 아니면 그의 복수에 용감하게 맞서야 한다. 만일 지금부터 "제국이 곧 평화"라면, 그것은 민치오 강이나 다뉴브 강까지의 평화가 될 것이다. 그의 독수리들이 라인 강과 엘베 강 위는 아니라도 포 강과 아디제 강 위를 의기양양하게 날아다니는 그런 평화 말이다. 그것은 그의 머리에 철왕관(Iron Crown: 롬바르디아의 철왕관(이탈리아의 몬차 대성당에 보관되어 있는 기독교 성물로 9세기에 만들어졌으며, 안쪽의 쇠고리가 예수 그리스도를 십자가에 매달 때 사용된 못으로 만들어졌다는 설도 있다)에 빗댄 표현임/옮긴이)을 두르는 그런 평화이다. 이탈리아는 프랑스의 총독 관할구가 되고, 영국과 프러시아와 오스트리아는 샤를마뉴의 제국 프랑스의 주변을 돌며 빛을 받는 위성국이 되는 그런 평화 말이다.

물론 각국의 왕궁들에서도 치를 떠는 소리가 들린다. 그러나 금융가들과 거상(巨商)들 사이에서도 그 못지않은 분노가 느껴진다. 왜냐하면 1859년이 1836년과 1856년의 황금시대의 부활을 약속하는 듯한 길조를 보이며 시작하고 있었기 때문이다. 제조업의 침체가 오랫동안 이어진 끝에 금속과 세공품과 섬유의 재고가 바닥을 드러냈다. 파산이 수없이 일어남에 따라 통상의 환경이 상당히 맑아졌다. 선박들도 다시 시장 가치를 지니기 시작했다. 다시 창고들이 지워지고 물건으로 채워졌다. 주식시장도 뜨거워졌고, 백만장자들은 다시 즐거워졌다. 한마디로 요약하면, 상업의 전망도 이보다 더 밝을 수 없고, 하늘도 더없이 맑고 상서로워 보였다.

그런데 그만 말 한마디가 이 모든 것을 바꿔놓았다. 사회의 구원자로 여겨지던 그 쿠데타의 영웅이 뱉은 말이었다. 그것은 미리 많은 것을 계획한 가운데 오스트리아 사절인 휩너(Count Joseph Alexander Hübner)에게 냉정하고 방종하게 한 말로, 프란츠 요제프(Franz Joseph) 오스트리아 제국 황제에게 한판 붙든지 아니면 그 전에 패배한 3차례의 전쟁보다 더 치욕적인 경멸을 당하든지 선택하라는 뜻을 분명히 담고 있었다. 주식을 통한 도박을 돕기 위해 프랑스 증권거래소에 즉각적으로 미칠 영향까지 신중히 고려한 발언이었음에도, 그 말은 유럽의 지도를 다시 그리겠다는 확고한 목표를 드러내보였다. 오스트리아가 이탈리아의 각 국가들로부터 손을 떼야 한다는 뜻이었다. 쿠데타의 영웅이 주장하는 바는 이 국가들이 명목상 독립을 유지하고 있지만 실질적으로는 오스트리아와의 조약을 통해 오스트리아에게 점령당하고 있다는 것이었다. 이 요구가 관철되지 않으면, 프랑스와 사르디니아가 밀라노를 점령하고 보나파르트가 장군 시절에 이탈리아에 한 번도 동원한 적이 없었던 대규모의 병력으로 만토바를 위협하겠다는 것이었다. 그러면 교황은 자신의 국가들 안에서 성직 통치의 남용을 개혁하든가 아니면 토스카나와 파르마, 모데나 같은 곳의 피라미 같은 전제군주들(이탈리아에서 1848년 혁명이 시작되자, 이 군주들은 앞다퉈 자신의 영지를 떠났다/옮긴이)의 예를 따라 빈으로 피신해야 할 것이다. 휩녀에게 협박이 전달된 뒤 그 영향으로 주가가 떨어짐에 따라, 로스차일드가는 1,100만 달러를 날렸다고 불만을 터뜨리며 좀체 마음을 달래지 못했다. 제조업자들과 무역업자들은 크게 기대했던 1859년의 결실이 "죽음의 결실"이 될 가능성이 크다는 사실을 깨닫고 있다. 어딜 가나 사람들이 걱정과 불만과 분개로 가슴을 벌떡이고 있다. 몇 개월 전까지만 해도 쿠데타의 영웅의 왕관을 편안하게 받아들였던 그 가슴들이 말이다.

그리고 한번 무너져 깨어진 우상은 다시는 원래의 좌대에 놓이지 못하는 법이다. 그 우상은 자신이 일으킨 폭풍 앞에서 한 발 물러서면서 다시 교황의 축복을 받거나 영국 여왕의 포옹을 받을 것이다. 그러나 그 어떤 것도 빈말의 인사일 뿐 그 이상은 절대로 아닐 것이다. 그들은 지금 그를 알고 있다. 보통사람들이 오래 전부터 알고 있었던 것을 이제 알게 된 것이다. 무모한 도박꾼이고, 필사적으로 매달리는 모험가라는 것을. 어떤 게임이 승리를 약속한다면, 왕의 유골을 갖고도 모험을 하려 드는 인간이란 것을 말이다. 그들은 그가 맥베스처럼 인간의 피가 흐르는 강을 건너 왕좌에 올랐기 때문에 평화와 순진함으로 돌아가기보다는 계속 그런 쪽으로 나아가는 것이 더 쉽다는 것을 깨닫는 그런 인간으로 알고 있다. 오스트리아에 대한 적대감을 표시한 그때 이후로, 루이 나폴레옹은 강대국들 사이에 외로이 홀로 서 있었고 지금도 그렇게 홀로 서 있다. 러시아의 젊은 황제(알렉산드르 2세)가 자신의 목적을 위해 아직 그의 친구로 남아 있는 것 같이 보일 수 있다. 하지만 겉으로 그렇게 보이는 것은 어디까지나 공허한 외관일 뿐이다. 1813년의 나폴레옹 1세는 1859년의 나폴레옹 3세의 원형(原型)이었다. 그리고 나폴레옹 3세는 아마 나폴레옹 1세가 그랬던 것과 똑같이 자신의 운명을 재촉하고 있을지 모른다.

〈뉴욕 데일리 트리뷴, 1859년 3월 31일〉

16

시칠리아의 가리발디

1860년 5월 28일, 베를린

유럽 어딜 가나 마찬가지겠지만, 이곳의 대화를 지배하고 있는 주
제는 당연히 시칠리아에서 벌어지고 있는 가리발디(Giuseppe
Garibaldi(1808-1882): 이탈리아의 혁명가이자 군인이며 정치가
이다/옮긴이)의 모험이다. 여러분도 알다시피, 이전까지는 나폴리
에서도 제노아에서도 토리노에서도 지금의 예와 같은 경솔한 사
건을 속보로 다룬 적이 없었다. 지금은 온갖 소문들이 전신을 타고
유럽 전역으로 퍼지고 있다. 사상 유례가 없는 현상이다. 따라서 이
곳의 군부가 시칠리아 문제를 보는 관점에 대해 짧게 언급하는 것
도 가치 있는 일일 것 같다. 우선, 일반적으로 알려진 것처럼 이 반
란은 가리발디가 도착할 때까지 만 1개월 동안 지속되었다. 그러

나 파리의 신문 '르 콩스티튀시오넬'(Le Constitutionnel)이 전하는 것처럼, 이 사실만큼이나 중요한 것은 그것이 과대평가되고 있다는 점이다. 란차(Ferdinando Lanza: 1785-1865) 장군이 추가 병력을 이끌고 파견되기 전까지 나폴리 정권이 시칠리아에 배치한 군사력은 겨우 2만 명에 지나지 않았다. 이 병력 대다수는 팔레르모와 메시나의 요새에 집중되지 않을 수 없었다. 그랬기 때문에 반란자들을 쫓는 작전에 투입될 수 있었던 병력은 반란자들과의 조우를 성공적으로 마무리한 것에 대해 떠벌리고, 몇몇 지점에서 적을 격퇴하고, 또 여러 방향으로 적을 괴롭힐 수는 있었지만 반란을 진압하기에는 역부족인 것으로 드러났다. 현재 3만 명의 나폴리 병력들이 팔레르모에 집결해 있는 것 같다. 이들 중 3분의 2는 요새를 지키고 있고, 3분의 1은 요새 밖에 야영하고 있다. 또 1만5천명의 나폴리 병사들이 메시나를 지키고 있는 것으로 전해진다. 최근 소식에 따르면, 아직 가리발디는 몬레알레를 넘어서지 못했다. 몬레알레가 내륙 쪽에서 보면 팔레르모를 내려다보는 언덕에 위치해 있는 것은 사실이다. 그러나 이런 지리적 입지에 따르는 이점을 누리기에는 가리발디가 결정적으로 중요한 것을 갖추지 못하고 있다. 바로 포위공격에 나설 포병이 없는 것이다. 따라서 1만2천명가량의 병력을 갖춘 가리발디의 승리는 두 가지 중요한 상황에 좌우될 것이다. 반란이 섬 전역으로 급속히 확산되는지 여부와 팔레르모에 주둔하는 나폴리 군인들의 태도가 아주 중요한 변수인 것이다. 만일 나폴리 군대가 주저하며 그들 사이에 섞여 있는 외국 용병들과 불화를 빚게 된다면, 란차 장군의 방어수단은 저절로 허물어질 것이다. 만일 반란이 힘을 더욱 얻게 된다면, 가리발디의 군대는 정말 무서울 정도로 커갈 것이다. 만일 가리발디가 팔레르모에 입성하게 된다면, 그는 자신의 앞에 있는 것들 중에서 메시나를 제외한 모든 것을 쓸어버릴 것이다. 메시나에서는 힘든 과업이 다시 시작될 것이다. 여러분도 1848년부터 1849년 사이에 나폴리 병사들이 시칠리아와 나폴리 사이에서 교두보 역할을 하는 메시나를 제외한 모든 것을 잃었다는 사실을 잘 기억하고 있다. 그러나 그때 메시나만으로도 전체 섬을 다시 탈환하기에 충분했다. 그러나 팔레르모의 함락과 메시나를 제외한 전체 섬을 애국자들이 지배하고 있는 것이 이번에는 그때보다 더욱 중요한 것으로 입증되고 있다. 정치적 상황이 크게 바뀌었기 때문이다. 만일 가리발디가 팔레르모를 점령한다면, 그는 "이탈리아 왕"의 지지를 공식적으로 받게 될 것이다. 만일 실패한다면, 그의 침공은 개인적인 모험으로 치부될 것이다. 가리발디가 비토리오 에마누엘레(Victor Emmanuel(1820-1878): 사르디니아 왕국의 왕이자 이탈리아 왕국의 왕/옮긴이)에게 보낸 글에 이런 아이러니한 비애감이 묻어난다. 가리발디는 국왕을 위해 새로운 속주를 하나 점령하려 하는데 가리발디의 출생지인 니스처럼 국왕이 그것을 또 다시 안이하게 다른 나라에 넘겨버리는 일은 없었으면 좋겠다는 뜻을 밝혔다.

〈뉴욕 데일리 트리뷴, 1860년 6월 14일〉

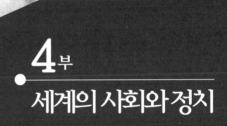

4부
세계의 사회와 정치

17

경기과열이 정치에 미치는 영향

1852년 10월 12일, 런던

지난번 편지에서는 현재 영국의 산업 및 상업이 처한 상황을 묘사했다. 이번 편지에서는 그 상황이 정치에 미치는 영향을 둘러볼까 한다.

만일 예상되는 산업 및 상업의 격변이 현실로 나타나서 곧 벌어질 토리당원들과의 투쟁이 더욱 위험하고 혁명적인 성격을 띠게 된다면, 현재의 번영은 당분간 토리당에게 가장 든든한 동맹이 될 것이다. 토리당원들에게 그들이 이미 폐기한 곡물법(Corn Laws: 잉글랜드와 아일랜드의 농작물을 외국 농산물과의 경쟁으로부터 보호하기 위해 마련된 법. 토리당 정부에 의해 1815년에 실시되었다가 1846년에 폐지되었다/옮긴이)을 다시 제정하라고 요구하지 않으면서도 그들의 정치권력을 실질적으로 공고히 해주고, 또 그들이 어떤 사회적 반동을 수행하는 것을 지원할 그런 동맹 말이다. 이 사회적 반동은 애초부터 계급 이해관계라는 명분으로 시작되었기 때문에 가만 내버려두면 계급이익의 획득으로 끝나게 될 것이다. 디즈레일리는 "곡물법은 안 돼!"라고 말하지만 힘들어하고 있는 농민들에게 유리한 쪽으로 세금문제를 새롭게 해결하자고 주장한다. 그러나 농민들이 힘들어하는 이유가 무엇인가? 옛날의 보호주의 원칙에서 책정된 곡물가격은 사라졌는데도 농민들 대부분이 부담하는 지대(地代)는 보호주의 원칙에서 책정된 옛날 그대로이기 때문이다. 귀족들은 자신들의 땅의 지대를 낮추지 않을 것이다. 오히려 그들은 잉여농산물에 따를 피해를 농민들에게 전가하는 새로운 과세제도를 도입할 것이다.

나는 현재의 상업적 번영이 토리당의 반동에 이롭게 작용할 것이라는 점을 한 번 더 강조한다. 왜 그럴까?

"애국심은 찬장에 고기와 술이 들어 있으면 거기서 잠드는 버릇이 있다. 따라서 현재 더비 백작(Earl of Derby(1799-1869): 세 차례 영국 총리를 지낸 정치인이며 토리당의 지도자로 오랫동안 활동했다/옮긴이)의 가장 든든한 보호막은 자유무역이다. 그는 콥덴(Richard Cobden(1804-1865): 영국의 제조업자이며 자유주의 성향이 강한 정치인. 곡물법 폐지 운동에 앞장섰다/옮긴이)과 필(Robert Peel(1788-1850): 1834년-1835년까지, 1841년-1846년까지 두 차례 영국 총리를 지낸 보수주의 정치인/옮

긴이)이 따다 준 장미로 만든 침대에 누워 있다."고 로이드스 위

클리 뉴스페이퍼(Lloyd's Weekly Newspaper)가 불만을 표현하

고 있다.

영국 국민들 대다수는 일자리를 가진 상태에서 다소 형편이 나

아졌다. 영국의 번영과 구호대상자는 서로 떼어놓을 수 없다고 했

다. 그렇기 때문에 극빈자들이 있다는 사실이 현재 정치선동에 매

우 좋은 소재는 아니다. 하지만 무엇보다도 더비가 책략을 동원할

수 있는 것은 지금 중산계급이 산업생산에 광적으로 빠져 있기 때

문이다. 중산계급은 지금 공장을 짓고, 기계를 설치하고, 선박을 건

조하고, 면직물과 모직물을 짜고, 창고를 채우고, 제품을 제조하고

교환하고 수출하고 수입하느라 정신을 놓고 있는데, 그들에게 이

런 모든 행위들의 목적은 언제나 돈을 버는 것이다. 중산계급은 지

금 활기찬 무역의 시대를 맞고 있으며, 또한 이 행복한 순간에 돈

을 더욱 많이 벌어야 한다는 것을 잘 알고 있다. 그들에겐 오로지

돈밖에 없다. 그러면서 중산계급은 토리당원들을 감시하는 임무를

자신의 정치인들에게 넘긴다. 그러나 이 정치인들은 외부의 압력

이 없는 상태에서 선동을 하는 데는 한계가 있다고 불평을 털어놓

는다. 맞는 말이다. 인간의 조직이란 것은 환경의 압박이 없는 가운

데서는 최소한으로밖에 반응을 하지 않게 되어 있기 때문이다.

중산계급은 일종의 불쾌한 선견지명 같은 것을 갖고 있다. 정부

의 고위층은 무언가 의문스런 일을 획책하고 있는 것 같고, 내각은

번영 때문에 중산계급에 생긴 정치적 무관심을 노골적으로 이용하

고 있는 것 같다. 그래서 그들은 간혹 자신들의 매체를 통해 내각에 경고장을 보내곤 한다. 한 예를 보자.

"중산계급이 현재의 관용을 어느 선까지 지킬 것인지에 대해서는, 말하자면 예전의 귀족처럼 자신들의 권력을 강화하려 들지 않고 자신들의 권력과 다른 사람들의 권리를 어느 정도 존중할 것인지에 대해서는 우리는 예측하지 못한다. 하지만 귀족은 중산계급의 전반적인 행동을 바탕으로 중산계급이 중용을 버리지 않을 것이라고 유추해서는 안 된다."('이코노미스트')

그러나 더비 백작은 이런 식으로 대꾸했다. 하루하루가 너무도 화창한 지금 내가 당신들의 엄포에 놀랄 만큼 바보라고 생각하는가? 또 상업 태풍이 몰아치고 무역이 정체함에 따라 당신들이 정치에 신경을 쓸 시간적 여유를 갖게 될 때까지, 내가 빈둥거리고 있을 만큼 바보라고 생각하는가?

토리당의 선거운동 계획이 매일 조금씩 모습을 드러내고 있다.

토리당은 야외 집회를 여는 것으로 시작했으며, 아일랜드에서는 자신들에게 불리한 기사를 게재한 신문들을 고소했다. 그들은 지금 군대에서 채찍을 사용하는 관행에 반대한다는 내용의 팸플릿을 돌린 '평화협회'(Peace Society: 퀘이커 교도들이 1816년 런던에서 창설한 평화주의자 조직이다. 평화가 유지되는 상황에서 영국 산업의 우위를 최대한 활용할 수 있다고 믿은 자유무역주의자들의 지지를 받았다/옮긴이)의 회원들을 상대로 명예훼손 혐의로 고소했다. 이런 식으로 그들은 조용하게 거리와 언론에서 제기하는 반대에 대응하고 있다.

그런 한편으로 토리당은 의회의 회합을 연기하고, 그러다가 회의가 열리기라도 하면 "살아 있는 사람들의 관심사 대신에 세상을 떠난 웰링턴 공작(Duke of Wellington: 1769-1852)의 장례식에 관한 일"로 회의를 독점함으로써 반대자와의 공개적인 불화를 피하고 있다. 11월 첫 주에 의회 의원들이 만날 것이다. 그러나 1월 이전에 회기가 시작될 것이라는 데는 의문이 전혀 없다.

그렇다면 토리당원들은 그때까지 뭘 하게 될까? 선거인등록 운동과 국민군 창설 문제로 시간을 보낼 것이다. 선거인등록 운동의 경우 그 목적은 법적으로 유권자 등록을 막을 수 있는 이런저런 반대 이유를 제시하면서 자신들의 반대자들이 이듬해 의회선거의 선거인 명단에 이름을 올리지 못하도록 막는 데 있다. 각 정당은 변호사들을 두고 자비로 활동을 수행하고 있다. '여왕좌법원'(Queen's Bench: 1215년에 만들어져 1873년까지 형사 및 민사 소송의 최고법원 역할을 했으며 지금은 상급법원의 하나이다/옮긴이)의 수석재판관이 임명하는 법정변호사들이 유권자 등록과 관련한 주장이나 반대를 인정할 것인지 여부를 결정한다. 이 선거운동의 주요 무대는 지금까지 랭커셔와 미들섹스였다. 토리당원들이 노스 랭커셔의 선거운동에 필요한 자금을 모으기 위해 기부금 명단을 돌렸는데, 더비 백작도 이름을 올리며 상당히 큰 액수인 500파운드를 내놓았다. 유권자 등록에 반대한다는 내용의 청원이 랭커셔에서 자그마치 6,749건이나 접수되었다. 사우스 랭커셔가

4,650건, 노스 랭커셔가 2,099건이었다. 사우스 랭커셔의 경우에는 토리당이 반대한 것이 3,557건이었고, 자유주의자들이 반대한 것이 1,093건이었다. 노스 랭커셔의 경우에는 토리당이 반대한 것이 1,334건, 자유주의자들이 반대한 것이 765건이었다. 이로써 랭커셔에서는 토리당원들이 승리를 거둔 셈이다. 미들섹스 카운티에서는 급진주의자 353명과 보수주의자 140명이 유권자 등록에서 삭제되었다. 여기서는 보수주의자들이 200표를 얻은 셈이다.

이 전투에서 토리당원들이 한쪽에 서고, 휘그당원들이 맨체스터 학파(19세기 영국 맨체스터를 중심으로 일어난 정치적, 경제적, 사회적 운동을 일컫는다. 경제 분야에서는 자유무역을 표방했다/옮긴이)과 함께 다른 한쪽에 서 있다. 후자가 새로운 유권자들을 양산하는 기계인 '자기 소유 토지 공동체'(freehold land society: 자유주의자들이 의회개혁을 실현하기 위한 노력의 하나로 1840년대에 만든 단체들이다. 1832년 개혁법은 투표권을 갖는 중요한 자격으로 최소 40실링의 가치가 나가는 부동산을 보유하거나 최소 10파운드의 세를 내는 주택을 임차해야 한다고 정했다. 이 공동체들은 외부의 자금으로 부동산을 구입해 그것을 40실링어치씩 쪼갠 다음에 공동체 구성원들에게 주택금융조합에서 돈을 빌려 구입하도록 했다/옮긴이)를 조직했다는 것은 꽤 널리 알려져 있다. 토리당원들은 이 공동체들은 가만 내버려두고 이 공동체들의 산물들을 파괴하고 있다. 미들섹스의 법정변호사 섀드웰(Shadwell)은 땅덩어리가 50파운드가 되지 않을 경우에는 참정권을 부여하지 못한다고 선언함으로써 '자기 소유 토지 공동체'의 유권자들 상당수가 참정권을 잃게 하는 결정을 내렸다. 이것이 법률의 문제가 아니고 사실의 문제였기 때문에 이 결정을 근거로 민소(民訴)법원 (Court of Common Pleas: 영국 관습법에 따르면 법률적 절차를 어긴 것과 관련한 소송에 대해서만 이 법원에 항소를 하도록 되어 있다/옮긴이)에 항소하는 것도 불가능했다. 이처럼 법과 사실의 문제를 구분하는 것이 유권자 등록을 심사하는 법정변호사들에게 새로운 유권자의 구성에 지대한 영향력을 행사할 수 있는 권력을 안겨주고, 또 그 변호사들이 언제나 기존 내각의 영향을 받게 되어 있다는 사실을 모든 사람들은 잘 알고 있다.

토리당원들이 이런 '위대한' 노력을 펼치고 그 지도자들이 유권자등록 운동에 직접 개입하고 있는 현실은 어떤 것을 예측하게 하는가?

더비 백작은 새로 구성된 의회를 지속시키고 싶은 희망을 강하게 품고 있지 않으며, 의회가 저항할 경우에는 해산해버릴 뜻도 갖고 있다. 그런 다음에 다시 총선을 실시하여 여기서 유권자들을 심사하는 법정변호사들을 통해서 보수주의가 다수파가 될 의회를 준비하려는 의도가 읽히는 것이다.

이리하여 토리당원들은 한쪽으론 유권자등록 운동에서 마음대로 쓸 수 있는 의회 제조기를 예비로 갖게 되었으며 다른 한쪽으론 의회의 매우 반동적인 행위까지 집행하고 평화협회의 찌푸린 표정을 조용히 누르는 데 필요한 검(劍)을 마음대로 휘두르게 될 국민군 법안을 밀어붙이고 있다.

"의회가 반동세력에게 법적 권리를 주고 무장 국민군이 실질적인 권력을 안겨주는 상황에서, 그 반동세력이 영국에서 하지 못할 것이 무엇이겠는가?"라고 차티스트(1838년부터 1848년 사이에 영국 노동계급이 주동이 되어 정치개혁 운동을 벌인 사람들을 일컫는다. 'chartist'라는 표현은 1838년에 보통선거 실시 등을 요구한 인민헌장(People's Charter)에서 비롯되었다/옮긴이)의 매체는 외친다.

그리고 워털루의 영웅인 "아이언 듀크"(Iron Duke:웰링턴 공작을 일컬음/옮긴이)가 세상을 떠남에 따라 귀족들은 지금과 같은 결정적인 시기에 성가신 수호천사의 그늘에서 벗어났다. 웰링턴은 상원의장이었으며, 중요한 때에는 종종 60명 이상의 위임장을 확보하고 있었고, 토리당원들이 중산계급과 여론을 상대로 공개적으로 전쟁을 벌이지 못하도록 막았다. 그러나 지금은 투쟁을 일삼는 토리당 내각이 모험적인 성격의 소유자(더비 백작을 일컬음/옮긴이)의 지시를 받고 있는 가운데, 상원은 국가의 견고한 안전장치가 되기보다는 국가의 안보를 위태롭게 하는 요인이 되고 있다.

상원이라는 안전장치가 국가의 안전에 필요하다는 인식은 물론 우리의 것이 아니라 자유주의 성향을 지닌 '런던 데일리 뉴스'(London Daily News)의 시각이다. 현재의 웰링턴 공작의 자리는 당장 필 당원(Peelite: 영국 보수당의 한 파벌로 1846년부터 1859년까지 존재했다. 이들이 필 당원이라 불리게 된 것은 1846년에 총리가 되어 보수당 지도자로 활동한 로버트 필을 따랐기 때문이다. 이들은 자유무역을 신봉했다/옮긴이)에서 토리 진영으로 넘어갔다. 따라서 귀족들이 잃어버렸던 기반을 다시 찾기 위해, 그리고 1815년부터 1830년까지의 황금시대를 다시 구가하기 위해 무모한 노력을 펼칠 것임을 보여주는 신호가 온 곳에서 보인다. 지금이 순간 중산계급에겐 선동을 일으키거나 반란을 도모할 시간이 전혀 없으며 심지어 분개를 표시할 여유조차도 없다.

〈뉴욕 데일리 트리뷴, 1852년 11월 2일〉

18

사형

<u>1853년 1월 28일, 런던</u>

1월 25일자 '더 타임스'에 '아마추어 교수형'이라는 제목으로 게재된 글 속에 다음과 같은 관찰이 담겨 있다.

> "영국에서는 공개처형이 행해지면 자살이나 불의의 사고로 목을 매 죽는 예들이 따른다는 말이 자주 들린다. 이는 유명한 죄인의 처형이 병적이고 미성숙한 정신에 영향을 미친 결과라고 한다."

'더 타임스'가 이 같은 의견의 예로 제시한 몇 건의 사건들 중 하나는 셰필드의 한 정신이상자가 바부어(James Barbour)의 처형에 관해 다른 정신이상자들과 이야기를 나눈 뒤에 스스로 목을 매 목숨을 끊은 사건이었다. 다른 한 사건은 역시 스스로 목을 맨 14세 소년이었다.

이 신문이 이런 사실들을 열거하며 뒷받침하고자 했던 그 원칙은 분별 있는 사람은 좀처럼 짐작조차 하지 못하는 것이다. 그것은 교수형 집행인을 신격화하는 것이나 마찬가지이다. 동시에 사형이 최후의 사회적 수단으로 옹호되고 있다. "여론을 선도하는 신문"이 주요 기사에서 주장하고 있는 것이 이런 내용이다.

'모닝 애드버타이저'는 교수형을 옹호하는 '더 타임스'의 무시무시한 논리를 다소 격한 목소리로 혹평하면서 1849년의 처형에 관한 재미있는 자료를 제시했다.

처형당한 사람		살인 및 자살	
밀란	3월 20일	한나 샌들즈	3월 22일
		M. G. 뉴튼	3월 22일
풀리	3월 26일	J. G. 글리슨 - 리버풀에서 살인 4건	3월 27일
스미스	3월 27일	레스터에서 살인 및 자살	4월 2일
호위	3월 31일	바스에서 독살	4월 7일
		W. 베일리	4월 8일
랜딕	4월 9일	J. 워드, 모친 살해	4월 13일
사라 토마스	4월 13일	야들리	4월 14일
		독시, 부친 살해	4월 14일
		J. 베일리, 두 자녀 살해하고 자살	4월 17일
J. 그리피스	4월 18일	찰스 오버튼	4월 18일
J. 러쉬	4월 21일	대니얼 홈스덴	5월 2일

'더 타임스'가 인정하는 바와 같이, 이 도표는 죄수의 처형에 뒤이어 일어난 자살뿐만 아니라 더없이 잔인한 종류의 살인까지 보여주고 있다. '더 타임스'의 기사가 야만적인 이론을 제기함과 동시에 옹호하고 있으면서도 그에 대한 논거는 단 한 줄도 제시하지 않고 있다는 사실이 그저 놀라울 뿐이다. 자신들의 문명을 영광스럽게 여기는 사회에서는 아마 사형의 정당성을 뒷받침할 원칙을 세우는 것이 불가능하지는 않다 하더라도 지극히 어려운 일일 것이다. 처벌은 대체로 개선이나 위협의 수단으로 정당화되어 왔다. 그런데 다른 사람들을 개선시키거나 협박하기 위해 나를 처벌하는 것은 도대체 무슨 권리인가? 게다가, 카인(성경에 아담과 이브의 큰 아들로 나온다. 자기 동생을 돌로 쳐 죽임으로써 인간 최초의 살인자가 된다/옮긴이) 이후로 처벌을 통해서는 이 세상을 협박하지도 못하고 개선하지도 못한다는 것을 증거로 보여주는 역사가 있다. 또 통계도 있다. 이 증거들을 보면 오히려 그와 정반대이다. 추상적인 권리의 관점에서 볼 때, 이론적으로 인간의 존엄을 인정하는 처벌이론은 단 하나뿐이다. 칸트(Immanuel Kant: 1724-1804)의 이론이 바로 그것이다. 칸트의 이론은 헤겔(Georg Wilhelm Friedrich Hegel: 1770-1831)에 의해 더욱 엄격한 문구로 다듬어졌다. 헤겔은 이렇게 말한다.

"처벌은 범죄자의 권리이다. 그것은 범죄자 본인의 의지의 행위이다. ...... 그의 죄는 권리를 부정한 것에 있다. 처벌은 이 부정을 부정하는 것이며, 따라서 범죄자 자신이 스스로의 권리를 회

복하는 것이 처벌이다."(헤겔,『법 철학』중에서)

헤겔이 범죄자를 하나의 단순한 대상으로 보지 않고, 말하자면 정의의 노예로 보지 않고 자유롭고 스스로 결정을 내리는 존재의 위치로까지 끌어올리고 있다는 점에서 보면, 이 글에도 그럴듯한 무언가가 틀림없이 있을 것이다. 그러나 이 문제를 더 깊이 들여다 보면, 대부분의 다른 예에서와 마찬가지로 여기서도 독일 관념론이 기존 사회의 규칙들을 모호하게 인정하고 있다는 것이 확인된다. 진짜 동기를 갖고 있고, 다양한 사회적 환경의 영향을 받고 있는 개 인을 인간의 수많은 자질들 중 하나인 "자유의지"라는 추상적 개념 으로 대체하는 것이 하나의 착각이 아닌가! 처벌을 범죄자 본인의 의지의 결과로 여기고 있는 이 이론은 단지 케케묵은 '탈리온 법' 을, 말하자면 눈에는 눈 이에는 이 피에는 피로 갚는다는 원칙을 은 유적으로 표현한 것에 지나지 않는다. 거두절미하고 노골적으로 말 한다면, 처벌은 사회가 극히 중대한 조건에 대한 침범에 맞서 스스 로를 지키는 수단에 지나지 않는다. 그런데 사회를 방어하는 수단 으로 교수형 집행인보다 더 나은 것을 전혀 모르고 또 "세상을 선도 하는 신문"을 통해서 사회 자체의 야만성을 불변의 법이라고 선언 하는 사회는 도대체 어떤 상태에 있는 사회인가?

케틀레(Adolphe Quételet(1796-1874): 벨기에의 천문학자이 며 수학자, 통계학자, 사회학자이다. 사회과학 분야에 통계학적 방 법을 많이 소개했다/옮긴이)는 탁월한 학문적 저술인『인간과 그 능력들』(l'Homme et ses Facultés)에서 이렇게 말한다.

"사람들이 놀랄 만큼 충실하게 부담하는 예산이 있다. 그것은 감옥과 교수대에 드는 비용이다. … 심지어 몇 명의 개인이 손에 동료 시민의 피를 묻히고, 몇 명의 개인이 범죄자가 되고, 몇 명의 개인이 독극물을 사고팔 것인지에 대해서도 매년 출생자와 사망자를 예측하는 것과 거의 똑같은 방법으로 예측하는 것이 가능하다."

그리고 케틀레는 1829년에 범죄확률을 계산하는 방법을 발표하면서 1830년에 프랑스에서 저질러질 범죄의 건수뿐만 아니라 다양한 종류까지도 실제로 놀라울 정도로 정확히 예측했다. 어떤 사회나 평균 범죄 발생 건수가 비슷하게 나타나는 것은 그 나라의 특별한 정치제도에 따른 것이기보다 근대 부르주아 사회의 근본적인 조건이라는 것이 케틀레가 제시한 다음 도표에서 확인될 것이다. 1822년에서 1824년까지의 자료이다. 미국과 프랑스에서 100명의 사형수가 확인된다.

연령	필라델피아	프랑스
21세 미만	19	19
21세–29세	44	35
30세–39세	23	23
40세 이상	14	23
합계	100	100

그렇다면 만일 대규모로 집계한 범죄들이 그 건수와 분류에서 이런 식으로 나타난다면, 그리고 만일 케틀레가 강조한 것처럼 두 가지 원인(물리적 세계와 사회체제) 중 어느 것이 더 강하게 범죄에 영향을 미치는지를 판단하기가 어렵다면, 죄수의 공급을 충족시킬 공간을 만들기 위해 수많은 죄수들을 처형하는 교수형 집행인을 영광스럽게 만들 게 아니라 이 범죄들을 양산하는 체제의 변화를 신중하게 생각해볼 필요가 있지 않는가?

〈뉴욕 데일리 트리뷴, 1853년 2월 17일〉

19

성직자와 10시간 노동을 위한 투쟁

지난번 편지에서 '아일랜드의 소작권'을 둘러싼 소요가 그 실질적 지도자들의 견해와 의도에도 불구하고 시간이 흐르면서 교권(敎權)반대운동이 될 개연성에 대해 암시한 바가 있다. 나는 고위 성직자들이 소작권 연맹(The Tenant Right League: 아일랜드의 토지개혁을 목표로 1850년에 구성된 시민들의 조직으로 동시에 프로테스탄트 소작농들과 가톨릭 소작농들의 단결을 호소했다/옮긴이)에 대해 이미 적대적인 태도를 취하기 시작했다고 주장했다. 그 이후로 또 하나의 세력이 그 싸움에 끼어들었는데, 이 세력 또한 그 운동을 성직자들과 똑같은 방향으로 몰아가고 있다. 아일랜드(아일랜드 섬의 대부분은 1949년에 영국 연방에서 탈퇴하여 완전히 독립을 이뤘다. 이들의 종교는 가톨릭이다. 현재 영국 영토로 남아 있는 아일랜드 섬 북부의 경우에는 주민의 과반수가 프로테스탄트를 믿고 있다/옮긴이) 북부의 지주들은 자신들의 소작인들에게 '소작권 연맹'과 '가톨릭방어연합'(Catholic Defense Association: 아일랜드의 가톨릭 신자들과 소작인들의 권리를 지키기 위해 1851년에 결성된 조직/옮긴이)은 똑같은 것이나 마찬가지라는 점을 설득시키려고 애를 쓰고 있으며, 또한 가톨릭의 교세 확장에 반대한다는 구실로 소작권 연맹에 반대하는 입장을 취하고 있다.

아일랜드의 지주들은 자신들의 소작인들에게 가톨릭 성직자들에게 맞서라고 호소하고 있는 한편 잉글랜드의 프로테스탄트 성직자들은 노동계급에게 공장 소유자들에게 맞서라고 간청하고 있는 형국이다. 잉글랜드의 산업 프롤레타리아는 '10시간 노동법'(Ten-Hours' Bill)을 지지하고 '현물급여제'(truck system: 고용주들이 직원들에게 임금을 현물로 주는 시스템. 대체로 고용주에게 유리하게 돌아갔다/옮긴이)에 반대하는 운동을 더욱 격렬하게 다시 재개했다. 이미 이 문제를 둘러싼 청원들이 많이 제기되어 있는데다가 이 같은 요구들이 하원에 제출될 것이기 때문에, 내가 앞으로 언젠가는 언론과 신문을 자유주의적 미사여구로 넘쳐나게 하고 있는 공장 폭군들의 악명 높은 관행들에 대해 깊이 소개할 기회가 있을 것이다. 현재로선 1802년부터 잉글랜드의 노동자들이 공장노동시간과 관련해 의회의 개입을 꾸준히 요구해왔고, 그러다 1847년에 존 필든(John Fielden: 1784-1849: 영국의 사회개혁가로 1847년 공장법으로 알려진 10시간 노동법의 통과를 위해 많은 노력을 기울였다/옮긴이)의 유명한 '10시간 노동법'이 통과되었으며 이로 인해 아이들과 여성들이 어느 공장에서나 하루 10시간 이상 일하는 것이 금지되었다는 사실을 상기시키는 것으로도 충분할 것이다.

자유주의적인 성향의 공장 소유자들은 곧 이 법이 적용되면 공장들이 노동자들을 교대로 근무하게 해야 한다는 사실을 깨달았다. 1849년에 '재무(財務)법원'(Court of Exchequer: 옛 영국의 상급법원의 하나로 재정 및 세금 문제를 다뤘다/옮긴이)에 소송이 한 건 제기되었으며, 판사들은 이 소송과 관련해 성인 노동자들에 대해서는 기계가 돌아가는 시간 내내 일하게 하고 어린이 노동자들에 대해서는 반으로 나눠 교대하도록 하는 것이 합법이라고 결정했다. 따라서 근로시간을 단축하려는 노력은 다시 의회에 기댈 필요가 있었다. 거기서 1850년에 교대근무는 폐기되었으나 '10시간 노동법'은 '10시간 30분 노동법'으로 바뀌었다. 지금 노동계급은 원래의 '10시간 노동법'으로의 복구를 요구하고 있다. 이 같은 노력을 효율적으로 전개하기 위해 노동계급은 기계의 작동 속도에 제한을 두자는 요구를 덧붙이고 있다.

겉으로 드러난 '10시간 노동법'의 역사를 요약하자면 그렇다. 그러나 이 법의 은밀한 역사는 다음과 같다. 지주 귀족계급은 1831년 개혁법의 통과로 인해 중산계급과의 대결에서 패배했으며, 곡물법의 폐지와 '자유무역'을 외치는 제조업자들로부터 "신성불가침의 이해관계"를 고집하고 있다는 비판을 들었다. 그러던 터에 지주 귀족은 노동자들이 고용주에게 맞설 명분과 주장을 지지함으로써, 특히 공장노동 제한에 대한 요구를 지지함으로써 중산계급에 맞서기로 결심했다. 당시 소위 박애주의자 귀족들이 10시간 노동과 관련된 모든 모임의 수장을 맡고 있었다. 애슐리 경(Lord Ashley)은 심지어 이 운동을 통해 평판을 크게 얻기도 했다. 1846년에 곡물법이 실질적으로 폐지됨에 따라 치명타를 얻어맞은 지주 귀족은 1847년의 '10시간 노동법'을 의회에 강요함으로써 복수에 나섰다. 그러나 산업 중산계급은 의회의 입법을 통해 잃은 것을 사법제도의 힘을 빌려 회복했다.

1850년에는 지주 귀족의 분노가 점차 사그라져갔다. 그들은 교대근무를 비판함과 동시에 그 법의 집행에 대한 대가로 노동계급도 하루에 30분씩 일을 더 하자는 주장을 펴면서 공장 소유자들과 타협을 보았다. 그러나 현시점에서 맨체스터 학파와의 최종적인 결투가 점점 가까이 다가오고 있는 것을 느끼고 있기 때문에, 지주 귀족들은 다시 단기적인 움직임을 이해하려고 노력하고 있다.

그러나 그들은 직접 전면으로 나서기를 꺼리면서 국교 성직자들을 내세워 노동자들이 면직물 업자들과 맞서게 함으로써 면직물 업자들의 입지를 훼손시키려고 노력하고 있다. 이 성직자들이 반(反)산업 십자군 운동을 어떤 식으로 거칠게 벌였는지는 다음의 예에서 잘 드러날 것이다. 크램프턴에서 열린 '10시간 노동' 회의에서는 국교회의 브램멜(Brammell) 신부가 회의를 주재했다. 이 모임에서 스탤리브릿지의 현직 국교 성직자인 J. R. 스티븐스(Stephens) 신부는 이렇게 말했다.

"세계사에는 신정(神政)으로 국가들을 다스리던 때가 있었다. ··· 지금 현실은 더 이상 그렇지 않다. ··· 그럼에도 법의 정신은 똑같다. ··· 노동자는 우선 자신의 생산수단인 토지의 결실로 덕을 보아야 한다. 공장법이 너무도 노골적으로 침해당하고 있기 때문에 공장지구의 수석 감독관인 레너드 호너(Leonard Horner)는 내무장관에게 경찰의 보호를 받기 전까지는 자신이 거느린 감독관들을 공장에 보낼 수 없으며 또 보내지도 않을 것이라는 내용의 편지를 쓰지 않을 수 없었다. ··· 그런데 그게 누구로부터의 보호란 말인가? 공장 주인들로부터? 지역 갑부들로부터? 지역 세력가들로부터? 지역 행정관들로부터? 국왕의 위원회 사람들로부터? 아니면 국왕의 대표자로서 즉결재판소에 앉은 사람들로부터?

··· 그리고 공장 주인들은 법의 위반으로 고통을 받았는가? ··· 그의 지역 안에서, 일요일 오전 9시나 10시, 11시까지 늦잠을 자는 것은 공장에서 일하는 남자들 전부와 상당수 여성들의 오랜 관습이었다. 그들이 주중의 노동으로 지쳤기 때문이다. 일요일은 그들의 지친 육신을 쉬게 할 수 있는 유일한 날이다. ··· 노동시간이 길수록, 대체로 임금은 더 적어지는 것 같다. ··· 영국에서 공장에서 일하느니 차라리 미국 사우스 캐롤라이나에서 노예로 일하는 것이 더 나을 것이다."

번리에서 열린 '10시간 노동' 모임에서 해버갬 이브스의 현직 성직자인 E. A. 베리티(E. A. Verity)는 청중에게 특히 다음과 같은 내용을 강조했다.

"랭커셔의 사람들이 압박에 시달릴 때, 콥덴은 어디에 있었고, 브라이트는 어디에 있었으며, 맨체스터 학파의 다른 회원들은 어디에 있었는가? … 부자들의 목적은 무엇인가? … 그거야 물론 노동계급을 속여서 한두 시간을 빼앗는 것이다. 부자들이 맨체스터 학파라고 부르는 사람들의 음모가 바로 그런 것이다. 그것이 맨체스터 학파를 야비한 위선자로, 교활하기 짝이 없는 악한으로 만들고 있다. 잉글랜드 교회의 한 목사로서, 그 사람은 그런 행위에 항의했다."

국교의 신사들을 돌연 노동권의 무사 수행자(修行者)로, 매우 열렬한 무사로 변신시켜 놓은 그 동기는 이미 지적되었다. 그들은 다가오는 민주주의의 궂은 날에 대비하여 서민들 사이에 평판을 높이고만 있었던 것은 아니었다. 또 국교가 근본적으로 귀족적인 제도이고, 따라서 지주들의 과두정치와 함께 버티든가 아니면 무너지든가 하게 되어 있다는 것을 알고 있었던 것만도 아니었다. 거기에는 그 이상의 무엇인가가 작용하고 있다.

맨체스터 학파의 사람들은 국교 반대자들이고 반골이며, 무엇보다도 국교가 잉글랜드와 웨일스에서만 자신들의 주머니에서 매년 1,300만 파운드나 훔쳐간다는 사실에 크게 분노하고 있다. 그래서 그들은 세속적인 사람들과 성직자들을 분리시키기로 결심했다. 이에 따라 성직을 가진 신사들은 국가와 종교를 위해 투쟁하고 있다. 그러나 맨체스터 학파의 사람들은 이 분리의 과정에 자신들이 내키지 않는다고 해서 서민들에게 권력의 일부를 떼어주지 않을 경우에는 자신들도 귀족의 손에서 정치권력을 빼앗지 못할 것이라는 점을 추론해낼 것이다.

〈뉴욕 데일리 트리뷴, 1853년 3월 15일〉

20

강요된 이주

영국의 식민지이주청(Colonial Emigration Office)은 1847년 1월 1일부터 1852년 1월 1일까지 잉글랜드와 스코틀랜드, 아일랜드에서 세계 각지로 이주한 사람들의 통계를 내놓았다.

연도	영국인	스코틀랜드인	아일랜드인	총계
1847	34,685	8,616	214,969	258,270
1848	58,865	11,505	177,719	248,089
1849	73,613	17,127	208,758	299,498
1850	57,843	15,154	207,852	280,849
1851	69,557	18,646	247,763	335,966
1852(6월까지)	40,767	11,562	143,375	195,704
합계	335,330	82,610	1,200,436	1,618,376

식민지이주청은 "리버풀에서 이주 해 간 사람들의 90%는 아일랜드 사람인 것으로 여겨진다. 스코틀랜드에서 이주해 간 사람들의 4분의 3가량은 하이랜즈(고지 지방)나 아일랜드의 켈트족이다"라고 강조한다.

따라서 전체 이주자의 5분의 4 가까운 사람들이 아일랜드와 하이랜즈와 스코틀랜드의 섬들에 살던 켈트족이라는 말이다. 런던의 '이코노미스트'는 이 이주에 대해 이렇게 쓰고 있다.

> "그 결과 소규모 소작지와 감자 경작에 바탕을 둔 사회체제가 허물어지고 있다. … 스코틀랜드의 하이랜즈와 아일랜드의 인구 중 잉여의 인구가 이 나라를 떠남에 따라 당연히 모든 영역에서 향상이 일어날 것이다. 아일랜드의 세입은 1846년과 1847년의 기근이나 그 이후로 일어난 이주의 영향을 조금도 입지 않았다. 반대로, 아일랜드의 순세입은 1851년에 4,281,999파운드에 달해 1843년보다 오히려 184,000파운드 늘어났다."

한 나라의 거주자들을 가난에 찌들게 만들고, 그런 다음에 더 이상 짜낼 것이 없어 그들이 세입에 부담이 되자 나라 밖으로 몰아내고 순세입을 계산하다니! 리카도(David Ricardo(1772-1823): 영국의 경제학자로 '노동가치설' '차액지대론' 등으로 유명하다/옮긴이)가 명저 『정치경제의 원리』(The Principle of Political Economy)에서 주장한 학설이 바로 이런 것이 아닌가. 어떤 자본가의 연 수익이 2,000파운드라면, 이 자본가에게 있어서 직원을 100명 고용하는가 1,000명을 고용하는가 하는 것이 무슨 의미가 있겠는가? 리카도는 "한 국가의 순소득도 이와 비슷하지 않는가?" 하고 묻는다. 한 국가의 순(純)실질소득, 말하자면 지대(地代)와 수익이 똑같다면, 그 금액이 1,000만 명에서 나온 것이냐 아니면 2,000만 명에서 나온 것이냐 하는 문제는 전혀 고려의 대상이 되지 않는다는 뜻이다. 시스몽디(Jean Charles Léonard de Sismondi(1773-1842): 제네바 태생의 작가로 프랑스와 이탈리아의 역사에 관한 글 외에도 경제사상에 관한 글을 많이 남겼다/옮긴이)는 자신의 저서 『정치경제의 신(新)원리』(Nouveaux Principes d'Economie Politique)에서 리카도의 관점에 따른다면 영국이라는 나라는 국왕만 섬에 홀로 남아 있어도 오늘날 2,000만 명의 인구를 통해 얻는 순세입 만큼만 보장된다면 자국의 인구가 빠져나가는 문제에는 전혀 신경을 쓰지 않을 것이라는 말로 리카도의 주장을 비판한다. 정말이지, 이런 경우에 글자의 뜻 그대로의 "국부"(國富)는 조금도 줄지 않을 것이다.

그러나 농지개량에, 그리고 "낡은 사회체제의 붕괴"에 휩쓸려 나간 것이 어디 초록의 섬(아일랜드의 애칭/옮긴이)의 가난한 거주자들 뿐인가. 또 이민 행정관들이 이민 관련 비용을 부담해 준 잉글랜드와 웨일스와 스코틀랜드의 신체 건장한 농업노동자들 뿐인가. "향상"이라는 바퀴가 지금 또 다른 계급을, 영국에서 기반이 가장 확고했던 계급을 덮치고 있다. 영국의 소규모 농민들 사이에 이민 움직임이 놀랄 정도로 크게 일어나고 있다. 점토질 농지를 소유한 농민들 사이에서 특히 더 두드러지고 있다. 다가올 추수의 결과가 나쁠 것 같고 또 밀린 지대(地代)까지 지불할 수 있을 정도로 농지를 개량하려면 자본이 있어야 하는데 그것마저도 부족한 상황에서 농민들에겐 새로운 나라와 땅을 찾아 바다를 건너는 것 외에는 달리 대안이 없다. 지금 나는 황금을 찾아 나선 이민에 대해 말하고 있는 것이 아니다. 지주제도와 농지의 집중, 기계의 도입, 현대적 농경시스템의 적용 등으로 인해 일어난 강제적인 이민에 대해 이야기하고 있는 것이다.

고대 국가들과 그리스와 로마에서는 강제적인 이민이 식민지들을 정기적으로 강화한다는 의미를 지니면서 사회의 구조 안에서 중요한 역할을 했다. 그 국가들의 전체 시스템은 일정한 한도 안의 인구를 바탕으로 세워진 것이었으며, 그렇기 때문에 인구가 정해진 범위를 넘어서면 반드시 고대 문명의 조건 자체가 위험해지게 되어 있었다. 왜 그렇게 될 수밖에 없었는가? 그들에게는 물질적 생산에 과학을 응용하는 것이 전혀 알려져 있지 않았기 때문이다. 고대인들이 세련된 문명의 상태로 남기 위해선 인구가 작아야 했다. 그렇지 않으면 그들은 고된 육체노동을 피할 수 없었을 것이고 이 노동이 자유 시민을 노예로 바꿔놓았을 것이다. 생산력을 결여한 까닭에 시민들의 숫자가 중요했다. 그렇기 때문에 인구가 늘어날 경우에는 강요된 이민이 유일한 해결책이었다.

아시아 고원 지대의 야만인들이 '구(舊)세계'를 침공하도록 만든 것도 인구가 생산능력에 가한 똑같은 압박이었다. 거기에도 형태만 다를 뿐 똑같은 원인이 작용했다. 야만인으로 남기 위해선 그들은 수적으로 작을 수밖에 없었다. 그들은 유목이나 사냥, 전쟁을 일삼는 부족이었으며, 그들의 생산방식은 지금 북미의 인디언 부족들과 마찬가지로 개인마다 넓은 공간을 필요로 했다. 인구가 늘어남에 따라 각자의 생산 공간이 좁아졌다. 따라서 잉여 인구는 모험적인 이주를 감행하지 않을 수 없게 되었고, 이 이동이 고대와 현대 유럽 민족들의 토대를 쌓았다.

그러나 현대의 강제적인 이민의 경우에는 그와 정반대이다. 과잉 인구를 낳는 것이 생산력의 부족이 아니다. 인구의 감소를 요구하고 또 기근이나 이민으로 과잉 인구를 몰아내고 있는 것은 생산력의 향상이다. 인구가 생산력에 압박을 가하고 있는 것이 아니다. 생산력이 인구에 압박을 가하고 있는 것이다.

그런데 나는 '순세입'을 마치 전체 인구를 제물로 바쳐서라도 불만을 터뜨리지 않고 숭배해야 하는 '몰록' 신으로 여기는 리카도의 의견에도 동의하지 않고, 또 마치 우울증에 걸린 자선사업가처럼 시대에 뒤떨어진 농경법을 고수해야 한다면서 플라톤이 자신의 공화국에서 시인들을 추방했듯이 과학을 산업에 적용하는 것을 금지시켜야 한다고 주장하는 시스몽디의 의견에도 동의하지 않는다. 사회는 침묵의 혁명을 거치고 있다. 이 혁명은 누구나 받아들여야 한다. 그런데 혁명은 인간 존재들이 쓰러지는 것 따위에는 신경을 쓰지 않는다. 그것은 지진이 파괴될 주택들에 관심을 두지 않는 것과 똑같다. 지나치게 허약하여 새로운 삶의 조건들을 지배하지 못하는 계급과 종족들은 사라질 수밖에 없다. 하지만 이처럼 비참한 일시적인 상태를 전주(錢主)인 자본가와 지주(地主)의 탐욕스런 성향에 이 사회를 적응시켜야 한다는 의미로 받아들이는 그런 경제학자들의 관점보다 더 미숙하고 더 단견인 관점이 있을까? 영국에서 이 과정이 가장 투명하게 보인다. 현대 과학이 생산에 응용됨에 따라, 주민들이 땅에서 쫓겨나와 공장이 많은 도시로 몰리고 있다. '이코노미스트'는 이렇게 전한다.

> "스피탈필즈와 페이즐리의 수직기(手織機) 직공들 일부를 제외하곤 제조업에 종사하는 사람들 중에 이민 행정관의 도움을 받은 사람은 하나도 없다. 또 자신의 비용으로 이민을 떠난 사람도 거의 없거나 전무하다."

'이코노미스트'는 제조업 직공들이 비용을 스스로 부담하며 이민을 떠날 수 없었으며 또한 산업 중산계급이 직공들의 이민을 도우려 하지 않으려 했다는 것을 잘 알고 있다. 그런데 이 문제가 어떤 결과를 낳고 있는가? 현대 사회에서 가장 변하지 않고 또 보수적인 요소인 농촌 인구가 사라지고 있는 한편, 산업 프롤레타리아는 바로 그 현대적 생산 때문에 생산력의 중심지로 집중하고 있으며, 이 중심지가 창조된 역사는 지금까지 곧 노동자들의 순교의 역사였지 않는가.

그렇다면 누가 산업 중산계급이 여기서 더 이상 나아가지 못하게 막고 생산력의 힘들을 독점하지 못하게 막을 수 있을까? 아무도 없다. 그렇다면 '재산권'에 호소해봐야 아무런 소용이 없을 것이다. 중산계급 경제학자들에 따르면, 생산 기술의 현대적 변화가 낡은 사회체제와 그 체제의 분배 방식을 붕괴시켰다. 그 변화가 아일랜드의 빈농과 소작농, 잉글랜드의 자작농, 수직기(手織機) 직공, 무수히 많은 수공업자들, 공장 어린이와 여자들이 가진 것을 모두 빼앗아 버렸다. 그러다 때가 되면 지주와 방적공장 주인들의 것까지 빼앗을 것이다.

〈뉴욕 데일리 트리뷴, 1853년 3월 22일〉

21

미국, 유럽 무대에 등장하다

1853년 8월 5일, 런던

오늘의 중대한 사건은 미국의 대외 정책이 유럽 지평선에 모습을 드러내고 있다는 점이다. 이에 대해 한 국가는 반기고 있고 다른 한 국가는 혐오감을 보이고 있지만, 모두가 미국정책이 유럽에 출현했다는 사실에는 동의한다.

오래 전부터 영국 귀족을 대변하고 있는 매체인 '모닝 헤럴드'는 이렇게 보도하고 있다.

"오스트리아는 이탈리아의 속주들을 상실한 데 따른 피해를 보상받으려면 터키 제국의 해체를 주시해야 한다. … 터키 제국은 어리석게도 제국의 문제에 미국을 끌어들였다. 아드리아 해의 미국 함대는 이탈리아 봉기(주세페 마치니가 중심이 되어 1853년 밀라노에서 오스트리아에 대항해 봉기를 일으켰으나 실패하고 말았다/옮긴이)를 상당히 복잡하게 만들 것이며, 우리 모두 살아생전에 그걸 눈으로 목격하게 될 것이다. 왜냐하면 앵글로-색슨의 정신이 서구에서 아직 죽지 않았기 때문이다."

'파리 프레스'(Paris Presse)는 이렇게 전한다.

"'코스타 문제'(Koszta affair: 1853년에 미국과 오스트리아 제국 사이에 벌어진 외교적 사건을 일컫는다. 마틴 코스타(Martin Koszta)는 오스트리아 지배로부터 헝가리를 독립시키려던 운동을 벌이다 실패하자 터키를 거쳐 미국으로 도주해 미국 시민권자가 되었다. 그는 미국에서 2년가량 살다가 개인적인 일로 터키를 방문했고 거기서 미국의 보호를 받던 중에 오스트리아 전함으로 납치되었다. 이어 오스트리아와 미국 사이에 긴장이 고조되었으나 최종적으론 코스타에게 미국으로 돌아가는 것이 허용되었다/옮긴이)는 아직 해결과는 거리가 멀다. 오스트리아 정부가 미국 정부에 배상금을 요구했다는 정보가 있으며, 배상금을 받지 못할 가능성이 아주 높다. 한편 코스타는 현재 프랑스 영사의 보호를 받고 있다."

'빈 프레스'(Vienna Presse)는 다음과 같이 속삭인다.

"반은 해적이고 반은 시골뜨기인, 신사 같은 구석이라고는 하나
도 없는 미국과는 상종을 하지 말아야 한다."

독일 신문들도 미국과 터키 사이에 체결된 것으로 전해진 비
밀조약에 불만을 터뜨리고 있다. 이 조약에 따라 터키는 돈과 해
상 지원을 받고 미국은 루멜리아의 이노스 항구를 이용하게 될 터
인데, 이 항구는 지중해에 미국의 상업 및 군사기지로 아주 적합할
것이다. '브뤼셀 에망시파시옹'(Brussels Emancipation)은 이렇게
전한다.

"시간이 지나면, 난민 코스타의 체포로 인해 스미르나에서 빚어
진 미국 정부와 오스트리아 정부 사이의 갈등이 1853년의 사건
들 중에서 가장 중요한 사건으로 꼽힐 것이다. 이 사실과 비교하
면, 다뉴브 공국들을 점령한 것이나 콘스탄티노플에서 벌어지는
서구 외교의 움직임이나 연합해군 결성 같은 사건들은 별다른
중요성을 지니지 못할 것이다. 스미르나 사건은 새로운 역사의
시작이다. 반면에 콘스탄티노플에서 벌어진 사건들은 이제 막
끝나려 하는 옛날 문제의 해결에 지나지 않는다."

이탈리아 신문인 '일 파를라멘토'(Il Parlamento)는 "유럽에 등
장한 미국 정치"라는 제목으로 사설을 싣고 있다. '일 파를라멘토'
의 사설을 그대로 옮긴다.

"미국이 오래 전부터 지중해와 이탈리아에 해군 기지를 얻으려고 노력해왔다는 사실은 널리 알려져 있다. 특히 동방에 분규가 일어나는 시기를 맞아 그런 노력이 더욱 뜨겁게 전개되었다. 그 예로 1840년 중대한 이집트 문제(제2차 이집트-오스만 전쟁을 일컫는다. 1839년에 오스만 제국은 제1차 전쟁에서 이집트에 잃은 땅을 되찾으러 나섰으나 네집(Nezib) 전투에서 패한 뒤 붕괴 직전 상황으로 몰렸다. 그러나 유럽 강국들이 이집트에 압력을 가해 평화조약을 체결하게 했다/옮긴이)가 소용돌이 칠 때와 '세인트 잔 다르크'(St. Jean d'Acre) 호가 공격을 받았을 때, 미국 정부는 '양시칠리아'의 국왕(페르디난도 2세)에게 시라쿠스 항을 일시적으로 사용할 수 있는 권한을 요구했으나 뜻을 이루지 못했다. 오늘날 미국이 유럽문제에 개입하려는 경향은 더욱 뚜렷하고 더욱 끈질기다. 미합중국의 민주 정부가 이탈리아와 헝가리 혁명의 희생자들에게 동정심을 가장 뜨겁게 보이고 있고, 오스트리아와의 외교 단절에도 전혀 겁을 먹지 않고 있으며, 스미르나에서 무력시위를 통해 자국의 제도를 옹호했다는 사실에는 이견이 있을 수 없다. 대서양 너머에 위치한 대국의 이런 포부에 대해 불평하거나 일관성을 결여하고 있다거나 우스꽝스럽다는 식으로 말하는 것은 정당하지 못할 것이다. 미국은 동방을 점령할 생각이 전혀 없으며, 러시아와 지상전을 벌일 생각도 없다. 그러나 영국과 프랑스가 자국의 해군을 최대한 이용하고 있다면, 미국이 지중해에 주둔지와 피난처와 보급품을 확보해야 할 때에 자국의 해군을 이용하지 말아야 할 이유가 무엇인가? 미국인들의 입장에서 보면 거기에 아주 큰 이해관계가 걸려 있다. 공화주의적인 요소는 코사크의 요소와는 정반대이다. 상업과 항해의 발달로 인해 세계의 모든 민족들 간에 합법적인 관계와 거래가 크게 증대되었다. 이젠 어느 민족도 구대륙이나 신대륙의 바다에서, 아니면 오스만 제국의 운명과 같은 중대한 문제에서 스스로를 이방인이라 여길 수 없게 되었다. 미국의 상업과 우리의 해안에서 교역 활동을 벌이는 미국인들은 성조기의 보호를 받을 필요가 있다. 그 보호를 1년 내내 지속적으로 수행하기 위해 미국인들은 세계의 해상 강국들 중에서 이미 3위에 오른 자국의 해군에 필요한 항구를 원하고 있다. 영국과 프랑스가 파나마 지협(地峽)과 관계있는 모든 일에 직접적으로 간섭한다면, 또 영국이 미국의 작전에 따를 영토권에 반대하기 위해 모스키토(오늘날의 니카라과와 온두라스 등의 동부 해안 지역을 일컫는다. 현지의 미스키토 인디언에서 그 이름이 유래되었다. 이 지역은 1894년에 니카라과로 편입되었다가 1960년에 북부 지역 일부가 온두라스로 넘어갔다/옮긴이)의 왕 같은 것을 만들기까지 한다면, 그리고 영국과 프랑스가 대서양에서 태평양으로 가는 항로가 모든 국가들에게 열려야 하고 그 항로를 어떤 중립국가가 소유해야 한다는 결론에 도달했다면, 미국도 수에즈 지협의 자유와 중립성을 주시하고 또 이집트와 리비아가 일부 강대국의 지배로 들어가는 결과를 낳을 수도 있는 오스만 제국의 해체에서 잠시도 눈을 떼서는 안 되지 않는가? 수에즈와 파나마는 동방으로 가는 2개의 중요한 관문이며, 지금은 둘 다 닫혀 있지만 앞으로는 서로 경쟁을 벌이게 될 것이다. 강대국들이 대서양 항로 문제에서 지배권을 잡는 가장 좋은 방법은 지중해 문제에서 서로 협력하는 것이다. 우리는 다다넬스 해협 가까운 곳의 미군들이 1841년에 강대국들 사이에 체결된 규정의 제약을 받지 않고 필요할 때마다 그 해역으로 들어가길 원한다는 점을 숨기지 않고 있다는 사실을 알고 있다. 당시 미국 정부가 협약에 참여하지 않았다는 이유로 영원히 미국의 길을 막는 것은 좀 이상하지 않은가. 그런데 유럽은 그런 배짱을 곧잘 부린다. 왜냐하면 1783년의 평화조약(영국과 미국 사이에 벌어진 미국독립전쟁을 종식시킨 파리평화조약을 일컫는다/옮긴이) 이후로 유럽이 미국을 베스트팔렌 조약(Westphalian Treaty: 1648년 5월부터 10월 사이에 이뤄진 일련의 평화조약을 일컫는다. 이로써 신성로마제국에서 벌어진 30년 전쟁(1618-1648)과 스페인과 네덜란드 공화국 사이에 벌어진 80년 전쟁(1568-1648)이 종식되었다. 신성로마제국 황제와 스페인 왕국, 프랑스 왕국, 스웨덴 제국, 네덜란드 공화국, 신성로마제국의 군주들 등이 서명했으며, 전문가들은 이 조약을 국제법의 출발로 보기도 한다/옮긴이) 이후의 스위스의 주들과 같은 조건에 처한 것으로 보아왔기 때문이다. 주민들에게 합법적인 생존은 허용되지만, 그 주민들이 애초부터 강대국이었던 국가들의 반열에 끼어들려고 하거나 정책을 놓고 표결을 요구할 수는 없다는 인식이 지배적이었다. 그러나 대서양 건너편에서 앵글로 색슨 민족이 번영을 구가하면서 부와 문명과 권력을 떨치고 있다. 이제 더 이상 과거의 미천한 지위에 만족할 수 없는 실정이다. 지금 미국은 빈 조약(Treaty of Vienna: 프랑스 혁명과 나폴레옹 전쟁, 신성로마제국의 해체로 야기된 많은 문제들을 논의하기 위해 빈에서 회의를 연 끝에 1815년 6월에 체결한 조약. 이로써 유럽에 세력균형이 다시 이뤄지고 왕정이 복고되었다/옮긴이)으로 생긴 배타적인 체제를 무너뜨릴 수 있는 새로운 강대국이다. 미국이 전반적인 정치 문제를 조정하는 회의에서 공식적인 지위와 그에 합당한 권리를 획득할 때까지, 미국은 자연권과 만민법에 의거하여 보다 관대하고 품위 있는 행동을 보일 것이다. 미국 국기는 편을 가리지 않고 내전들의 희생자들을 두루 덮으며, 1848년과 1849년 사이에 전 세계에 혁명이 몰아칠 때에도 미국 해군의 친절은 여전했으며 수치스런 짓은 절대로 하지 않았다.

〈뉴욕 데일리 트리뷴, 1853년 8월 19일〉

22

파업과 노동의 가치에 대하여

1853년 9월 27일, 런던

상업 및 산업의 번영이라는 밝은 햇살이 음울한 전망에 가려 있는 동안에도, 동맹파업은 여전히 우리 산업의 중요한 한 특징을 이루고 있으며 앞으로도 당분간 그럴 것이다. 동맹파업은 또한 이 나라의 전반적인 조건에 나타나고 있는 변화에 부응하여 그 성격을 바꾸기 시작했다.

베리에서는 방적공들이 실타래 1,000개당 2페니의 인상을 요구하고 나섰다. 고용주들이 이 요구를 거부했고, 방적공들은 작업장을 떠났다. 직조공들도 현재 짜고 있는 일감을 끝내는 대로 동맹파업에 들어갈 것이다. 프레스턴에서는 직조공들이 주변 지역의 직공들의 지지를 받으며 10%의 인상을 요구하는 사이에, 6명의 공장주들이 이미 공장을 폐쇄했으며 다른 공장주들도 그들의 뒤를 따를 것으로 보인다. 따라서 2,000명의 직공들이 작업장에서 쫓겨났다. 블랙번에서는 주철 제조업자인 미스터 디킨슨의 기계공들이 지금도 작업장에 들어가지 못하고 있다. 위건에서는 한 제조공장의 실 감는 사람들이 20개 당 1페니의 인상을 요구하며 파업을 벌이고 있고, 다른 공장의 양모 방적공들은 임금이 인상될 때까지 작업을 거부하고 있다. 이 공장들은 폐쇄되었다. 같은 곳에서 5,000명가량의 광부가 참가한 동맹파업이 진행되고 있다. 크로포드 백작(Earl of Crawford)과 이웃의 다른 탄광 소유자들은 수요일 밤에 광부들을 내쫓았다. 이어 스케일스의 과수원에서 광부들이 여러 차례 모였다. 맨체스터에선 5,000대의 베틀이 멈춰 선 가운데 퍼스티언 천(한쪽 면에 보풀을 세운 천) 염색공들과 실 염색공, 중절모 제조공들의 소규모 파업이 진행되고 있다.

볼튼에서도 방적공들이 임금인상을 요구하기 위한 회의를 열고 있다. 트레튼과 브릿지워터 등에서는 구두장이들이, 글래스고에서는 마차 운전자들이, 킬마녹에서는 석공들이 파업을 벌이고 있으며, 올드햄에서는 경찰이 동맹파업을 위협하고 있다. 버밍엄에서는 못 박는 사람들이 10%의 임금 인상을 요구하고, 울버햄튼에서는 목수들이 일당 6페니의 인상을 요구하고, 런던의 목수들도 같은 요구를 하고 있다. 랭커셔와 체셔, 더비셔 등 중요한 제조업 도시 전부에서 직공들이 고통 받는 동료들을 지원할 방침을 결정하기 위해 공개 모임을 갖고 있고, 한편에선 공장주들이 노동자들을 굶겨서 항복하고 들어오게 만들겠다는 목표로 공장을 무한정

폐쇄하겠다고 다짐하고 있다.

'선데이 타임스'(Sunday Times)는 이렇게 전한다. "대체로 말해서, 임금 인상 요구는 하루에 6페니를 넘지 않는다. 식료품의 현재 가격을 고려할 때, 그 요구가 불합리하다고 말하기 어려운 것이 사실이다. 현재 파업을 벌이는 노동자들의 목적이 공산주의 식으로 제조업자의 실질 이익 중 일정 몫을 확보하는 것이라는 소리가 들린다. 하지만 노동자들이 요구하는 임금인상 폭과 생활필수품의 가격 상승을 비교하면 그 같은 비난이 아주 옹색해진다."

노동자들이 "생필품" 그 이상을 요구하거나 자신이 종사하는 산업에서 나오는 수익을 "나눠" 갖자는 입장을 보이면, 그들은 공산주의적 성향을 갖고 있다는 비난의 소리를 듣는다. 식료품 가격이 "공급과 수요라는 영원불변의 법칙"과 도대체 무슨 관계가 있는가? 1839년과 1840년, 1841년, 1842년을 보자. 그 기간에 식료품 가격은 꾸준히 인상되었다. 그러나 임금은 떨어지기만 했다. 그러다 기아의 수준에 이르렀다. 그러자 제조업자들은 "임금은 식료품 가격에 좌우되지 않고 공급과 수요의 법칙에 따라 달라진다"고 말했다. '선데이 타임스'는 다음과 같이 전한다.

"노동자의 요구사항은 공손하게 제기되어야만 진지하게 고려될 것이다."

아니, 공손과 "공급과 수요의 영원불변의 법칙"이 무슨 관계가 있는가? 민싱레인(런던에 있는 거리 이름/옮긴이)에서 커피 가격이 오를 때 "공손하게 제기되었다"는 소리를 들어본 사람이 있는가? 인간 육체의 거래와 똑같은 방법으로 거래가 이뤄지는 다른 상품이 있으면, 그 예를 하나라도 제시해보라.

임금인상 운동은 지금까지 6개월 동안 이어지고 있다. 공장 소유자들도 인정하는 테스트를 이용하여, 그러니까 "공급과 수요의 법칙"을 이용하여 임금인상 문제를 판단해보도록 하자. 아니면 정치경제의 불변의 법칙들을 러시아가 터키와 맺은 영원한 평화조약과 똑같은 방식으로 해석해야 하는가?

6개월 전부터 금광과 미국으로 많은 사람들이 지속적으로 이민을 떠남에 따라 노동에 대한 수요가 굉장히 커졌는데도 노동자들은 자신의 입장이 강화되었다는 것을 전혀 느끼지 못했다. 그러는 가운데 중산계급의 언론이 자유무역의 축복에 흥분하면서 전반적인 번영에 관한 이야기를 많이 쏟아냈기 때문에 노동자들은 그런 사실을 바탕으로 업계의 수익이 향상되었다고 추론했음에 틀림없다. 당연히 노동자들은 그렇게 요란하게 떠벌린 번영 중 자신들의 몫을 요구했고, 공장주들은 노동자들에 맞서 강하게 싸웠다. 그러자 노동자들은 서로 힘을 합하고, 동맹파업을 위협하고, 그러면서도 다소 타협적인 태도로 자신의 요구를 강화하고 있다. 노동자들의 동맹파업이 일어날 때마다, 공장주들과 그 조직들은 설교단과 연단과 언론을 통해서 "명령하듯 하는 노동자들의 무례함과 어리석음"을 지나칠 정도로 질타한다.

만약 노동자들이 이해관계를 따지는 고용주의 약속을 믿기보다는 그들 나름대로 공급과 수요의 비율을 적용하는 것을 더 선호한다는 점을 보여주기 위한 것이 아니라면, 과연 동맹파업은 무엇을 증명해보였는가? 어떤 상황에서 노동자들이 노동의 시장가격을 실제로 받고 있는지 여부를 확인하는 수단으로는 동맹파업을 하거나 동맹파업으로 협박하는 것밖에 없다. 1852년에 재료비와 완제품 가격의 차이는, 예를 들어 면화의 가격과 섬유의 가격의 차이, 그리고 섬유 가격과 면제품 가격의 차이는 평균적으로 더 커졌다. 따라서 방적업자와 제조업자의 이익은 1853년보다 틀림없이 더 컸다. 아주 최근까지 섬유도 면제품도 면화와 같은 비율로 오르지 않았다. 그렇다면 제조업자들이 1852년에 임금을 당장 인상하지 않은 이유는 무엇인가? 이에 대해 제조업자들은 1852년의 노동의 공급과 수요에는 임금을 인상해야 할 요인이 하나도 없었다고 말한다. 정말일까? 가동 중인 공장들이 지난해보다 분명히 더 많다. 그리고 지난해 이후로 건강한 노동자들이 이민을 많이 떠났다. 그러나 그 기간에 농경이나 다른 분야에서 활동하던 사람들이 "산업의 중심지"로 대거 몰려들어 공장 노동력을 공급하고 나선 것도 아니었다.

사실은 이렇다. 노동자들은 자신들의 노동의 가치가 이미 여러 달 전에 30% 올랐고 이어서 이번 여름에 또 다시 올랐다는 것을 언제나 그렇듯 지나치게 늦게 깨달았다. 그제서야 노동자들은 일단 10%의 인상을 요구하며 파업을 시작하고 곧 이어 다시 10%를 더 요구했다. 물론 노동자들도 최대한 많은 것을 얻어내려고 노력했다. 이 파업이 전국적으로 퍼지면서 지속적으로 성공을 거두고 있다는 사실 자체가 그 파업의 정당성을 뒷받침하는 최고의 증거이다. 그리고 똑같은 분야에서 똑같은 노동자가 새로운 임금인상을 요구하며 벌이는 파업이 신속히 성공한다는 사실은 공급과 수요에 따라 노동자들이 이미 오래 전부터 임금인상을 요구할 자격을 갖추고 있었다는 점을 충분히 입증했다. 다만 노동자들이 노동시장의 현실을 몰라서 임금인상을 요구하고 나서지 못했을 뿐이다. 노동자들이 마침내 공급과 수요의 법칙을 잘 알게 되자, "공급과 수요의 영원한 법칙"을 입에 달고 다니던 제조업자들은 그 문제에 대해 자신의 방식대로 처리할 권리를 주장하며 노동자들이 자신들에게 이로운 것이 뭔지를 모른다는 식으로 분노에 찬 최후통첩을 보내면서 "횡포"를 부렸다.

통상 분야의 전반적인 전망에 나타나는 변화는 반드시 노동자와 고용주의 상대적 입장에 변화를 낳게 되어 있다. 그 변화가 별안간 찾아왔기 때문에, 이미 많은 파업이 시작되었고 지금도 더 많은 파업이 계획되고 있다. 분명한 것은 불황에도 불구하고 임금인상을 위한 파업이 더 많이 일어날 것이라는 점이다. 왜냐하면 임금인상을 받아들일 수 없다는 제조업자의 주장에 대해, 노동자들은 식료품 가격이 더 비싸졌다고 대답할 것인데 양측 주장이 똑같이 강하기 때문이다. 그러나 내가 예상하는 대로 만일 불황이 오래 지속된다면 노동자들은 그 영향을 가장 호되게 입을 것이고 임금 삭감에 맞서 싸워야겠지만 성공하지 못할 확률이 매우 높다. 그러나 그때 그들의 행위는 곧 정치판으로 넘어갈 것이고, 그럴 경우에는 동맹파업 중에 이룬 새로운 노동조직이 노동자들에게 매우 소중할 것이다.

〈뉴욕 데일리 트리뷴, 1853년 9월 27일〉

23

노동문제

1853년 11월 11일, 런던

'황금 같은 기회와 그 기회의 활용'. 이는 엄정하고 심오하다는 '이코노미스트'가 붙인 제목 중에서 가장 어색한 편에 속한다. 당연히 여기서 말하는 "황금 같은 기회"는 자유무역에 의해 생겨난 것이며, 그 기회의 "활용" 아니 "남용"은 노동계급에 관한 이야기이다.

"노동계급은 처음으로 자신의 미래를 자신의 손으로 직접 가꿀 수 있게 되었다. 영국의 인구가 실질적으로 줄어들기 시작했다. 출생 인구보다 더 많은 사람이 이민 대열에 합류한 결과이다. 그렇다면 노동자들은 이 기회를 어떤 식으로 활용했는가? 그들은 무엇을 했는가? 매일 아침 해가 떠오르면 언제나 그때까지 하던 일을 그대로 반복했다. 가능한 한 빨리 결혼하여 아이를 낳았다. … 지금과 같은 인구 증가율이라면, 머잖아서 이민의 효과가 사실상 사라지고 말 것이며, 그러면 황금의 기회는 멀리 달아나버릴 것이다."

결혼을 하지 않고 또 맬더스(Thomas Malthus(1766-1834): 영국의 성직자이며 학자. 정치경제와 인구학 분야에 큰 영향력을 행사했다/옮긴이)와 그의 제자들이 정한 출생률을 벗어날 정도로 아이를 갖지 않는 것이 황금의 기회라고! 이것이 황금의 도덕이라고! 하지만 '이코노미스트'에 따르면 지금까지는 인구가 감소했으며 인구 증가가 아직 이민자들의 숫자를 메우지 못했다. 그렇다면 지금의 재앙의 원인은 인구과잉이 아니다.

"노동계급이 드물게 찾아온 기회를 활용하기 위해 그 다음으로 펼쳐야 할 노력은 저축을 하여 자본가가 되는 것이다. … 그런데 그들이 자본계급으로 뛰어올랐거나 오르기 시작한 예는 거의 없다. … 그들은 기회를 팽개쳐버렸다."

자본가가 될 기회라고! 동시에 '이코노미스트'는 노동자들에게 마침내 그 전의 임금보다 10% 더 많이 벌게 되었으니 1주일에 15실링이 아닌 16실링 6페니를 챙길 수 있게 되었다고 일러준다. 그래도 신경 쓰지 마라. 어떻게 1주일에 15실링으로 자본가가 될 수 있겠는가! 깊이 연구해볼 가치가 있는 문제이다. 노동자들은 자신들의 처지를 개선시키기 위해선 소득을 높이려 노력해야 한다는 헛된 환상을 품고 있었다. '이코노미스트'는 "노동자들은 자신들에게 이로운 그 이상의 것을 끌어냈다"고 말한다. 그렇다면 노동자들이 1주일에 15실링을 받을 때에는 자본가가 될 가능성이 있었지만, 16실링 6페니를 받게 됨에 따라 이 기회가 사라졌다는 말인가! 한편, 노동자들은 자본가들이 임금인상을 받아들이게 하려면 일손을 귀하게 만들고 자본을 풍부하게 만들어야 한다. 그러나 자본이 풍부하고 노동이 귀한 것으로 확인된다 하더라도, 노동자들이 결혼을 하여 아이를 낳지 않는다면 그게 무슨 소용이 있겠는가. "노동자들은 더 사치스럽게 살았다." 그런데 똑같은 '이코노미스트'가 노동자들은 곡물법이 시행되는 상황에서 헐벗은 상태에서 반쯤 굶주리며 살았다는 이야기를 들려주고 있다. 만일 노동자들이 그때 근근이 목숨을 부지할 수 있었다면, 어떻게 그들이 옛날보다 덜 사치스럽게 살 수 있었겠는가? 국민들이 번영을 점점 더 많이 누리고 있고 사업이 건전하게 전개되고 있다는 점을 뒷받침하기 위해, '이코노미스트'는 수입 관련 통계를 거듭 발표했다. 당시에 자유무역의 무한한 축복을 뒷받침하는 증거로 발표되었던 바로 그 자료들이 지금은 노동계급의 무분별한 낭비의 증거로 제시되고 있다. 그러나 우리는 인구와 소비가 감소하는 가운데 어떻게 수입이 계속 증가할 수 있는지, 또 수입이 감소하는 상황에서 어떻게 수출이 지속적으로 늘어날 수 있는지, 그리고 수입과 수출이 축소되는 상황에서 산업과 상업이 어떻게 확장될 수 있는지 그 배경을 이해하지 못해 당혹스럽다.

"황금의 기회를 이용하는 세 번째 방법은 노동자 자신과 자녀들이 최선의 교육을 받는 것이어야 한다. 그래야 노동자들이 환경을 개선시킬 준비를 갖추게 되고 또 환경을 최대한 활용할 수 있을 것이다. 그런데 불행하게도 학교 출석률이나 등록금을 내는 실적이 지금처럼 나빴던 적이 거의 없었다는 점을 언급하지 않을 수 없다."

이 보도에 믿기 어려운 구석은 없는가? 활기찬 교역은 곧 공장들이 확장되고, 기계화가 강화되고, 여자와 어린이 노동자들이 성인 노동자들을 대체하고, 근로시간이 늘어난다는 것을 의미했다. 공장에 나가는 엄마와 아이들이 늘어날수록, 학교에 출석하는 날은 그만큼 줄어들 것이다. 어쨌든 도대체 노동자인 부모와 그들의 자식들이 어떤 종류의 교육의 기회를 누린단 말인가? '이코노미스트'는 이 물음에 대해 그들이 인구 증가율을 맬더스가 주장한 속도에 맞추는 방법을 배워야 한다고 대답한다. 콥덴이 말하기를, 교육은 지저분하고 환기시설이 나쁘고 과밀한 주거지는 건강과 활력을 지키는 최선의 수단이 아니라는 사실을 사람들에게 가르쳐 준다고 했다. 마찬가지로 어떤 사람에게 자연의 법칙은 인체에 양식을 영구히 공급할 것을 요구한다는 것을 가르쳐줌으로써 그 사람을 기아로부터 구할 수도 있을 것이다. 교육이 노동계급에게 말라비틀어진 뼈다귀에서 영양소를 뽑아내고 녹말로 차를 마실 때 곁들일 과자를 만들고 가루로 수프를 끓이는 방법을 가르쳐주었을 것이라고 '데일리 뉴스'는 말한다.

노동계급이 내팽개쳤다는 지적을 받고 있는 황금의 기회를 종합한다면, 그것은 결혼하지 않고, 덜 사치스럽게 살고, 더 많은 임금을 요구하지 않고, 1주일에 15실링으로 자본가가 되고, 조악한 음식으로도 신체를 튼튼하게 유지하는 법을 배우고 또 맬더스의 위험한 원칙으로 영혼을 훼손시키는 것이 된다.

지난 금요일 어니스트 존스(Ernest Jones(1819-1869): 영국의 시인이자 소설가이며 차티스트였다. 칼 마르크스(Karl Marx)와 프리드리히 엥겔스(Friedrich Engels)와도 친분이 있었다/옮긴이)는 공장에서 쫓겨난 노동자들 앞에서 노동문제에 대해 연설을 하기 위해 프레스턴을 방문했다. 약속된 시간이 되자, 15,000명 이상의 사람들이 운동장에 운집했으며, 존스는 그 현장으로 다가가면서 열렬한 환영을 받았다. 그의 연설 중 일부를 발췌하고 싶다.

"이런 갈등이 지금까지 빚어져온 이유가 무엇입니까? 지금도 이 갈등이 빚어지고 있는 이유는 무엇입니까? 갈등이 끊임없이 되풀이되는 이유는 무엇입니까? 여러분의 생명의 원천이 자본의 손에 막혀 있기 때문입니다. 자본이 황금의 잔을 마지막 한 방울까지 다 들이키고 여러분에게는 찌꺼기만 줍니다. 공장이 폐쇄되자마자 여러분의 생명이 폐쇄되어버리는 이유는 무엇입니까? 당신이 갈 다른 공장이 전혀 없기 때문입니다. 당신의 빵을 벌 다른 수단이 없다는 말입니다. … 무엇이 자본가에게 이런 어마어마한 권력을 줍니까? 고용의 모든 수단을 자본가가 쥐고 있기 때문입니다. … 따라서 노동의 수단은 사람들의 미래가 달린 중요

한 것입니다. … 승리의 결과를 부를 수 있는 것은 모든 직종의
집단 운동, 말하자면 노동계급의 전국적 운동뿐입니다. … 여러
분의 투쟁이 직업별로나 지역별로 분산되면 여러분은 실패하고
말 것입니다. 여러분의 투쟁을 전국화 하십시오. 그러면 반드시
이기게 되어 있습니다."

　　제조업자들 쪽에서 어니스트 존스가 프레스턴을 방문하지 못
하도록 막으려는 노력이 백방으로 전개되었다. 존스 측은 그 집회
의 목적으로 어떠한 공간도 빌릴 수 없었으며, 따라서 야외집회를
소집한다는 내용의 전단도 맨체스터에서 인쇄해야 했다. 그 사이
에 이기적인 집단들이 존스가 파업에 반대할 것이라느니, 노동자
들 사이에 분열의 씨앗을 뿌릴 것이라느니 하는 헛소문을 퍼뜨렸
다. 또 그가 프레스턴을 방문하는 것이 개인적으로 안전하지 않을
것이라는 내용의 편지도 전달되었다.

〈뉴욕 데일리 트리뷴, 1853년 11월 28일〉

24

영국의 중산계급

1854년 7월 중순, 런던

장인(匠人)들은 자신의 고용주와 어떤 관계에 있는가? 모든 장인
들은 자신의 고용주들이 "10시간 노동법"에 얼마나 강하게 반대했
는지를 잘 알고 있다. 토리당원들은 최근 곡물법의 폐지에 대한 분
풀이로 노동계급이 10시간 노동법을 통과시키는 노력을 도와주었
다. 그러나 법이 통과되자, 그 법을 피하기 위해 온갖 사악하고 음
흉한 방법들이 다 동원되었다는 사실이 각 지역의 감독관들의 보
고서를 통해 드러났다. 의회에서 노동조건을 개선하려는 움직임이
있을 때마다, 중산계급을 대표하는 의원들이 공산주의를 들먹이며
반대하고 나섰다. 예를 들면 콥덴도 그런 반대를 스무 번은 했을
것이다. 작업장 안에서 노동시간을 인간의 한계 그 이상으로 늘리

는 것이 오랜 세월 동안 고용주들의 목표였다. 또한 근로계약 제도를 무원칙적으로 이용하고 노동자들을 서로 대립하게 만들어 숙련공의 임금을 비숙련공의 수준으로 떨어뜨리는 것도 그들의 목표였다. 마침내 엔지니어 조합들이 반란을 일으키게 만든 것도 이 제도였으며, 당시 마스터(master)들 사이에 통용되던 잔인한 표현들만 봐도 그들에게 인간적이고 세련된 감정을 기대하기가 얼마나 어려운 것인지를 알 수 있다. 마스터들이 상스러울 정도로 무식하다는 것은 마스터스 협회(Masters' Association)가 언론매체를 통해 자신들의 입장을 옹호하고 반란을 일으킨 엔지니어들을 상대로 글로 전투를 벌이기 위해 삼류 작가 시드니 스미스(Sidney Smith)를 고용했다는 사실로 다시 확인되었다. 그들이 고용한 이 작가의 스타일은 그가 맡은 일에는 잘 맞았다. 그리고 전투가 끝나고 문학이나 언론 같은 것이 더 이상 필요없게 되자, 마스터들은 돈만 밝히는 그를 해고했다. 중산계급은 고전 같은 고고한 것을 배운다는 목표를 잡지는 않는다. 아무리 그렇다 하더라도 교양을 위해서라도 현대과학이나 문학 정도는 알려고 해야 하지 않는가. 원장(元帳)과 사무, 장사……. 이런 것만 알면 교육은 충분하다는 인식이다. 그들의 딸들은 많은 돈을 들여 교육을 받고 나면 피상적이지만 몇 가지의 "성취"를 이루게 된다. 그러나 마음을 수양하고 머리에 지식을 쌓는 진정한 교육은 꿈도 꾸지 않는다.

현재 영국의 소설가들은 유려하고 사실적인 글을 통해서 전문적인 정치인들과 정치평론가, 도덕주의자들이 전하는 그 이상의 정치적 및 사회적 진실들을 전 세계에 전하고 있으며, 또 모든 종류의 상업 활동을 천박한 것으로 여기는, "가문이 매우 좋은" 연금생활자와 국채소유자에서부터 가게주인과 변호사 사무실의 사무원에 이르기까지 중산계급에 속하는 모든 부류의 사람들을 묘사했다. 디킨스(Charles Dickens)와 새커리(William Makepeace Thackeray), 브론테(Brontë)와 개스켈(Elizabeth Gaskell)은 중산계급을 어떻게 묘사했는가? 뻔뻔함과 허식과 횡포와 무지의 존재로 그렸다. 문명화된 세계는 그들의 판단이 옳았음을 보여주고 있다. 중산계급은 "자기보다 윗사람에게는 노예처럼 허리를 굽히고 자기보다 아랫사람에게는 전제군주처럼 구는" 계급이라는 풍자적인 표현도 있지 않은가.

중산계급의 활동 폭이 좁고 답답한 것은 어느 정도는 사회체제 때문이다. 러시아의 귀족이 자신보다 위에 있는 차르의 압제와 자신보다 아래에 있는 노예화된 공중의 불안 사이에서 불편하게 사는 것과 마찬가지로, 영국의 중산계급은 귀족과 노동계급 사이에 끼어 살고 있다. 1815년의 평화조약(나폴레옹 보나파르트(나폴레옹 1세)가 워털루 전쟁에서 패한 뒤인 1815년 11월 20일 파리에서 평화조약이 체결되었다. 프랑스와 영국, 오스트리아, 프러시아, 러시아가 서명을 했으며, 이 조약을 통해서 스위스는 영구 중립국이 되었다/옮긴이) 이후로, 중산계급은 귀족에게 반대하는 행동을 취하고 싶을 때면 언제나 노동계급에게 그들의 고통은 귀족의 특권과 독점 때문이라는 식으로 설득했다. 이 전략에 따라, 중산계급은 1832년에 개혁법을 원할 때 노동계급을 자극하여 자신들을 돕도록 했으며 자신들을 위한 개혁법이 확보된 다음에는 노동계급을 위한 개혁법은 거부했다. 그랬을 뿐만 아니라 중산계급은 1848 년에 몽둥이로 무장한 노동계급에 반대하는 입장을 취했다. 그 다음으로 중산계급이 노동계급에게 만병통치약처럼 선전한 것은 곡물법의 폐지였다. 곡물법의 폐지는 귀족으로부터 끌어낸 승리였지만, 아직 "좋은 시절"은 오지 않았다. 지난해엔 마치 미래에 이와 비슷한 정책을 실시할 가능성마저 아예 제거해버리려는 듯, 중산계급은 귀족이 부동산 상속에 대한 과세에 동의하도록 만들었다. 귀족들은 1793년에 동산의 상속에 대해서는 세금을 물리도록 했으면서도 속이 보이게도 부동산 상속에 대해서는 세금을 면제해 주었다. 귀족이 부동산 상속에 대한 세금까지 수용함에 따라, 이젠 중산계급이 노동계급에게 그들의 힘든 운명은 순전히 귀족주의 법 때문이라는 믿음을 갖도록 속일 수 있었던 마지막 기회까지 사라져버렸다. 노동계급도 이제 눈을 활짝 떴으며, 그들은 "우리의 상트페테르부르크는 프레스턴이다!"라고 외쳤다. 정말로, 지난 8개월 동안에 프레스턴에선 이상한 광경이 자주 목격되었다. 영국 각지의 노동조합과 작업장의 지원을 받는 14,000명의 남녀들이 랭커셔의 자본가들의 응원을 받는 프레스턴의 자본가들을 상대로 지배권을 놓고 사회투쟁을 벌이고 있다.

이 사회투쟁이 앞으로 어떤 모습을 띠게 될 것인지는 더 두고 봐야 한다. 지금 우리는 그 시작을 보고 있을 뿐이다. 사회투쟁이 전국적으로 퍼져나갈 것 같은데, 지금과 같은 상황은 역사에 한 번 도 없었다. 비록 일시적 패배가 노동계급을 기다리고 있다 할지라 도 위대한 사회법칙과 경제법칙들이 작용하여 결국엔 노동계급에게 승리를 안겨줄 것이라는 점을 명심해야 한다. 중산계급이 귀족계급에 맞서 부상(浮上)하게 만든 바로 그 산업물결이 지금 노동계급이 중산계급에 맞서 부상하도록 만들고 있다. 중산계급의 침해가 귀족의 명성을 훼손시킨 것과 똑같이, 이젠 중산계급이 노동계급의 침해를 받게 될 것이다. 이런 사실을 직감적으로 알고 있는 중산계급으로서는 이제 귀족에게 강력히 맞서기가 어렵게 되었다. 최근에 일어난 노동계급의 정치적 선동이 중산계급에게 공개적인 정치운동을 혐오하고 두려워하라고 가르쳤다. 중산계급의 표현을 빌리면, "훌륭한 사람은 그런 일엔 나서지 않아."라는 식이었다. 중산계급 중에서도 상류층에 속하는 사람들은 생활양식에서 귀족의 흉내를 내며 귀족과 인맥을 형성하려고 노력하고 있다. 그 결과 중산계급의 해체가 나타나지 않는 상황에서는 영국의 봉건제도가 좀처럼 사라지지 않을 것이다. 그런 승리의 영광은 노동계급을 위해 예약되어 있다. 노동계급이 정치무대에 등장하는 날이면 이제 3개의 계급이 서로 맞서게 될 것이다. 첫 번째 계급은 토지를, 두 번째 계급은 돈을, 세 번째 계급은 노동을 각각 대표한다. 그리고 두 번째 계급이 첫 번째 계급에게 승리를 거두고 있듯이, 두 번째 계급은 정치적 및 사회적 투쟁의 영역에서 자신의 후계자에게 굴복하게 될 것이다.

〈뉴욕 데일리 트리뷴, 1854년 8월 1일〉

25

공장 노동자들의 처지

1856년 10월 31일까지 6개월 동안 발표된 공장 감독관의 보고서들은 영국 사회의 해부에 아주 중요하다. 그러나 이 보고서들의 내용으로는 공장 소유자들이 이번 총선 동안에 취한 반동적인 태도를 설명하지는 못할 것이다.

1856년 회기 동안에 또 하나의 공장법이 의회를 통과했다. 이 법을 통해 "과격한" 공장 소유자들은 첫째, 공장의 장비와 기계를 보호하는 법의 내용을 바꾸었고 둘째, 공장 주인과 근로자들 사이의 분쟁에 중재의 원칙이라는 것을 도입했다. 첫 번째 법은 공장 노동자들의 육체와 생명을 보호하기 위한 것이고, 그 다음의 법은 그 보호를 형평법 법원의 관리 하에 둔다는 내용이다. 형평법 법원이 노동자들을 보호하도록 한 법률은 실은 공장 노동자들이 법의 보호를 받지 못하도록 속이는 것이고, 노동자들의 사지를 보호한다는 법은 노동자를 속여 사지를 떼어내는 것이다. 감독관들의 합동보고서에 들어 있는 내용을 보자.

> 새로운 법령에 따라, 일상적인 작업을 위해 장비 가까이 가야 하는 노동자들은 그 법의 보호를 받는다. 이들은 자신이 노출되는 위험이 어떤 것인지를 잘 알고 있고 또한 주의를 기울이는 사람들이다. 그러나 특별 지시를 받아 자신의 일상적인 일을 중단하고 본인도 잘 모르는 위험한 일을 하는 노동자들에게는 그런 보호가 보장되지 않는다. 사실은 이런 노동자들이 위험을 잘 모르는 까닭에 스스로를 잘 보호하지 못할 것이고 따라서 법의 보호를 특별히 받을 필요가 있을 것 같은데도 말이다.

중재 조항은 육체적 손상을 입힌 바로 "그 기계를 제작하는 기술을 갖춘" 사람들 중에서 중재인들을 선택하도록 정하고 있다. 한마디로 요약하면, 엔지니어와 기계 제작자들이 중재를 독점하게 된다는 뜻이다. 감독관들은 "엔지니어들과 기계 제작자들이 중재인으로서 상대하게 될 공장 소유자들이 바로 그들의 고객이기 때문에 그들에겐 공장 중재인의 자격이 없는 것으로 여겨져야 한다."고 말한다.

그러한 조항들 아래에서 기계로 인한 사고의 발생이, 말하자면 사망과 사지 절단, 골절, 타박상 등이 1856년 5월 1일부터 10월 31

일까지 6개월 동안에 무려 1,919건이나 발생했다는 것이 조금도 이상하지 않을 것이다. 기계류로 인한 사망 사건만 반년 동안에 20건이나 되었다. 이는 영국 해군이 중국과의 제1차 아편전쟁에서 잃은 목숨보다 10배가량 많은 수치이다. 공장 주인들은 자신의 노동자들의 생명과 사지를 보호하려고 노력하기는커녕 노동자들이 작업 중 잃은 팔과 다리에 대한 보상을 회피하고 영혼이 깃든 자신들의 기계의 마모에 따른 비용을 자신들의 어깨에서 내려놓으려고 애를 쓰고 있기 때문에, 공식 보고서가 "공장법을 위반하는 초과근무가 증가하고 있다"고 전해도 놀라운 일이 결코 아니다.

이 법에서 말하는 초과근무는 어린 노동자들을 법이 정한 일일 근로시간보다 더 오래 일을 시키는 것을 의미한다. 초과근무는 다양한 방법으로 이뤄진다. 아침 6시 이전에 작업을 시작하고, 오후 6시 정각에 일을 끝내지 않고, 또 법이 노동자들의 식사를 위해 정해놓은 시간을 줄임으로써 초과근무를 시키는 것이다. 하루를 통틀어서 보면 일이 시작되는 시간이 세 차례 있다. 증기기관이 작동을 시작하고, 오전에 작업을 시작하고, 아침과 저녁 식사 후에 다시 작업을 시작하는 것이다. 또 작업이 끝나는 시간도 세 차례 있다. 식사 시간이 시작될 때와 밤에 작업이 종료될 때이다. 그렇기 때문에 5분을 훔칠 수 있는 기회가 6차례나 있다. 하루로 치면 반시간이 되는 것이다. 하루에 5분씩만 일을 더 하게 해도, 1년으로 치면 2.5일이나 된다. 하지만 부당한 초과근무는 그보다 훨씬 더 많다. 랭커셔의 공장 감독관인 레너드 호너의 보고서에 담긴 내용 일부를 인용한다.

그런 불법적인 초과근무로 얻는 이익은 제조업자들이 뿌리치기 어려울 만치 강한 유혹인 것 같다. 제조업자들은 발각되지 않을 확률이 크다고 생각한다. 초과근무를 시켰을 경우에 받게 되는 벌금과 비용 등을 고려하면, 그들은 설령 발각된다 하더라도 일단 초과근무를 시키는 것이 상당한 이득이 된다는 사실을 깨닫고 있다.

공장법이 정해놓은 벌금이 아주 하찮은 수준임에도 불구하고, 공장 소유자들은 공장법을 자신에게 최대한 유리한 쪽으로 바꾸려고 갖은 노력을 다 기울였다. 그러다 보니 규모가 큰 공장들은 공장법의 단속을 피할 수 있게 되었다. 오죽 했으면 감독관들이 "극복 불가능한 어려움들이 불법 근무를 효과적으로 단속하지 못하도록 막고 있다."고 한목소리로 불만을 터뜨리고 있을까? 감독관들은 또한 재산이 많은 사람들이 기만 행위를 자행하고 있고 단속을 피하기 위해 야비한 수단을 동원하고 있으며 공장노예를 보호할 책임을 진 감독관들과 부감독관들을 따돌리고 있다는 사실도 똑같이 지적하고 있다. 감독관들과 부감독관들은 초과근무를 고발하려면 직원들이 법이 정한 근무시간보다 더 길게 일을 했다는 사실을 밝혀내야 한다. 예를 들어 감독관들이 오후 6시 이후에 공장에 들이닥친다고 가정해보자. 공장의 기계들은 즉각 멈출 것이다. 그때 노동자들이 거기 있었다면 기계 앞에서 일을 하는 것 외에는 다른 목적이 있을 수 없을 텐데도, 그 법의 용어 때문에 고발을 뒷받침하기가 어렵다. 감독관들이 나타나는 즉시, 노동자들은 서둘러 공장에서 빠져나갈 것이다. 이때를 대비해 공장에는 문이 필요 이상으로 많다. 어떤 경우에는 감독관들이 들어오는 즉시 가스등을 꺼버리기도 한다. 그러면 감독관들은 기계들이 복잡하게 설치된 공장 한 가운데서 어둠에 갇혀 낭패를 당한다. 초과근무로 악명이 높은 곳에서는 감독관들이 접근해 오는 즉시 그 사실을 알리는 체계가 확고히 잡혀 있다. 철도역과 여관의 종업원들이 이 목적에 매수되기도 한다.

자기 나라의 젊은 노동자들의 피를 빨아 살을 찌우는 흡혈귀 같은 인간들은 아편 밀수업자들과 다를 게 뭐가 있는가?

공장 감독관들의 보고들을 보면 많은 것이 확인되고 있다. 한 예를 보자. 영국 공장 시스템의 성장과 함께 그 오명 또한 더욱 높아지고 있다. 공장 소유자들의 무분별한 탐욕을 견제하려고 실시된 법들이 그 용어들 때문에 법의 집행을 책임진 사람들을 무장해제 시켜 당초의 목적을 달성하기 어렵게 만들고 있다. 공장 소유자들과 직원들 사이의 불신이 사회적 전쟁을 향해 급속도로 다가가고 있다. 공장 시스템에 합류한 13세 미만 어린이들의 숫자가 일부 분야에서 증가하고 있고 여자들의 숫자는 모든 분야에서 늘어나고 있다. 그 전에는 직원들의 수가 기계의 마력(馬力)에 비례하였지만 지금은 기계에 비하여 직원들의 수가 훨씬 적다. 기계와 다른 장치들의 작동 속도가 빨라짐에 따라 많은 양의 노동이 필요 없게 되었다. 따라서 공장 소유자들이 주머니를 신속히 채우고 있다.

감독관들의 보고서들에 담긴 중요한 통계적 사실들은 공장 시스템에 많은 주의를 기울일 것을 요구하고 있다. 이런 사실들을 알고 나면 많은 것들이 한꺼번에 이해될 것이다. 랭커셔의 산업노예 소유자들은 지금 국내문제에 쏠릴 관심을 흩트려 놓을 해외정책을 간절히 필요로 하고 있는 실정이다.

〈뉴욕 데일리 트리뷴, 1857년 4월 22일〉

26

영국의 정신장애인 증가

1858년 8월 20일, 런던

아마도 영국 사회에서 부(富)와 빈민의 동반 증가만큼 더 분명한 사실도 없을 것이다. 그런데 정말 이상하게도 이와 똑같은 법칙이 정신장애인의 증가에도 그대로 통하는 것 같다. 영국에서는 정신 장애인의 숫자가 수출 증가 속도와 비슷하게 늘어나고 있으며 인구 증가를 앞지르고 있다. 전례 없는 상업적 번영을 누린 1852년부터 1857년 사이에, 잉글랜드와 웨일스에서 정신장애인의 숫자가 급속도로 늘었다는 사실은 1852년과 1854년, 1857년도의 걸인과 정신장애인과 백치를 서로 비교한 다음 도표에서 명백히 드러난다.

일자	인구	카운티나 버로우의 정신병원에 수용된 환자들	허가 받은 수용시설에 수용된 환자들	구빈원에 수용된 환자들	친구의 집이나 다른 곳에서 지내는 환자들	정신장애인과 백치의 총계	인구 대비 비율
1852년 1월 1일	17,927,60	9,412	2,584	5,055	4,107	21,158	847명당 1명꼴
1854년 1월 1일	18,649,849	11,956	1,878	5,713	4,940	24,487	762명당 1명꼴
1857년 1월 1일	19,408,464	13,488	1,908	6,800	5,497	27,693	701명당 1명꼴

1856년 12월 31일을 기준으로 볼 때, 다음에 제시되는 공식 자료에 따르면 만성적이고 치료 불가능한 환자와 급성이고 치료 가능한 환자의 비율은 5대 1 정도이다.

	각종 수용시설에서 생활하는 환자들	치료 가능한 것으로 판단되는 환자
카운티와 버로우 수용소	14,393	2,070
병원	1,742	340
대도시의 허가 받은 시설	2,578	390
지방의 허가 받은 시설	2,598	527
총계	21,311	3,327
치료 가능한 것으로 판단되는 환자	3,327	
치료 불가능한 것으로 판단되는 환자	17,984	

잉글랜드와 웨일스에는 정신장애인과 백치들을 수용하는 시설이 다양하게 있다. 국가가 운영하는 수용시설은 37곳인데 이중 33곳은 카운티(county: 1개 또는 그 이상의 자치정부를 포함하는 행정단위이다. 행정, 사법, 정치 기능을 다 수행한다/옮긴이)에 있고 4곳은 버로우(borough: 대체로 지방자치 정부를 자체적으로 갖는 도시 하나를 일컫는다/옮긴이)에 있다. 면허를 받은 민간 시설은 116곳이며, 이중 37곳은 대도시에 있고 79곳은 지방에 있다. 마지막으로 구빈원이 있다. 공공 수용시설 혹은 정신장애인 수용시설은 법적으로 가난한 정신장애인만 받게 되어 있으며 단순히 정신장애인을 안전하게 수용하는 곳이 아니라 의료적 치료를 하는 병원으로도 이용되게 되어 있다. 적어도 카운티에는 규제가 잘 되는 시설이 있는 것으로 보면 된다. 건물 자체가 너무 커서 감독이 제대로 이뤄지기 어렵고, 과밀하고, 증상이 다양한 환자들을 적절히 분리하기가 어렵고, 또 가난한 정신장애인의 반 이상을 제대로 수용하지 못하고 있는 실정이지만. 어쨌든 전국에 분포되어 있는 공공 수용시설 37곳의 공간은 15,690명 이상이 주거하기에 충분하다. 정신장애인의 증가가 고비용의 이런 수용시설에 가하고 있는 압박은 한 예에서 잘 드러나고 있다. 1831년에 미들섹스 주의 한 웰에 500명을 수용할 수 있는 공공시설이 지어졌다. 당시에만 해도 그 카운티의 수요는 언제든 충족시킬 수 있는 규모로 여겨졌다. 그러나 2년 만에 이 시설은 정신장애인들로 다 채워졌다. 2년이 더 지나자 300명 이상을 더 수용하도록 시설을 확장해야 했다. 현재(콜니 해치(Colney Hatch) 정신장애인 수용소가 한웰 카운티의 정신장애인 1,200명을 수용할 수 있는 규모로 확장되고 있다) 한웰은 1,000명 이상을 수용하고 있다. 콜니 해치는 1851년에 문을 열었다. 그러고 나서 5년도 채 되지 않아 납세자들에게 시설 확장을 호소하고 나서야 했다. 최근의 자료에 따르면 1856년 말 현재 한웰 카운티의 빈민 정신장애인 중에서 1,100명 이상이 어떠한 시설에도 수용되지 못하고 있는 것으로 나타났다. 기존의 시설이 너무 커서 관리가 제대로 되지 않고 있지만, 그 수가 너무 적어서 정신장애의 급속한 확산을 따라잡지 못하고 있는 것이다. 무엇보다도 수용시설들은 두 부류로 나뉘어야 할 것이다. 치료 불가능한 사람을 위한 수용시설이 있어야 하고, 치료 가능한 사람을 위한 병원이 있어야 한다. 두 부류의 환자들을 뒤죽박죽 같은 공간에 수용함에 따라, 모든 환자들이 치료나 보살핌을 적절히 받지 못하고 있다.

대체로 보면 면허를 취득한 민간 시설들은 경제적 사정이 나은 정신장애인을 위한 곳이다. 자칭 "안온한 휴식처"라는 이 시설들과 관련하여 최근에 공중의 분노가 폭발했다. 와이크 하우스(Wyke House)로 불워(Bulwer)라는 부인이 납치된 사건에 이어 에이콤 하우스(Acomb House)에서 터너(Turner)라는 부인에게 극악무도한 폭행이 가해졌다는 사실이 폭로되었기 때문이다. 영국의 정신장애인을 둘러싸고 이뤄지는 거래의 비밀들을 캐낼 의회 조사를 앞두고 있는 상황이어서 이 문제에 대해서는 다음에 논할 생각이다. 지금은 2,000명의 가난한 정신장애인의 치료에만 관심을 기울이도록 하자. 이 정신장애인들은 빈민구제위원회(Boards of Guardians)와 다른 지방 당국들이 민간시설의 관리자들에게 맡긴 사람들이다. 이들 민간 계약업자들에게 할당된 예산은 환자 일인당 1주일에 5실링에서부터 12실링까지 다양하다. 이 금액은 시설 유지와 치료와 의복 등에 쓰이는 예산이다. 그러나 평균 금액은 5실링에서 8실링 4페니로 추산된다. 당연히 계약업자들의 궁리는 단 한 가지로 모아진다. 이 작은 예산에서 가장 많은 이익을 끌어내는 것이다. 따라서 가장 낮은 비용으로 환자들을 보호하는 것이 계약업자들의 유일한 관심사인 것이다. '정신장애인을 위한 행정관들'(Commissioners of Lunacy)은 최근의 보고에서 이 민간 수용시설의 규모는 크고 충분할지라도 실제로 제공되는 서비스는 위선 그 자체이고 모욕 그 자체라고 주장한다.

'정신장애인을 위한 행정관들'의 조언에 따라 면허를 취소하거나 갱신을 중단할 권한이 대법관에게 주어진 것은 사실이다. 그러나 이웃에 공공 수용시설이 전혀 없거나 기존 시설이 이미 과밀한 지역의 경우에는 행정관들에게 면허의 갱신을 막거나 가난한 정신장애인을 구빈원으로 보내는 외에 딱히 다른 대안은 전혀 없다. 그럼에도 이 행정관들은 면허를 받은 민간 수용시설의 해악이 크긴 하지만 그래도 가난한 사람들을 구빈원의 보살핌도 받지 못한 가운데 그냥 내버려두는 데 따를 위험과 해악만큼 크지는 않다고 덧붙인다. 구빈원에는 현재 7,000명 정도의 정신장애인이 수용되어 있다. 당초 구빈원의 정신장애인 수용실은 일반적인 보살핌만 필요하여 다른 사람들과 적절히 어울릴 수 있는 가난한 정신장애인들을 수용하는 것으로 엄격히 제한되었다. 그러던 것이, 정신장애를 잃는 극빈자가 제대로 관리되는 수용시설에 들어가기가 무척 어렵다거나 예산을 절약해야 한다는 등의 이유를 내세워, 교구위원회들은 구빈원을 정신장애인 수용시설로 점점 바꿔나가고 있다. 그러는 과정에 수용된 환자들을 보호하는 중요한 수단인 보살핌과 치료와 감독이 턱없이 허술하게 되었다. 대규모 구빈원 중 많은 곳의 정신장애인 병동들은 40명에서 120명까지 수용하고 있다. 이 병동들은 우중충하고 소일거리나 운동이나 오락거리가 전혀 제공되지 않고 있다. 시중을 드는 사람들은 대부분의 경우 그런 일에는 절대로 어울리지 않는 가난한 입소자들이다. 정신질환을 앓는 불행한 사람에게 다른 어떤 것보다도 더 중요한 식단은 건강하고 튼튼한 다른 입소자들의 것보다 나은 경우가 거의 없다. 따라서 구빈원의 수용이 당초 목표와는 달리 오히려 정신장애를 더욱 악화시키고 조기에 치료했으면 나았을 질환을 만성질환으로 만드는 결과를 낳고 있다. 빈민구제위원회를 지배하는 원칙은 오직 경제이다.

법에 따르면, 정신장애인 극빈자는 먼저 지역 교구 의사의 진찰을 받아야 한다. 이 의사는 빈민 구제관에게 의무적으로 진찰 결과를 통보해야 하며, 빈민 구제관은 치안판사에게 그 내용을 전달한다. 이 치안판사의 명령에 따라 정신장애인 극빈자는 수용시설로 보내지게 된다. 그러나 실제로는 이 조항이 무시된다. 정신장애인 극빈자는 서둘러 구빈원으로 보내진다. 만일 관리가 가능한 상태라면 그 극빈자는 그곳에 영원히 억류된다. '정신장애인을 위한 행정관들'이 구빈원을 방문하여 치료 가능한 것으로 판단되는 모든 입소자들을 수용시설로 보내라고 권고하기도 하지만, 대체로 보면 이들의 의견이 구빈구(救貧區) 연합의 의료관의 보고에 밀린다. 구빈원의 실태가 어떤지는 '루너시 리포트'(Lunacy Report) 최신호에서 "구빈원의 전반적인 특징을 충실히 보여주는" 것으로 묘사된 다음 예들에 잘 드러나고 있다.

노윅의 '인퍼머리 어사일럼'(Infirmary Asylum)의 경우 심지어 아프거나 허약한 환자들의 침대까지도 밀짚으로 만든 것이었다. 13개의 작은 방들의 바닥은 돌이었다. 수세식 화장실도 없었다. 남자들이 수용된 곳에는 야간 당번도 제대로 없었다. 담요와 타월, 속옷, 조끼, 세숫대야, 의자, 접시, 스푼, 식당 시설이 태부족이었다. 환기시설도 형편없었다.

"겉으로 드러난 모습을 볼 때 거기에는 개선되었다고 믿게 만들 구석이 하나도 없었다. 예를 들어, 불결한 환자들이 사용하는 상당수의 지저분한 침대들을 아침이면 다른 곳으로 치우는 관행이 여전하다. 그 대신에 모양새가 나은 깨끗한 침대를 내놓고, 침대틀에 침대시트와 담요를 얹어놓는다. 순전히 전시용이다. 그러다 밤만 되면 형편없는 침대로 바꾸는 것이다."

또 다른 예로 블랙번이라는 구빈원을 보자.

"1층에 있는 휴게실은 남자들의 차지이며 좁고 음침하고 지저분하다. 11명의 환자가 수용된 방은 육중한 의자들이 많은 공간을 차지하고 있으며, 환자들은 그 의자에 가죽 끈으로 매여 있거나 난롯가에 설치하는 것과 비슷한 모양의 울타리에 갇혀 지낸다.

여자들이 있는 위층의 방에도 사람들이 많이 수용되어 있다. 침실로 쓰이는 한 공간에는 칸막이로 가려진 화장실이 한 곳 있다. 침대들은 다닥다닥 붙어 있다. 침대 사이엔 틈이 거의 없다. 16명의 남자 환자들을 수용한 침실은 닫혀 있었고 불쾌했다. 방은 길이가 29피트, 넓이가 17피트 10인치, 높이가 7피트 5인치이며 각각의 환자에게 주어진 공간은 2.39 평방피트이다. 침대들은 모두 짚으로 만들었으며, 병들거나 침대에 누워 있는 환자들에게도 특별한 것이 전혀 제공되지 않았다. 녹슨 침대 틀 때문에 한층 더 지저분해 보였다. 침대를 정리하는 일은 주로 환자의 몫인 것 같다. 많은 수의 환자들은 습관적으로 지저분한데 이는 주로 적절한 보살핌과 관심의 부족 때문이다. 방에 필요한 도구도 거의 갖춰져 있지 않고, 목욕통은 남자 환자들이 쓰는 커다란 공동침실 한가운데에 놓여 있다고 한다. 환자들이 산책하는, 자갈 깔린 마당은 남녀에게 각각 2시간씩 개방되며 높은 담으로 둘러싸여 있고 의자는 없다. 가장 넓은 마당은 길이 74피트에 넓이 30피트였으며, 가장 좁은 마당은 가로 세로가 32피트 17인치와 17피트 6인치이다. 마당에 있는 한 독방은 흥분한 환자들을 격리시키는 데 이따금 이용된다. 이 독방은 완전히 돌로 지었으며, 빛이 들어오도록 자그마한 창이 하나 나 있다. 환자들의 탈주를 막기 위해 쇠창살이 설치되어 있으나 셔터나 여닫이문은 달려 있지 않다. 바닥에 커다란 밀짚 침대가 놓여 있고, 육중한 의자가 한 구석에 놓여 있다. 독방에 대한 감독권은 시중을 드는 사람과 간호사에게 있다. 책임자가 그들을 간섭하고 나서는 예는 거의 없으며 구빈원의 다른 곳과 마찬가지로 독방도 새밀히 조사하지 않는다."

런던에 있는 세인트 팬크래스(St. Pancras) 구빈원에 대한 행정관들의 보고는 여기에 인용할 수 없을 만큼 그 내용이 지극히 혐오스럽다. 아수라장이나 다름없다. 대체로 말해, 구빈원의 정신장애인 병동과 비교하면 영국의 마구간은 규방이라 해도 과언이 아니다. 네발 동물들이 받는 대접이 가난한 정신장애인들이 받는 대접에 비해 못하다는 생각이 조금도 들지 않을 것이다.

〈뉴욕 데일리 트리뷴, 1858년 8월 20일〉

27

프랑스의 빵값 규제 정책

프랑스 황제는 이제 막 자신이 중점을 두고 있는 정책, 즉 제국 내의 빵값에 대한 규제를 실시했다. 이 아이디어를 그는 이미 1854년에 러시아를 상대로 전쟁을 선언하는 의회 연설에서 확실히 선언한 바 있다. 당시 그의 연설 내용을 돌아보는 것도 의미가 있을 듯하다.

> 무엇보다도 나는 파리 시가 채택한 제도에 관심을 기울여 달라고 여러분들에게 권한다. 왜냐하면 만일 이 제도가 내가 구상하고 있는 대로 프랑스 전역으로 확장된다면 미래에는 곡물가격의 급격한 변동을 막을 수 있을 것이기 때문이다. 말하자면 풍년

에 농민들이 낮은 밀 가격 때문에 고통을 겪고 흉년에 빈민계층이 높은 밀 가격 때문에 힘들어하는 일이 없어질 것이다. 이 제도의 핵심은 인구가 많은 곳에 '제빵업자의 은행'(Caisse de la Boulangerie)이라 불리는 신용기관을 설립하는 것이다. 이 신용기관은 흉년이 들 때에는 공식적인 시장 가격보다 "훨씬" 낮은 가격으로 빵을 제공할 것이다. 단 조건이 붙는다. 풍년이 들 때에는 시장 가격보다 약간 높게 받는다는 것이다. 풍년이 드는 해가 대체로 보면 흉년이 드는 해보다 많기 때문에 풍년과 흉년에 따를 차이에 대한 보상이 쉽게 이뤄지리라는 것은 이해가 간다. 게다가 빵값의 인상에서 이익을 챙기는 것이 아니라 다른 모든 사람들과 마찬가지로 빵값이 쌀 때 이익을 챙기게 되는 신용기관을 확보하기는 쉬울 것이다. 왜냐하면 지금까지 존재했던 기관들과는 달리, 이 신용기관들은 풍년이 든 해에 돈을 벌고 흉년이 든 해에 돈을 잃을 것이기 때문이다.

여기 제시된 원칙은 빵을 흉년이 들 때에는 시장가격보다 "훨씬" 낮은 가격에 팔고 풍년이 들 때에는 "약간" 더 높은 가격으로 팔아야 한다는 것이다. 풍년이 흉년보다 더 많을 것이라는 희망에 따른 결과가 그 보상이 될 것이다. 황제의 칙령으로 1853년 12월 파리에 '제빵업자의 은행'이 설립되었다. 그때 4파운드짜리 빵의 최고 가격은 40상팀으로 정해졌다. 제빵업자들은 손실에 대한 보상을 이 은행에 청구할 자격이 있었으며, 은행은 자치정부가 보증하는 증권을 발행하여 기금을 마련했다. 이때 자치정부는 새로운 부채를 얻고 파리의 관문을 통과하는 소비재에 대한 소비세를 올려서 기금을 보증했다. 그 외에 정부의 국고에서도 일정 금액이 나왔다. 이를 위해 파리의 자치정부가 계약한 부채와 정부의 지원금이 1854년 말에 이미 8,000만 프랑에 달했다. 사정이 이렇게 되자 정부가 발을 빼지 않을 수 없게 되었다. 빵값의 최고액도 45상팀으로, 또 다시 50상팀으로 올렸다. 따라서 파리 시민들은 빵값에서 아낀 돈을 인상된 간접세로 내놓아야 했으며, 프랑스의 나머지 사람들은 파리 자치정부에 지출되는 정부의 직접 보조금의 형식으로 파리를 위한 구빈세를 내야 했다. 그러나 그 실험은 완전한 실패로 드러났다. 파리의 빵값이 흉년이었던 1855년부터 1856년 사이에 공식적인 상한선보다 더 올랐고 풍년이었던 1857년과 1858년에는 상한선 밑으로 떨어졌다.

비교적 작은 규모로 실시한 이 실험의 실패에도 기세가 조금도 꺾이지 않은 듯, 나폴레옹 3세는 이제 칙령을 통해 제국 전역에 걸쳐서 제빵업자의 사업과 곡물 거래를 조직화하는 작업에 착수했다. 몇 주일 전에, 파리에서 발간되는 나폴레옹 3세의 신문 중 하나는 어느 정도 규모가 되는 도시에는 "곡물의 비축"이 필요하다는 점을 공중에 설득시키려 들었다. 그 신문의 주장은 최악의 흉년이 드는 경우에 부족한 곡물의 양이 전체 인구가 28일 동안 소비할 양이며, 연이어 흉년이 드는 햇수는 평균 3년이라는 것이었다. 이런 전제를 바탕으로 하면, "프랑스의 전 국민이 3개월 동안 소비할 양의 비축"이 필요하다는 계산이 나온다. 만일 주민이 1만 명을 넘는 도시로만 확대한다면, 프랑스 내의 그만한 도시들(파리는 제외)의 총인구는 3,776,000명이 된다. 시민 한 사람이 3개월 동안 소비하는 밀의 양은 45kg이며, 그만한 양을 비축하려면 3,100만 프랑 내지 3,200만 프랑이 들 것이다. 이어 11월 18일엔 '모니퇴르'가 다음과 같은 내용의 포고문을 실었다.

> 제1조. 빵의 거래가 포고와 조례의 규제를 받는 모든 도시에서 제빵업자들이 비축해야 하는 양은 3개월 동안 매일 빵을 공급할 수 있는 곡물 또는 가루의 양으로 정해진다.
> 제2조. 이날로부터 1개월 이내에 각 현(縣)의 지사들은 자치정부들과 상의한 뒤에 비축을 곡물로 할 것인지 가루로 할 것인지를 결정하고, 비축분을 확보할 기간을 정하고 또한 그 중 어느 정도를 공공창고에 보관할 것인지를 결정해야 한다.

이 칙령 말미에 "빵 거래가 규제를 받게 되어" 일정한 양의 빵 재료를 비축해야 하는 도시들의 명단이 실려 있다. 이 목록은 이미 비축이 이뤄진 파리와 리용을 제외하고 프랑스에서 어느 정도 중요성을 지니는 도시들 모두를 망라하고 있다. 총 161개에 달한다. 지난번 인구조사에 따르면, 이들 161개 도시의 인구는 약 800만 명이다. 그렇다면 비축해야 할 양은 5억5,000만 리터라는 계산이 나온다. 돈으로는 7,000만 프랑 내지 8,000만 프랑이 든다. 각 현의 지사들에게 칙령을 전하면서, 농상부 장관은 "제빵업자들에게 이 칙령이 정한 의무를 다급하게 지키라고 강요할 것이 아니라 시간적 여유를 충분히 줘야 한다"고 지시했다. 그러면서 비축을 곡물로 할 것인지 가루로 할 것인지를 결정하는 문제는 현지의 사정에 따라 지사들이 알아서 판단하도록 했다. 그러면서 농상부 장관은 현재의 조치가 지금으로도 매우 방대하지만 앞으로 더 확대될 수 있다고 덧붙였다.

> 정부는 내가 설명한 조치의 중요성을 과장하지 않는다. 정부는 칙령의 적용을 받는 주민들이 전체 인구 중 일부라는 점을 잘 알고 있으며 따라서 조치의 확대를 놓고 묘안을 짜내고 있다. 작은 마을과 촌락의 주민들은 빵을 직접 구워 먹으며 자신들의 농작물 중에서 가족이 1년 동안 먹을 양식을 챙긴다. 그런 주민들에게 정부가 간섭하는 것은 무의미하고 또 가능하지도 않을 것이다. 그러나 현에서도 어느 정도 큰 마을에서는 제빵업자가 소비되는 빵의 생산에 중요한 역할을 한다. 그럼에도 그들은 어떠한 규제도 받지 않고 있으며 비축의 의무도 지지 않는다. 그러한 곳의 제빵업자들도 똑같은 제도 하에서 비축의 의무를 지도록 할 수 있지 않을까? 정부는 그런 곳의 제빵업자들에게도 그런 의무를 지도록 해도 심각한 반대에 봉착하지 않을 것으로 본다.

그러나 앞에 설명한 칙령을 작은 마을을 제외한 프랑스의 나머지 지역으로 확대하기 전에, 농상부 장관은 현의 지사들에게 칙령의 대상이 되지 않은 곳의 자치정부들과 먼저 상의를 하라고 지시한다. 그런 다음에 비축량을 저장하는 방법에 대해 지사들에게 언급한다.

제빵업자들은 가게의 부속건물을 최대한 활용해야 한다. 그래야만 비축 물량에 대한 감시가 쉬울 것이다. 그러나 지사 여러분들은 자치정부들에게 제빵업자들이 자체적으로 보관하지 못하는 곡물을 사용료를 내고 마음대로 보관할 수 있도록 공공창고를 건설하라고 권해야 한다. 나는 자치정부들이 현명하게 협력하면 이 문제가 쉽게 해결될 것이라고 믿는다.

이제 농상부장관은 중요한 문제에 대해 언급한다. 칙령을 실행하는 데 필요한 돈을 확보하는 방법에 대해 이야기하고 있다.

필요한 자본을 마련하는 문제에 대해 말하자면, 나는 제빵업자들이 필요한 돈을 확보하기 위해 정말 열심히 노력해야 한다고 믿는다. 자본을 그런 일에 투입하는 것이 상업적으로 매우 큰 이익을 안겨주고 또 합법적인 수입을 약속하기 때문에 제빵업자들이 크게 힘을 들이지 않고도 돈을 빌릴 수 있을 것이다. 특히 지금 금리가 아주 낮기 때문에 자본을 마련하는 일은 어렵지 않을 것이다. 각 지방의 자본가들에게 제빵업자를 돕는 쪽으로 협력해 달라고 부탁하는 것이 그들의 선의에 지나치게 기대는 처사인가? 자본가들은 비축량을 자신들의 대출금에 대한 담보로, 가치가 떨어지기보다 가치가 올라갈 확률이 더 높은 그런 담보로 여기면 되지 않는가? 여러분들이 이 문제에 쏟는 노력이 성공을 거두기를 진정으로 바란다. 그런 대출을 촉진하기 위해, 비축 곡물을 받아들일 곡물창고들은 보세창고의 성격을 띨 것이며 또한 요구가 있으면 보증서를 발급할 것이다. 그러면 우리의 금융기관, 특히 프랑스 은행은 그 보증서를 확실히 받아들일 것이다.

농상부 장관은 지사들에게 그 칙령의 두 번째 조항의 집행과 관련하여 제안할 사항들을 20일 안에 통보해 주고 칙령의 적용을 받지 않는 마을의 자치정부들이 제안하는 사항들을 1개월 안에 알려달라고 지시하는 것으로 공문을 마무리 짓는다.

이 시점에 공공 곡물창고 문제를 거론하고 싶지는 않다. 그러나 이 경제적 쿠데타의 엄청난 중요성은 긴 분석을 필요로 하지도 않는다. 프랑스의 현재 곡물가격은 재앙이라 할 만큼 낮고, 따라서 농민들 사이에 불만의 조짐이 나타나고 있다는 사실은 잘 알려져 있다. 3개월 소비량만큼의 비축을 통해 인공적으로 수요를 창출함으로써, 나폴레옹 3세는 가격을 인위적으로 끌어올려 프랑스 농촌 지역의 불만을 달래려고 노력하고 있다. 다른 한편으로는 그는 도시의 프롤레타리아들에게 사회주의자 같은 모습을 보여주고 있다. 그의 칙령의 첫 번째 결과가 빵값에 대해 과거보다 더 많은 돈을 지급해야 하는 것이기 때문에 많이 어색하긴 하지만 말이다. 이 "재산의 구원자"(나폴레옹 3세)는 중산계급에게 자신의 '위조품'인 입법부의 형식적 개입 없이 자신의 칙령만으로도 그들의 돈을 마음대로 쓰고, 거래 과정을 어렵게 만들고, 돈거래를 좌지우지할 수 있으며, 자치정부의 재산까지 처분할 수 있다는 사실을 보여 주었다. 마지막으로, 이 문제를 순전히 보나파르트 본인의 관점에서만 볼 필요도 있다. 프랑스 전역에 걸쳐서 공공 곡물창고들을 위한 건물들이 많이 필요하게 될 것이다. 이 새로운 분야가 일자리도 창출하고 약탈의 대상도 될 것이다. 빵 재료의 거래에도 뜻하지 않은 전환이 일어날 것이다. 크레디 모빌리에와 도박을 즐기는 황제의 다른 동료들이 챙길 이익이 얼마이겠는가! 여하튼 사회주의자 황제는 빵값을 떨어뜨리는 노력보다 빵값을 올리는 일에 더 탁월하다는 사실을 입증해보일 것이다.

〈뉴욕 데일리 트리뷴, 1858년 12월 15일〉

28

러시아 농노해방 문제(Ⅰ)

러시아에서 농노(農奴) 문제가 지금 심각한 전환점을 맞은 듯
하다. 이 전환점의 진정한 의미를 이해하려면 알렉산드르 2세
(Alexander Ⅱ(1818-1881): 로마노프 왕조의 12번째 군주로 본명
은 알렉산드르 니콜라예비치 로마노프이다/옮긴이)가 취할 수밖
에 없었던 한 특별한 조치부터 알아야 한다. 농노제의 폐지를 논의
하자며 일종의 귀족 대표를 상트페테르부르크로 소환한 조치 말
이다. '농민 문제 최고위원회'(Chief Peasant Question Committee:
소작농의 삶을 향상시킬 조치들을 논의하기 위해 1857년에 결성
한 위원회이다/옮긴이)의 노고는 물거품으로 끝나기 일보 직전이
며, 위원회 구성원들 사이에 맹렬한 싸움만 불렀다. 귀족들로 구성

된 지방위원회들(Provincial Committees)은 농노제 폐지 노력을 좌절시킨다는 목표 하나로 단단히 뭉친 가운데 그 자리를 농노해방의 예비적인 조치들을 놓고 공식적으로 논하는 기회로 받아들였다. 러시아 귀족들 중에도 분명히 농노해방을 받아들이는 집단이 있다. 그러나 그런 귀족은 수적으로 소수일 뿐만 아니라 가장 중요한 사항들에 대해서도 서로 엇갈리는 의견을 내놓고 있다. 농노의 예속을 철폐한다고 선언은 하되, 그 선언이 겉치레로 끝나는 그런 조건에서만 농노해방을 허용하자는 것이 자유주의 러시아 귀족의 원칙인 것 같다.

사실 농노해방에 대한 이 같은 공개적인 저항 혹은 미온적인 지지는 옛날의 노예소유자들의 입장에서 보면 아주 자연스런 현상이다. 수입이 떨어지고 토지의 가치가 하락하고 또 지금까지 행사해오던 정치권력의 심각한 침해가 예상되는 상황에서, 중앙의 전제군주를 중심으로 움직이는 수많은 작은 전제군주들이 결과가 뻔히 보이는 제도를 열정적으로 받아들일 것이라고 기대하기는 어려울 것이다. 일부 지방에서는 이미 부동산 가치의 하락이 예상됨에 따라 사유지를 담보로 융자를 받는 것이 불가능해졌다. 러시아에서는 사유지의 대부분이 국가에, 말하자면 사유지의 소유자에게 저당 잡혀 있다.

이런 현실에서 농노를 해방시킬 경우에 정부에 대한 채무를 어떻게 해결한단 말인가? 많은 귀족들이 부동산을 담보로 민간의 부채를 안고 있다. 또 상당수의 귀족들이 도시에서 상인과 무역상, 장인과 직공으로 자리 잡은 자신의 농노들이 내는 세금으로 살고 있다. 농노제도가 사라지면 당연히 귀족의 이런 소득도 사라질 것이다. 또한 매우 작은 수의 농노를 소유한 귀족도 있다. 하지만 귀족이 소유한 토지의 규모는 상대적으로 아주 작다. 만일 농노들이 해방 조치에 따라 각자 일정한 몫의 땅을 얻게 된다면, 지주는 거지가 될 것이다. 대토지를 소유한 귀족들의 관점에서 보면, 이 같은 조치는 권력 포기의 문제나 다름없을 것이다.

농노들이 해방된다면, 귀족들이 황제의 권력을 견제할 수단으로 무엇이 남을까? 그리고 러시아가 너무나 절실히 필요로 하는 세금은 어떻게 되는가? 또 황실 소유의 땅에서 농사를 짓는 농민들은 어떻게 되는가? 이 같은 문제들이 아직 해결되지 않고 있으며, 사람들은 저마다 이해관계에 따라 입장을 달리하고 있다. 당연히 농노제도에 호의적인 사람들도 나름대로 입장을 내세우고 있다. 이 것은 국가들의 역사만큼이나 오랜 이야기이다. 사실 어떤 계급에 대한 억압을 바탕으로 살던 계급에게 타격을 입히지 않고 억압 받는 계급을 해방시키는 것은 불가능한 일이다. 그런 비참한 사회적 바탕에 세워진 국가의 전체 구조도 당연히 와해되기 마련이다.

변화의 시기가 도래할 때, 처음에는 대체로 열정이 뜨겁게 분출된다. 상호 호의에 입각한 축하의 분위기가 무르익고, 진보에 대한 사랑에 관한 허세의 말들이 오간다. 그러나 실천에 관한 논의가 시작되기만 하면, 어떤 사람은 갑자기 나타난 귀신들의 모습에 화들짝 놀라서 뒤로 물러서는가 하면 대부분의 사람들은 실제 혹은 상상의 이익을 위해 싸우려 나선다. 그러나 유럽의 합법적인 정부들이 농노제도를 폐지할 수 있었던 것은 혁명이나 전쟁을 통해서였다. 프러시아 정부의 경우에는 나폴레옹의 철권통치로 괴롭힘을 당할 때에야 감히 농민해방을 생각하게 되었다. 그럴 때조차도 명쾌하게 해결되지 않아 그 문제는 1848년에 다시 다뤄져야 했으며, 그렇게 했음에도 불구하고 그 문제는 혁명이 도래할 때까지 미해결의 상태로 남았다. 오스트리아에서는 그 문제를 처리한 것이 합법적인 정부나 지배계급의 호의가 아니라 1848년 혁명과 헝가리 반란이었다.

러시아에서는 알렉산드르 1세와 니콜라이 1세가 인간애에서가 아니라 국가적인 이유로 국민 다수의 처지를 평화적으로 바꾸려고 시도했으나 둘 다 실패하고 말았다. 사실은 1848년에서 1849년까지 이어진 혁명 뒤에 니콜라이 1세는 자신이 구상했던 농노해방 계획을 백지화하고 열렬한 보수주의자가 되었다. 알렉산드르 2세의 경우에는 잠자고 있는 집단을 깨울 것인가 말 것인가 하는 것은 선택의 문제가 아니었다. 아버지 때부터 계속된 전쟁이 러시아 평민들에게 엄청난 희생을 안겼다. 그 희생이 어느 정도였는지는 1853년부터 1856년까지의 기간에 강제통화인 지폐가 3억3,300만 루블에서 7억 루블로 늘어났다는 한 가지 사실만으로도 짐작이 될 것이다. 이처럼 지폐 유통이 늘어났다는 것은 곧 세금인상을 의미한다. 알렉산드르 2세는 알렉산드르 1세가 나폴레옹 전쟁 동안에 농민들에게 해방을 약속한 예를 그대로 따랐을 뿐이다. 게다가 복잡 미묘한 외교의 세계를 알 리가 없는 농노들의 눈에는 그 전쟁의 결과가 수치와 패배로 비쳤다. 전쟁에서 패하고 굴욕을 당한 상황에서 전시에 농민들에게 한 약속까지 공개적으로 파기하면서 통치를 시작한다는 것은 러시아 황제에게 매우 위험한 일이었다.

크림전쟁(Crimean War(1853년 10월-1856년 2월): 쇠퇴하던 오스만 제국의 영토에 대한 영향력을 놓고 영국 제국과 프랑스 제국, 오스만 제국, 사르디니아 왕국 등의 연합세력과 러시아 제국 사이에 벌어진 전쟁을 일컫는다. 전투가 벌어진 주요 무대가 크림반도였다. 러시아 제국의 완패로 끝났다/옮긴이)의 발발 여부와 관계없이, 니콜라이가 그 문제에 대한 책임을 계속 회피할 수 있을 것인지는 잘 모르겠다. 여하튼 알렉산드르 2세는 그렇게 할 수 없었다. 그는 귀족들이 복종에 익숙해 있기 때문에 자신의 명령을 거역하지 않을 것이며 또 몇 가지 위원회의 구성을 통해 이 위대한 드라마에서 역할을 맡게 된 것을 영광으로 여길 것이라고 짐작했다. 그러나 그의 판단은 그다지 근거가 없는 것으로 확인되었다.

한편에선 농민들이 황제의 뜻을 지나치게 과대해석하면서 자신들의 영주들이 제대로 반응하지 않는 데 대해 인내심을 점점 잃어가고 있었다. 몇몇 지방에서 터져 나오고 있는 불꽃들은 너무도 분명한 낙담의 신호이다. 게다가 그 전에 폴란드에 속했던 지방들뿐만 아니라 러시아에서도 폭동이 일어났다는 소식이 전해졌다. 무서운 폭동을 피해 귀족들은 시골에서 소도시로 나왔다. 그곳에서 귀족들은 성벽과 주둔군의 보호 아래 자신들의 성난 노예들과 맞섰다. 이런 상황에서 알렉산드르 2세는 귀족회의 같은 것을 소집하는 것이 적절하다고 생각했다. 만일 알렉산드르 2세의 회의 소집이 러시아 역사에서 새로운 전환점이 된다면 러시아는 앞으로 어떻게 돌아갈까? 또 만일 귀족들이 자신들의 농노의 해방과 관련하여 황제에게 하는 양보의 전제 조건으로 자신들의 정치적 해방을 요구한다면 과연 사태는 어떤 식으로 풀릴까?

〈뉴욕 데일리 트리뷴, 1858년 10월 19일〉

29

러시아 농노해방 문제(Ⅱ)

1858년 12월 29일, 베를린

러시아 혁명의 위대한 '선창자'(initiator: 오스트리아의 압정에 신음하던 조국 이탈리아를 독립시키려 애를 썼던 주세페 마치니의 표현을 빌린 것임)인 알렉산드르 2세는 미리 선수를 쳤다. 지난 11월 13일, 농노제 폐지를 위해 구성된 황실중앙위원회(Imperial Central Committee)는 마침내 황제에게 보내는 보고서에 서명을 했다. 이 보고서는 농노들의 해방을 실현하는 방법에 관한 내용을 담고 있다. 중요한 원칙들을 보면 다음과 같다.

　1. 농민들은 당장 농노의 신분에서 벗어나고 자신의 지주들에게 "잠정적 의무"를 지는 신분이 된다. 이 상태는 12년 동안 이

어질 것이며, 그 동안에 농민들은 제국 내의 모든 납세자들이 누리는 개인적 권리와 재산권을 누린다. 농노제와 그에 부수된 모든 것은 영원히 폐지된다. 예전의 소유자에게 돈을 지급할 필요는 없다. 보고서에 따르면, 그 이유는 보리스 고두노프(Boris Godunov: 1551-1605) 황제가 농노제를 자의적으로 도입했고, 그 후 권력남용을 통해 농노제를 보통법에 담았기 때문이라고 한다. 말하자면 최고 주권자의 의지에 의해 생겨난 농노제가 역시 최고 주권자의 의지에 의해 폐지될 것이다. 폐지에 따를 금전적 문제에 대해 말하자면, 본래부터 농민들의 것인 권리를 돌려주는 데 따르는 비용을 농민들이 부담해서는 절대로 안 되며, 그렇게 할 경우 그것은 러시아 역사에 치욕의 한 페이지로 남을 것이다.

2. 잠정적 의무를 지는 12년 동안에 농민은 그 사유지 소속으로 그대로 남는다. 그러나 지주가 농민에게 경작할 땅을 5데시아티네(dessiatine: 1데시아티네는 1.0925헥타르에 해당한다/옮긴이)를 주지 못할 경우에는 그 농민은 사유지를 자유로이 떠날 수 있다. 만일 농민이 자신에게 할당된 땅을 대신 경작해줄 사람을 찾았다면, 그 농민은 황실에 세금을 내는 한 앞의 경우와 똑같이 자유를 누릴 수 있다.

3, 4.. 모든 마을 공동체는 그 구성원들이 거주하는 주택에 대한 소유권을 갖는다. 뜰이나 마당, 정원에 대한 소유권도 포함된다. 대신에 지주에게 평가액의 3%에 해당하는 임차료를 매년 지급한다. 공동체는 지주에게 2명의 지주와 2명의 농민으로 구성된

위원회를 통해 가치를 평가하도록 강제할 권한을 갖는다. 공동체들은 형편이 허락할 때마다 평가액 중 일부를 조금씩 지급함으로써 가옥을 점진적으로 사들인다.

5. 지주가 농민에게 토지를 나눠주는 기준은 다음과 같다. 사유지에 사는 농노들 각자에게 6데시아티네 이상의 땅을 경작시키는 곳이면, 성인 남자 농민은 경작 가능한 땅을 9데시아티네를 받는다. 그보다 땅의 크기가 작은 곳이라면, 경작 가능한 모든 땅의 3분의 2를 농민들에게 양도할 것이다. 그리고 사유지에서 사는 농민들이 아주 많아서 그 3분의 2를 가지고 성인 남자 한 사람에게 5데시아티네의 땅을 나눠주지 못한다면, 그 땅을 5데시아티네로 나눠서 추첨으로 남자들에게 분배한다. 그런 다음에 땅을 갖지 못하게 된 사람은 마을 당국으로부터 여권을 받고 살곳을 마음대로 정하게 된다. 장작에 대해 말하자면, 지주는 자신의 산에서 농민들이 사전에 정한 가격에 땔감을 마련할 수 있도록 해줘야 한다.

6. 이런 혜택을 입는 대가로, 농민들은 지주를 위해 다음과 같이 강제노역을 한다. 땅 1데시아티네당 말(馬)을 갖고 하는 노동을 10일 하고 말 없이 하는 노동을 10일 한다(9데시아티네의 땅을 받았을 경우엔 1년에 노동 일수가 180일이 된다). 이 노동의 가치는 돈으로 정해지고 또 모든 정부(지방)에서 동일한데, 하루의 강제노역은 자유노동 3분의 1일에 해당한다. 7년이 지난 뒤에는 강제노역의 7분의 1을, 그 다음부터는 7분의 2를 곡물로 갈음할 수 있다.

7. 일정한 사유지에 소속되지 않고 가문의 저택이나 지주의 가족들에게 딸린 개인의 농노들은 10년 동안 주인을 위해 봉사해야 할 것이다. 그러나 이 경우에는 임금을 받을 것이다. 그럼에도 그들은 남자 1명당 300루블, 여자 한 명당 120루블을 지급하면 언제든지 자유를 살 수 있다.

9. 지주는 마을공동체의 대표로 남으며, 공동체의 결의에 대해 거부권을 갖는다. 그러나 지주가 거부권을 행사할 경우에는 귀족과 농민으로 구성된 위원회에 항소할 수 있다.

이상이 이 문서의 중요한 내용이다. 이것은 알렉산드르 2세가 러시아의 중대한 사회문제에 대해 품은 이상을 간접적으로 표현하고 있다. 나는 마을공동체 조직을 다룬 제8조와 이 변화와 관련한 공식 문서의 법적 성격에 대해 언급한 제10조는 생략했다. 내용을 조금만 살펴보아도 이 보고서는 지난봄에 중앙위원회가 제국의 전역에 걸친 귀족들의 다양한 단체들에게 발표한 프로그램의 연장선상에서 그것을 보완하고 있음을 알 수 있다. 총 10개 항으로 이뤄진 이 프로그램은 보고서의 10개의 장과 정확히 일치하며, 귀족들에게 행동 방향을 제시하고 또 그들이 해야 할 일들이 무엇인지를 알려주기 위해 만들어진 문서였다. 그러나 귀족들은 이 문제를 파고들수록 혐오감이 더 강하게 느껴졌다. 8개월 뒤에 정부가 이 프로그램을 더욱 보강할 필요를 느끼면서 귀족의 자발적인 행위를 유도할 계획을 마련했다는 사실이 매우 중요하다. 위에 소개한 문서의 역사에 대해서는 이것으로 충분할 것이고, 이제는 그 내용을 보도록 하자.

만일 러시아 귀족이 아직 "8월 4일"(1789)(프랑스 혁명 중에 투표로 특권계급을 폐지한 날이 이날이다/옮긴이)이 도래했다고 생각하지 않고 있다면, 그리고 지금까지 자신들의 특권을 자국의 제단에 제물로 바칠 필요가 전혀 없었다면, 러시아 정부가 그들보다 훨씬 더 앞서 나아가고 있다. 러시아 정부는 이미 "인권선언"을 발표했다. "본래 농민들에게 속한 권리들, 그리고 절대로 빼앗겨서는 안 되었을 권리들"을 선언하는 알렉산드르 2세에 대해 여러분들은 진정 어떻게 생각하는가? 정말이지, 이처럼 이상한 때가 있을 수 있는가! 1846년엔 어느 교황이 자유주의 운동을 촉발시키지 않았는가. 이어 1858년엔 러시아의 한 전제군주가 인간의 권리를 선언하고 있지 않나! 우리는 차르의 선언이 전 세계에 반향을 일으키는 것을 보게 될 것이다. 아마 교황의 자유주의보다 영향력이 훨씬 더 강력하다는 사실이 확인될 것이다.

이 보고서에서 다룬 첫 번째 집단은 귀족이다. 만일 귀족들이 '8월 4일' 같은 날을 축하하길 거부한다면, 그들이 강압적으로 그렇게 하게 될 것이라는 점을 정부는 그들에게 아주 솔직하게 말하고 있다. 보고서의 각 장은 귀족의 물질적 상실을 포함하고 있다. 귀족들이 그동안 자신들의 인적 자본을 회전시킨 한 방법은 농노들에게 1년 소작료를 내고 여행을 하게 하거나 원하는 삶을 살게 해주는 것이었다. 이 관습은 귀족들의 돈주머니와 러시아 농노들의 방랑기질과 놀랄 정도로 잘 맞아떨어졌다. 그것은 귀족들의 주요 수입원의 하나였다. 제1조로 인해 이 수입원이 귀족에게 아무

런 보상도 안기지 않은 채 사라지게 되었다. 이것만이 아니다. 제2
조는 영주로부터 경작 가능한 땅을 5데시아티네를 받지 못하는 농
노는 누구나 자유의 몸이 되어 모든 권리를 누리며 어디든 갈 수
있다. 제3조와 4조, 5조에 따라 영주는 자신의 토지의 3분의 2에 대
해 자기 마음대로 처분할 수 있는 권리를 박탈당하고 그것을 농민
들에게 넘겨야 한다. 지금은 농민들이 영주의 통제 하에, 그리고 전
적으로 영주의 이익에 이바지하는 쪽으로 토지를 차지하고 있다.
그랬던 것이 이제는 땅이 정말로 농부의 것이 되게 되었다. 농부들
은 영구히 토지의 차용자가 되며, 자신의 주택을 점진적으로 구입
할 권리를 얻게 된다. 농민들이 땅을 얻는 대신에 해야 할 노역이
매우 높게 책정되었음에도 불구하고 지금은 어쨌든 법으로 정해져
있다. 설상가상으로, 이 노역도 농민들에게 상당히 유리한 세금으
로 갈음될 수 있다. 심지어 가사를 맡은 하인들까지도 임금을 받게
될 것이며, 원한다면 자신의 자유를 살 것이다. 지주들의 입장에서
이보다 더 불리한 것은, 농노들이 다른 시민들의 권리를 모두 누리
게 된다는 점이다. 이는 곧 그들이 지금까지 알지 못했던 권리들을,
말하자면 영주들에 대항하는 행동을 취하고 법원에서 영주들에게
불리한 증언을 할 권리를 누린다는 것을 의미한다. 비록 영주들이
자신의 사유지에 사는 농민들의 지배자 역할을 그대로 하고 농민
들에 대한 사법권을 쥐고 있을지라도, 러시아 귀족의 상당수가 파
리에 애첩을 두고 독일에서 도박을 즐길 수 있도록 해 준 그런 농
민에 대한 착취는 앞으로 크게 제약을 받게 될 것이다. 이러한 소
득 감소가 러시아 귀족들에게 미칠 영향을 파악하기 위해, 먼저 그

들의 재정적 현실을 보도록 하자. 사유지를 가진 러시아의 귀족들 전체가 신용은행들(Credit Banks: 황실에 의해 설립되었다)에 4억 루블의 부채를 안고 있다. 이 때문에 1,300만 명의 농노들이 이 은행들에 담보로 잡혀 있는 상태이다. 러시아의 농노 인구(왕실 땅을 경작하는 농민들은 제외)는 2,375만 명(1857년 인구통계 기준)에 이른다. 지금 농노를 소유한 귀족들 중에서 작은 규모의 소유자들이 이 부채의 주요 계약자이고, 큰 규모의 소유자들은 상대적으로 빚에서 자유로운 것이 분명하다. 1857년의 인구조사에 따르면, 1,300만 명의 농노들이 1,000명 이내의 농노를 소유한 영주에 소속되어 있고, 나머지 1,075만 명은 1,000명 이상의 농노를 소유한 영주에 소속되어 있다. 그렇다면 후자가 러시아 귀족 중에서 부채를 지지 않은 사람들이고 전자가 부채를 진 사람들이라고 볼 수 있다. 이 분석이 아주 정확하지는 않지만 대체로 맞을 것이다.

1857년의 인구조사를 조금 더 자세히 보도록 하자. 1명에서 500명 사이의 농노를 소유한 지주들은 105,540명인 반면에 1,000명 이상의 농노를 소유한 귀족들의 숫자는 4,015명을 넘지 않는다. 그렇다면 낮게 잡는다 하더라도 전체 러시아 귀족의 10분의 9가 신용은행 즉 황실에 부채를 지고 있다는 말이다. 그러나 러시아 귀족들은 개인들과 금융가, 무역상, 유대인과 고리대금업자들에게도 빚을 많이 지고 있는 것으로 유명하며, 귀족들의 대다수가 부채를 아주 많이 안고 있기 때문에 그들의 소유물은 명목상의 소유에 지나지 않는다. 그렇지 않아도 전쟁에 따른 파괴로 힘들어하던 귀족들은 무거운 세금 외에도 지난번 전쟁에 인력과 돈을 들임으로써 완전히 파산상태로 내몰렸다. 귀족들이 생산물을 내다 팔 시장이 폐쇄되었으며, 따라서 아주 불리한 조건으로 융자를 얻지 않을 수 없었다. 그런 그들에게 지금 아무런 보상도 없이 자신들의 수입 중에서 큰 몫을 완전히 내놓으라는 요구가 제시되었다. 또 소득의 나머지에 대한 관리도 최소한의 수준으로 점차 줄여나가라는 주문이 떨어졌다.

러시아 귀족에게 이런 조치가 어떤 결과를 낳을 것인지를 예견하기는 쉽다. 만일 기존 질서의 상당 부분이 파괴되는 것을 받아들이지 않거나 당장 파산하길 원하지 않는다면, 러시아 귀족들은 그 지위와 계급을 전적으로 정부에 의존하는 관료 귀족계급에 합류하기 위해 농민을 해방시키려는 시도에 저항해야 한다. 그들은 지금 이 시도에 저항하고 있다. 만일 그들의 법적 저항이 주권자의 의지를 조금도 움직여놓지 못한다면, 그들은 어쩔 수 없이 다른 효과적인 수단에 의존할 수밖에 없을 것이다.

〈뉴욕 데일리 트리뷴, 1859년 1월 17일〉

30

러시아 농노해방 문제(Ⅲ)

1858년 12월 31일, 베를린

차르의 농노해방 계획에 대한 러시아 귀족들의 저항이 이미 두 가
지 방법으로 시작되었다. 하나는 수동적인 방법이고 다른 하나는
능동적인 방법이다. 알렉산드르 2세가 몇 개의 지방을 순방하는
여정에 귀족들 앞에서 한 연설은 인간애를 건드리는 호소의 형식
을 띠기도 하고, 교훈적인 내용으로 설득하는 형식을 띠기도 하고,
명령과 위협조의 날카로운 목소리를 띠기도 한다. 차르의 이런 연
설들이 어떤 결과를 낳게 될까? 귀족들은 머리를 조아리며 신하의
자세로 황제의 말에 귀를 기울였다. 그러나 그들의 가슴에선 자신
들을 회유하고 설득하고 협박하러 온 황제는 더 이상 그 의지가 곧
이성으로 여겨지던 그런 전능한 차르가 아니었다. 따라서 그들은

차르의 연설에 아무런 대답을 하지 않고 차르의 감정에 동조하지도 않았으며 또 각자의 위원회에서 일을 지연시킴으로써 감히 차르의 뜻을 거스르고 있었다. 그런 상황에서 차르에겐 이제 강제권밖에 남지 않았다. 그러나 이 반항적인 침묵의 음울한 분위기를 상트페테르부르크 귀족위원회가 과감히 깨뜨렸다. 이 위원회가 구성원 중 한 사람인 플라토노프(Platonoff)가 작성한 문서에, 사실상 "권리청원"이나 다름없는 그 문서에 서명을 한 것이다. 그 문서가 요구한 것은 정부와 함께 현안만 아니라 모든 정치 문제를 결정할 귀족회의를 구성하자는 것이었다. 내무장관인 란스코이(Lanskoi)가 이 문서를 접수하길 거부하며, 거기에다가 청원이나 낼 목적으로 모이는 것은 귀족이 할 일이 아니며 귀족들은 단지 정부가 제시하는 문제를 토의만 하면 된다는 식의 분노 섞인 의견을 덧붙여서 귀족에게 돌려보냈다. 그러자 슈발로프(Shuwaloff) 장군이 위원회를 대신하여 공격에 나섰으며 란스코이가 서류를 받지 않으면 자신이 직접 황제에게 가져가겠다고 위협하고 나섰다. 이렇게 되자 란스코이도 서류를 접수하지 않을 수 없게 되었다. 이리하여 1858년에 러시아 귀족들은 프랑스 귀족이 1788년에 그랬던 것처럼 '삼부회'를 구성하자는 슬로건을 내걸었다. 피라미드형인 기존의 사회기반을 그대로 유지하려는 노력의 일환으로, 귀족들은 자신들의 정치적 인력(引力)의 핵심을 공격하고 있다.

게다가 귀족들의 과반수가 시대정신에 사로잡혀 중산계급이 주도하는 합자회사 붐에 홀딱 빠져 지내고 있다. 합자회사를 창설하는 열기가 아주 뜨겁다. 그런 한편 서쪽 지방들에서는 소수의 귀족들이 최신 유행의 문학적 선동을 이끌며 후원하고 있다. 이러한 움직임들이 얼마나 대담하게 전개되었는지를 파악하길 원한다면, 1858년에 이미 신문의 숫자가 180개에 달했다는 사실 하나만으로도 충분할 것이다. 또 1859년에도 109개의 신문이 추가로 창간될 예정이다. 그런 한편 1857년에 16개의 회사가 설립되었으며 자본금 총액은 3억390만 루블이었다. 1858년에도 1월부터 8월까지 21개의 회사가 추가로 설립돼 36,175,000루블의 자본을 더했다.

이젠 알렉산드르 2세가 의도한 변화의 다른 한 당사자를 보도록 하자. 이 대목에서는 러시아 정부가 농민들의 눈앞에 자유의 '신기루'가 자주 나타나게 만들었다는 사실을 잊어서는 안 된다. 앞서 알렉산드르 1세는 통치 초기에 귀족들에게 농민들을 해방시킬 것을 요구했으나 그 뜻을 이루지 못했다. 농민들에게 국민군에 등록할 것을 요구한 1812년에는 공식적이지는 않았지만 그래도 황제가 암묵적으로 동의한 가운데 농노신분으로부터의 해방이 애국심에 대한 보상으로 제시되었다. 니콜라이 황제 치하에서도 일련의 칙령이 발표되어 농노에 대한 귀족의 권리를 제한했다. 1842년의 칙령은 농노들이 자신의 노동을 놓고 소유주와 계약을 체결하도록 했으며(이 조치로 농노들은 자신의 주인을 상대로 법원에 소송을 제기하는 것이 간접적으로 가능해졌다), 1844년의 칙령은 농민들이 그런 계약을 통해 한 약속에 대한 완수를 정부가 보장하도록 했다. 이어 1846년에는 사유지가 경매를 통해 팔리는 경우에 거기에 딸린 농노들이 자신의 자유를 사는 것이 가능해졌으며, 이어 1847년에는 그런 사유지에 딸린 농노들의 단체가 전체 사유지를 몽땅 구입하는 것도 가능하게 되었다. 이때 정부와 귀족들을 대단히 놀라게 만든 것은 농노들이 사유지를 구입할 준비가 상당히 많이 되어 있었으며 실제로 사유지를 하나씩 사들였다는 사실이다. 뿐만 아니라, 많은 경우를 보면 지주들은 명목상의 소유자에 지나지 않았으며, 당연히 농노들은 사유지 안의 재산과 자신들의 자유를 챙길 수 있도록 사전에 준비를 철저하게 해 두고 있었다. 이런 사실이 드러났을 때, 정부는 농노들의 현명함과 열정뿐만 아니라 서유럽에서 1848년에 일어난 폭동에도 깜짝 놀라며 사유지에서 점진적으로 귀족을 몰아낼 법규의 영향을 상쇄시킬 조치를 찾지 않을 수 없게 되었다. 그러나 칙령을 폐기하기에는 이미 때가 너무 늦어 있었다. 또 다른 칙령(1848년 3월 15일)이 발표되어 그때까지 농노들의 단체에만 국한시켰던 사유지 구매의 권리를 농노 개인에게로도 확장시켰다. 지금까지는 이 단체들을 중심으로 농노들이 서로 결합하면서 그런 구매에 필요한 자본을 축적할 수 있었는데, 이 조치로 인해 마을 단위나 지역 안의 마을들 사이에 조직되었던 농노들의 단체가 깨어지는 경향이 나타났다. 아울러 몇 가지 자격 조건도 더해졌다. 농노들이 땅을 구입할 수는 있지만, 자신이 소속되었던 사유지의 땅은 살 수 없도록 했다. 달리 말하면, 농노들이 자신이 살던 사유지를 구입한다 하더라도 자신의 자유까지 사지는 못한다는 뜻이다. 그들은 여전히 농노로 남았으며, 구매 거래는 전적으로 옛 지주의 동의 아래 이뤄져야 했다. 게다가 농노들의 항소가 법원으로부터 노골적으로 배제되었다. 그 이후로 초등학교를 제외한 모든 학교들이 농노들을 받아들이지 않았다. 해방의 모든 희망들이 사라진 것처럼 보였다. 그런 상황에서 전쟁이 발발하면서 니콜라이 황제가 다시 농노들의 무장을 호소하지 않을 수 없게 되었다. 황제는 이 호소를 뒷받침하기 위해 여느 때처럼 농노들에게 굴레로부터의 자유를 약속했으며 정부의 하위직 공무원들에게 이 약속을 농노들에게 널리 퍼뜨리도록 했다.

이런 과정을 밟아온 터라, 알렉산드르 2세가 농민을 해방시키는 쪽으로 나아가야 한다고 느낀 것은 지극히 당연하다. 농노들은 무거운 강제노역이 따를 12년의 유예에 대해, 그리고 그 기간이 끝난 뒤의 자신들의 지위에 대해 정부가 구체적으로 언급하지 않으려 하는 데 대해 어떻게 생각할 것인가? 또 농노들은 1808년과 1809년의 프러시아 농촌법을 모델로 지주들이 권리를 누릴 세습적인 정부체제를 구축하기 위해 예전에 러시아 마을 공동체에 주어졌던 민주적 자치정부의 모든 권리를 빼앗을 공동 정부와 사법과 경찰을 조직하는 것에 대해 어떻게 생각할 것인가? 러시아가 새로 추구하는 체제는 러시아 농민에게 절대적으로 불리했다. 그것이 채택될 경우에 러시아 농민의 삶은 마을 단체의 지배를 받게 되고, 개인 소유 재산에 대한 인식이 전혀 없는 이 단체가 농민이 살고 있는 땅에 대한 소유권까지 갖게 될 것이다.

여기서 1842년 이후로 지주들과 그들의 감독에 반대하는 농노들의 반란이 유행처럼 번지고 있고, 내무부의 공식 통계에서도 60명가량의 귀족이 매년 농민들에게 살해당하고, 지난번 전쟁 동안에 반란이 크게 증가했고 서부 지방에서는 정부에 대항하는 반란도 있었다(영국군과 프랑스군, 말하자면 외국의 적군이 공격해 들어오는 순간에 반란을 일으키자는 음모도 있었다)는 사실을 고려한다면, 귀족들이 농노해방에 저항하지 않는다 하더라도, 그 귀족 위원회의 제안을 현실화하려는 시도는 러시아의 농촌 인구들 사이에 엄청난 재앙의 신호로 받아들여졌음에 틀림없다. 그러나 귀족들이 농노해방에 저항할 것은 확실하다. 황제는 국가적 필요와 개인적 이익 추구 사이에서, 귀족들에 대한 두려움과 성난 농민들에 대한 두려움 사이에서 우왕좌왕하며 망설일 것이 분명하다. 그리고 농노들은 차르가 자기들 편이라고 생각하며 한껏 기대에 부풀어 있으면서도 귀족에게 억눌려 지내고 있는데, 이들이 들고 일어날 가능성은 그 어느 때보다 크다. 만일 농민들이 봉기한다면, 프랑스가 혁명 중인 1793년에 맞았던 일들이 러시아에서도 일어나게 될 것이다. 반(半)아시아인인 이들 농노들의 공포의 통치는 역사에 유례가 없는 형태가 될 것이다. 그러나 그 통치는 러시아 역사에서 두 번째 전환점이 될 것이며, 표트르 대제(Peter the Great(1672-1725): 여러 차례의 전쟁을 통해 러시아 제국을 유럽의 강국으로 만든 인물로 평가받는다. 또한 중세적인 사회 및 정치 체제를 근대적인 것으로 바꿨다는 평가도 듣는다/옮긴이)가 도입했던 속임수와 겉치레 대신에 진정한 문명을 사회 전반에 정착시키게 될 것이다.

〈뉴욕 데일리 트리뷴, 1859년 1월 22일〉

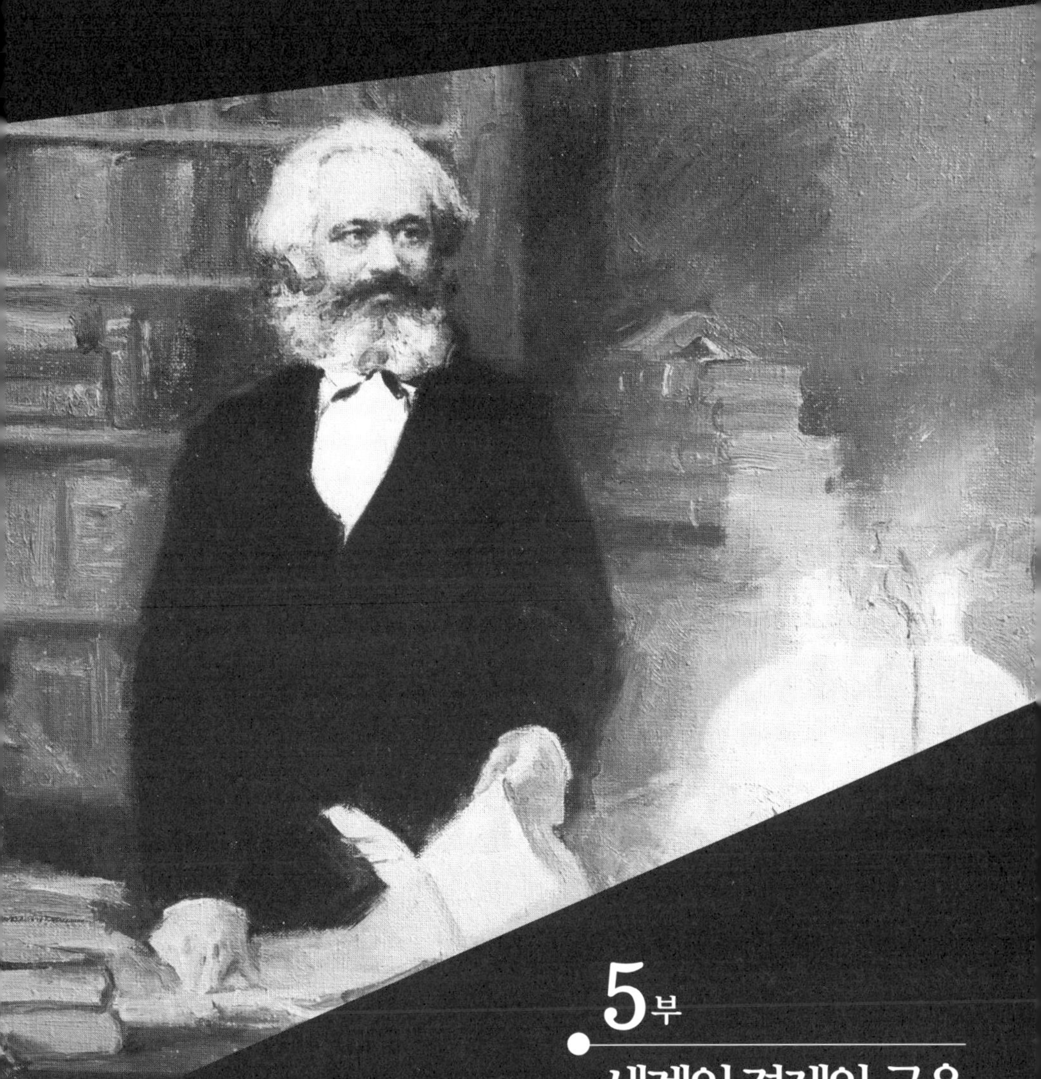

5부

세계의 경제와 금융

31

자유무역과 차티스트들

<u>1852년 8월 10일, 런던</u>

토리당원들과 휘그당원들, 필 지지파는 다소 과거에 속하는 인물들인 반면, 자유무역주의자들(맨체스터 학파 사람들과 의회 개혁가 및 금융 개혁가들)은 현대 영국 사회의 공식적 대표자들, 즉 세계 시장을 지배하고 있는 그 영국의 대표자들이다. 그들은 자의식이 강한 중산계급 집단을, 말하자면 자신들의 사회적 권력을 정치적 권력으로 만들어 봉건사회의 마지막 오만한 잔재를 일소하려고 노력하고 있는 산업자본의 집단을 대표한다. 이 집단은 영국 중산계급 중에서 가장 활동적이고 활력 넘치는 존재인 제조업자들이 이끌고 있다. 그들이 요구하는 것은 중산계급이 패권을 쥐고, 현대적인 생산법칙들이 사회 전반을 공식적으로 지배하고, 그 생산

을 주도하는 사람들이 사회를 지배하도록 하자는 것이다. 그들이 자유무역이라는 단어를 쓸 때 그 뜻은 자본이 어떠한 정치적, 국가적, 종교적 구속도 받지 않고 자유롭게 이동한다는 것이다. 땅도 팔수 있는 상품이 되고, 땅의 활용도 보통의 상업법칙에 따라 수행될 것이다. 실과 면직물을 제조하는 사람들뿐만 아니라 식료품을 제조하는 사람들도 있을 것이다. 그러나 토지를 가진 귀족은 더 이상 없다. 요약하면, "정치경제의 영구불변의 법칙들"에서, 즉 자본이 생산하고 분배하는 그런 조건에서 나온 것이 아니라면, 어떠한 정치적 또는 사회적 제약이나 규제 혹은 독점도 더 이상 허용되지 않을 것이다. 이 집단이 사회발달의 케케묵은 단계의 산물인 영국의 낡은 제도들에 맞서 벌이는 투쟁은 다음과 같은 표어에 잘 요약되어 있다. "최대한 싼 비용으로 생산하고, 불필요한 생산비를 모조리 제거하라." 이 표어는 원칙적으로 개인만 아니라 전체 국가를 향한 구호이다.

"유치찬란한 광휘"와 궁전, 지출, 하인 등을 빼놓을 수 없는 왕실, 이 왕실이야말로 생산의 불필요한 비용이 아니고 무엇인가? 국가는 왕실이 없어도 제품을 생산하고 교환할 수 있다. 왕관을 내다버려라. 귀족의 직책인 상원? 그것도 생산에 불필요한 비용이다. 대규모의 상비군? 그것도 생산에 불필요한 비용이다. 식민지들? 그것도 생산에 불필요한 비용이다. 부(富)와 약탈품과 탁발한 물품을 소유한 국가교회? 그것도 생산에 불필요한 비용이다. 교구 목사들이 서로 자유롭게 경쟁하도록 내버려둬 봐라. 그러면 모든 사람들이 그들에게 자신의 필요에 따라서만 돈을 내놓을 것이다. 형평범 법원을 둔 영국법의 일상적 사무처리? 그것도 생산에 불필요한 비용이다. 국가들 사이의 전쟁? 그것도 생산에 불필요한 비용이다. 영국은 다른 나라들과 평화로운 관계를 유지할 때 그 국가들을 더 싸게 착취할 수 있다.

영국 중산계급의 옹호자들에게는, 그리고 맨체스터 학파의 사람들에게는 옛 영국의 모든 제도는 조직의 측면에서 보면 쓸모가 없어 보인다. 그리고 그 제도들은 국가가 최저의 비용으로 최대한 많은 양을 생산하지 못하도록 막고 또 그 결과물을 자유로이 교환하지 못하도록 막는 것 외에는 어떠한 목적에도 이바지하지 않는 것처럼 비친다. 두말할 필요도 없이, 그들의 최종 목표는 '중산계급 공화국'이다. 자유경쟁이 삶의 모든 영역을 지배하고, 정부는 내적으로나 외적으로 중산계급의 사업과 공통의 계급이익을 관리하는 데 필요한 최소한의 크기로 유지되고, 이 최소 규모의 정부도 가능한 한 경제적으로 조직되는 그런 공화국이 그들의 목표이다. 다른 나라들에서는 그런 집단이 민주주의 집단으로 불릴 것이다. 그러나 그 집단은 반드시 혁명적이지는 않다. 귀족주의 국가로서의 옛 영국을 완전히 파괴하는 것이 이 집단이 다소 의식을 갖고 추구하는 목표이다. 그러나 이와 가장 근접한 목표는 그런 혁명의 성취에 필요한 입법권을 자신들이 갖는 쪽으로 의회를 개혁하는 것이다.

그러나 영국 중산계급은 쉽게 흥분하는 프랑스인들과는 다르다. 의회 개혁을 수행할 뜻을 갖고 있다 하더라도, 그들은 2월 혁명(1848년 2월 프랑스에서 일어난 혁명으로, 그 결과 왕정이 무너지고 제2공화정이 탄생했다/옮긴이) 같은 것을 일으키지 않을 것이다. 반대로, 영국의 중산계급은 1846년에 곡물법의 폐지로 지주 귀족을 상대로 큰 승리를 거두었으면서도 이 승리의 물질적 이익만을 추구하는 것으로 만족했다. 이 승리에서 정치적 및 경제적 결실을 끌어내는 일을 소홀히 한 것이다. 그 결과 휘그당원들이 정부의 세습적 독점을 다시 누릴 수 있게 되었다. 1846년부터 1852년까지 중산계급은 "원칙은 폭넓게, 조치는 실용적으로!"라는 슬로건으로 스스로 조롱의 대상이 되었다. 그들이 왜 이런 식으로 나왔을까? 폭력적인 운동을 벌이게 될 경우, 그들로서는 노동계급에 호소하지 않을 수 없기 때문이다. 만일 귀족이 그들의 사라지고 있는 적이라면, 노동계급은 그들의 부상하고 있는 적이다. 그들은 미래를 좌우할 떠오르는 적에게 아주 중요한 양보를 해서 적들의 권력을 강화하기보다는 차라리 사라지고 있는 적과 타협하는 쪽을 택하고 있다. 따라서 그들은 귀족과의 폭력적인 충돌을 가급적 피하려고 애를 쓴다. 그러나 역사적 필연과 토리당원들이 그들에게 앞으로 나아갈 것을 요구하고 있다. 그들은 자신들의 임무를 피할 수 없다. 옛 영국을, 과거의 영국을 산산조각 내야 한다. 그들이 배타적인 정치 영역을 정복하고, 정치 영역과 경제적 패권이 같은 손 안에서 통합되고, 그리하여 자본에 맞서는 투쟁이 기존의 정부에 맞서는 투쟁과 더 이상 명확히 구분되지 않게 되는 바로 그 순간부터, 영국의 사회혁명이 시작될 것이다.

이제 영국 노동계급 중에서 정치적으로 활발하게 움직이는 부류를 일컫는 차티스트들에 대해 이야기할 차례이다. 차티스트들이 옹호하는 헌장의 6가지 조항은 보통선거와 그 선거가 노동계급에게 환상이 되지 않도록 막을 수 있는 조건들, 말하자면 투표권과 의원들의 임금과 매년 총선 실시 등에 관한 것에 지나지 않는다. 그러나 산업 노동자가 인구의 다수를 구성하는 영국에서는 보통선거는 곧 노동계급의 정치권력을 의미한다. 왜냐하면 영국의 노동자들은 오랜 '지하' 투쟁을 통해 하나의 계급으로서 자신의 지위에 대해 명확히 인식하게 되었기 때문이다. 영국의 경우에는 심지어 농촌 지역들조차도 더 이상 농민을 알지 못한다. 오직 지주와 산업 자본가(농장경영자)와 고용 노동자들만을 알고 있을 뿐이다. 그렇기 때문에 영국에서 보통선거를 실시한다는 것은 유럽 대륙에서 보통선거라는 이름으로 불리는 그 어떤 것보다 사회적으로 훨씬 더 큰 영향력을 발휘하게 되어 있다. 영국에서는 노동계급의 정치적 지배가 불가피하다.

차티스트 당의 부활과 재조직에 대해서는 다음 기회에 전할 생각이다. 지금은 최근의 선거에 대해서만 논할 것이다.

영국 의회의 의원을 뽑는 유권자가 되려면, 버로우에 사는 남자는 10파운드의 가치가 나가는 주택에 살아야 하고 카운티에 사는 남자는 40실링의 부동산을 소유하거나 50파운드에 해당하는 부동산에 대한 임차권을 가져야 한다. 이 한 가지 사실만을 놓고 보면, 차티스트들은 이제 막 끝난 선거전에 형식상으로 참여할 수 있었지만 실제로는 참여할 수 있는 길이 거의 없었다. 차티스트들이 선거에서 실제로 하는 역할을 설명하기 위해, 나는 먼저 영국 선거제도의 이상한 특징을 한 가지 상기시켜야 한다. 당선자를 예비로 발표하는 날이 있고 당선자를 선언하는 날이 있다. 또 거수투표가 있고 또 별도의 유권자 투표가 있는 것이다.

후보자들이 선거일에 청중 앞에 모습을 드러내고 공식적으로 열변을 토하고 나면, 먼저 거수투표가 이뤄진다. 이때는 누구나 손을 들 수 있다. 선거권을 가진 사람뿐만 아니라 선거권이 없는 사람도 손을 들 수 있다. 거수투표에서 다수의 지지를 얻은 사람은 선거 감독관에 의해 거수로 선출된 당선자로 선언된다. 그러나 이어 반전이 일어난다. 거수투표를 통한 선거는 하나의 형식일 뿐이다. "주권을 가진 국민"들에 대해 형식적으로 예의를 갖추는 행위라고나 할까. 그러나 특권이 개입되기만 하면 예의 따위는 순식간에 사라져버린다. 만일 거수투표의 결과 선거권을 가진 사람들의 지지를 받는 후보자가 선택되지 않은 것으로 나타난다면, 후보자들은 유권자 투표를 요구하게 된다. 이때는 선거권의 특권을 누리는 사람들만이 투표에 참여할 수 있다. 여기서 다수표를 얻는 사람이 합법적인 승리자로 선언된다. 거수를 통한 첫 번째 선거는 말하자면 공중의 허탈감을 배가하기 위한 쇼라 아니할 수 없다.

위험한 관습인 거수투표를 통하는 선거가 보통선거를 조롱하기 위해 만들어진 것처럼 보일 수도 있다. 그리고 귀족들이 "오합지졸"(전쟁장관인 베레스포드(William Beresford)의 표현임)을 놀리면서 재미를 느끼려는 것으로 여겨질 수도 있다. 그러나 이런 생각은 착각이다. 튜턴 사람(게르만 민족의 한 갈래/옮긴이)의 국가들 전부에서 공통적으로 나타났던 이 방법은 19세기까지 줄기차게 내려왔다. 왜냐하면 그것이 계급이 분명히 작용하는 영국 의회에 별다른 위험이나 비용을 안기지 않으면서도 대중성이라는 옷을 입혀주기 때문이다. 지배계급은 이 제도를 통해서 서민들도 다소 열정을 갖고 자신들의 이해관계가 걸린 문제에 참여하고 있다고 스스로 만족감을 느낀다. 노동자 집단이 예비 당선자 발표가 이뤄지는 날에 자신들의 이름으로 선 것은 겨우 중산계급이 두 개의 공식 정당 즉 휘그당과 토리당 옆에서 독립적인 자리를 차지한 뒤의 일이었다. 그러나 이번(1852년) 선거 전까지는 거수투표와 유권자 투표, 예비 당선자 발표와 최종 당선자 발표 사이의 모순은 그다지 심각하게도, 서로 충돌하는 원칙으로도 받아들여지지 않았으며 국가의 전체 구조에 그렇게 위협적인 것으로 여겨지지도 않았다.

아니, 거기에 얼마나 무서운 모순이 있는데! 거수투표에서 이겨놓고도 유권자 투표에서 질 수 있었으니 말이다. 유권자 투표에서 다수표를 얻어 승리를 하고도 사람들로부터 썩은 사과와 벽돌 조각 세례를 받을 수도 있었다. 정식으로 선출된 의원들은 의회를 안전하게 지켜나가기 위해 해야 할 일들이 많았다. 한쪽에는 다수 국민들이 있고, 다른 한쪽에는 전체 인구의 12분의 1과 전체 성인 남자 인구의 5분의 1이 있다. 한쪽에는 자신의 색깔을 부정하는 정당들이 있다. 자유주의자들은 보수적인 정책을 약속하고 있고, 보수주의자는 자유주의 관점을 선언하고 있다. 또 다른 한쪽에는 국민들이 자신들의 존재를 부각시키면서 자신들의 대의를 내세우고 있다. 한쪽에선 다 낡은 엔진이 자리 잡고 앉아 끊임없이 악순환만을 계속하면서 한 발짝도 앞으로 나아가지 못하고 있는데, 그 마찰 때문에 공식적인 모든 정당들이 서로를 철저히 파괴하고 있다. 다른 한쪽에선 앞으로 행진하고 있는 국민들의 집단이 그 악순환의 고리를 끊고 공식적인 엔진을 파괴해버리겠다고 위협하고 있다.

나는 영국 전역을 훑으면서 거수투표와 유권자 투표 사이의 모순, 선거제도에 대한 노동계급의 불만, 지배계급의 엉성한 선거책략 등을 살피지는 않을 것이다. 수많은 선거구 중에서 단 하나만을 예로 제시할 것이다. 모순이 가장 극명하게 나타난 핼리팩스의 선거이다. 여기선 에드워즈(Edwards: 토리당)와 찰스 우드 경(Sir Chares Wood: 휘그당으로 재무장관을 지냈다), 프랭크 크로슬리(Frank Crosley: 맨체스터 학파), 그리고 마지막으로 차티즘의 대표로 재능이 가장 탁월하고 일관되고 활력 넘치는 어니스트 존스가 대결을 벌였다. 맨체스터 학파인 크로슬리는 휘그당원들과 연합했다. 그랬기 때문에 우드와 존스, 말하자면 휘그당과 차티스트 사이의 치열한 경쟁이 되었다.

"찰스 우드 경이 반시간 가량 연설을 했다. 처음에는 하나도 들리지 않았으며, 후반부로 들어서자 거대한 군중이 불만을 터뜨렸다. 그의 가까이 앉았던 기자의 보도에 따르면, 그의 연설은 이미 통과된 자유무역 조치들의 내용을 요약한 것에 지나지 않았다. 그리고 더비 경 정부에 대한 공격과 영국과 영국 국민들의 유례없는 번영에 대한 찬미 일색이었다. 그는 새로운 개혁 조치는 하나도 제시하지 않았다. 존 러셀 경의 참정권 법안을 암시하는 말을 몇 마디 했을 뿐이다."

여기서 나는 어니스트 존스의 연설을 조금 길게 소개할 생각이다. 독자 여러분들이 런던의 지배계급이 발행하는 유력지에서는 그 내용을 절대로 발견하지 못할 것이기 때문이다. 청중의 뜨거운 환영을 받은 어니스트 존스는 다음과 같이 말했다.

"유권자와 비(非)유권자 여러분, 여러분은 아주 경건한 축제의 장에서 서로 만났습니다. 오늘, 헌법은 이론상으로는 보통선거를 인정하고 있습니다. 그러나 내일은 아마 실질적으로 보통선거를 부정할 것입니다. 오늘 여러분 앞에 그 두 가지 시스템을 대표하는 사람들이 서 있습니다. 여러분은 앞으로 7년 동안 어떤 체제 아래에서 통치를 받을 것인지 결정해야 합니다. 짧은 인생에서 7년은 결코 짧은 세월이 아닙니다. 나는 여러분에게 이 7년의 문턱에서 잠시 걸음을 멈춰보시라고 권합니다. 오늘 그 7년의 세월이 여러분 앞에 서서히 그리고 침묵 속에 펼쳐지고 있습니다. 2만명에 달하는 여러분, 오늘 결정하십시오. 그런데 내일이면 5백명이 여러분의 의지를 물거품으로 만들지도 모릅니다. 내가 말씀드렸지요. 지금 여러분 앞에 2개의 시스템의 대표자가 있습니다. 휘그당, 토리당, 그리고 돈을 밝히는 사람이 저의 왼쪽에 있습니다. 그러나 그들은 다 같은 사람입니다. 돈만 밝히는 사람은 싸게 사서 비싸게 팔라고 말합니다. 토리당은 비싸게 사서 보다 투명하게 팔라고 합니다. 노동자의 입장에서 볼 때 둘은 똑같습니다. 그러나 전자의 시스템은 지금 부상하고 있는 중이며, 빈곤이 그 시스템의 뿌리를 들쑤셔놓고 있습니다. 그 시스템은 외국과의 경쟁에 바탕을 두고 있습니다. 지금 나는 자신 있게 말할 수 있습니다. 외국과의 경쟁에 관심을 쏟게 만드는 '싸게 사서 비싸게 팔라는 원칙' 하에서는, 노동계급과 소상인 계급의 파괴를 피할 수 없습니다. 왜 그럴까요? 노동은 모든 부의 창조자입니다. 사람이 일을 하지 않으면 어떠한 곡식도 자랄 수 없습니다. 마찬가지로 어떠한 섬유도 가공되지 못합니다. 그러나 이 나라에는 노동계급에게 자기고용의 기회는 전혀 없습니다. 노동은 고용된 상품입니다. 이는 곧 노동도 시장에서 사고 팔리는 상품이라는 뜻입니다. 따라서 노동이 모든 부를 창조하기 때문에 노동은 가장 먼저 구입되는 대상입니다. '싸게! 더 싸게!' 사라는 원칙이 적용됩니다. 노동은 가장 싼 시장에서 구입됩니다. 그러나 그 다음이 문제입니다. '비싸게! 더 비싸게!' 팔라는 원칙이 적용됩니다. 무엇을 비싸게 팔라는 뜻입니까? 바로 노동의 산물입니다. 누구에게 판다는 말입니까? 외국인에게, 그리고 노동자들에게 파는 것입니다. 노동자는 자기고용이 불가능하기 때문에 자신의 노력에서 나온 최초의 결실을 전혀 누리지 못합니다. '싸게 사서, 비싸게 팔라'. 여러분은 이런 시스템을 어떻게 생각하십니까? '싸게 사서, 비싸게 팔라'. 노동자의 노동을 싸게 사서, 그런 다음에 노동자의 노동으로 만든 것을 바로 그 노동자에게 비싸게 팔라니요! 본래부터 노동자에게 피해를 안기게 되어 있는 이 원칙이 지금 문제의 초점입니다. 고용주는 노동을 싸게 삽니다. 그런 다음에 물건을 팝니다. 당연히 이익을 남겨야겠지요. 고용주는 노동자에게 물건을 팝니다. 따라서 고용주와 직원 사이의 모든 협상은 고용주의 편에서 교묘하게 속이는 것입니다. 그 결과 노동은 영원히 피해를 입게 되어 있지요. 반면에 자본은 사기를 통해 자꾸 덩치를 키워갈 것입니다. 그러나 그 시스템은 여기서 끝나지 않습니다. 그 시스템은 외국과의 경쟁에 집중하게 되어 있습니다. 그것은 곧 우리가 다른 나라의 무역을 파괴해야 한다는 뜻이지요. 우리 자신의 노동을 파괴한 것과 마찬가지로 말입니다. 그 시스템은 어떻게 돌아갈 것 같습니까? 세율이 높은 국가는 세율이 낮은 국가보다 낮은 값에 팔아야 합니다. 해외에서의 경쟁은 언제나 가열되게 마련입니다. 따라서 계속 가격이 떨어지게 됩니다. 그 결과 영국의 임금이 계속 떨어져야 합니다. 그러면 고용주는 어떤 식으로 임금을 떨어뜨릴까요? 잉여노동을 통해서입니다. 고용주가 잉여노동을 어떤 식으로 만들어내겠습니까? 토지의 독점을 통해서입니다. 토지의 독점으로 인해 필요 이상의 일손이 공장으로 몰리게 됩니다. 또 기계의 독점이 있습니다. 이것이 노동력을 거리로 내몹니다. 여성 노동력이 남자들을 베틀에서 몰아내고, 어린이 노동이 여자들을 베틀에서 몰아냅니다. 이런 식으로 나가다 보면 누가 일을 하게 되겠습니까? 빵이 없어 굶어죽는 것보다는 반쪽이라도 버는 것이 낫습니다. 굶주림에 몸부림을 치는 노동계급이 어떤 조건에서라도 일을 하겠다고 나서게 됩니다. 노동자들에게 그 시스템은 바로 그런 것입니다. 하지만 유권자들이 있지 않느냐구요! 유권자가 여러분들을 어떻게 돕습니까? 유권자들이 국내 거래에, 가게주인에게, 구빈세와 과세에 어떤 영향을 미칩니까? 외국에서의 경쟁이 치열해질수록, 국내의 가격을 낮추라는 압력이 더 거세집니다. 노동의 가치가 싸지는 것은 잉여노동이 더욱 커지기 때문입니다. 이 잉여가 생기는 이유는 기계의 증가 때문입니다. 거듭 말씀드리지만, 이것이 여러분에게 어떤 영향을 미칩니까? 저의 옆에 있는 맨체스터 학파의 자유주의자는 새로운 특허를 만들어 300명의 노동자를 잉여로 만들어 거리로 내몹니다. 가게주인들! 그들에겐 고객이 300명 줄어듭니다. 세금을 부담할 사람도 300명 주는 겁니다. 걸인이 300명 더 늘어나고요. 하지만 저를 주목하세요! 악은 거기서 끝나지 않습니다. 그 300명이 지금 각자의 분야에서 일하는 노동자들의 임금을 떨어뜨리는 원인이 됩니다. 고용주가 '이젠 임금을 깎아야겠어'라고 말합니다. 그러면 노동자들이 이의를 제기하지요. 그러면 고용주가 이렇게 덧붙입니다. '지금 막 거리로 쫓겨난 300명이 여러분들의 눈에는 안 보이는가? 여러분이 원한다면 그 사람과 자리를 바꿔도 돼. 그 사람들은 어떠한 조건으로도 일을 하려고 하니까. 그들은 지금 굶주리고 있거든.' 노동자는 이 말을 몸으로 느끼며 좌절합니다. 아! 맨체스터 학파의 자유주의자여! 정치의 바리새인이여! 저 사람들이 귀를 기울이고 있습니다. 이게 전부일까요? 그러나 악은 아직 끝나지 않았습니다. 자기 분야에서 쫓겨난 사람들은 다른 분야에서 일자리를 찾습니다. 그러면 그 분야에 잉여가 생기지요. 이것이 임금을 떨어뜨립니다. 오늘날 임금이 낮은 직종도 한때는 임금이 높은 직종이었습니다. 그리고 오늘날 임금이 높은 직종도 곧 임금이 낮은 직종으로 전락할 것입니다. 따라서 노동계급의 구매력은 매일 떨어지고 있습니다. 그로 인해 국내 거래가 죽고 있습니다. 가게주인들이여! 여러분의 고객은 갈수록 가난해지고 있고, 여러분의 수입은 갈수록 떨어지고 있습니다. 반면에 걸인들의 숫자는 늘어만 가고, 구빈세를 포함한 당신의 세금은 높아만 가고 있습니다. 이런 시스템을 여러분은 좋아할 수 있습니까? 부유한 제조업자와 지주들이 여러분에게 구빈세와 과세의 부담을 지우고 있습니다. 중산계급이여! 여러분은 부자의 세금을 대신 내는 기계입니다. 그들은 빈곤을 낳고, 그 빈곤은 다시 그들의 부를 낳고 있습니다. 그들은 자신들이 낳은 빈곤에 따르는 부담을 여러분들에게 지우고 있습니다. 지주는 특권을 이용하여 그 부담에서 빠져나가고, 제조업자는 직원들의 임금을 통해 보상을 받고 있습니다. 모든 것이 여러분의 어깨에 고스란히 얹어지고 있습니다. 그런 시스템을 여러분들이 어떻게 좋아할 수 있겠습니까? 나의 왼쪽에 있는 저 신사들이 바로 그런 시스템을 지탱하고 있습니다. 그러면 나는 무엇을 제안해야 할까요? 지금까지 나는 나쁜 것을 보여드렸습니다. 그것도 중요합니다. 하지만 나는 그 이상의 것을 원합니다. 내가 이 자리에 선 것은 올바른 것을 보여주고 그것이 왜 옳은지를 설명하기 위해서입니다."

어니스트 존스는 이어서 정치 및 경제 개혁에 대한 자신의 견해를 소개하면서 다음과 같이 연설을 이어갔다.

"유권자 및 비유권자 여러분, 이제 나는 사회적 및 정치적 조치 몇 가지를 제시하고자 합니다. 1847년에 그랬던 것처럼 나는 이 조치를 즉각 채택할 것을 주장합니다. 그러나 내가 여러분의 자유를 확대하기를 원했기 때문에 나의 자유는 좁아졌습니다. 나는 여러분 모두를 위해 자유의 신전을 쌓기를 원했다가 중죄인 교도소에 갇혔습니다. 저기, 저의 왼쪽에 나를 감옥에 처넣은 사람 중 한 사람이 앉아 있습니다. 나는 진실을 높이 외치다가 침묵을 강요당했습니다. 2년 1주일 동안, 저 사람이 나를 침묵의 감옥에 넣었습니다. 펜도 잉크도 종이도 없고, 그 대신에 뱃밥(밧줄 중에서 낡든지 하여 못쓰게 된 것을 일일이 손으로 풀어놓은 것을 말한다. 옛날에 죄수들이 주로 뱃밥을 만들었으며, 뱃밥은 선박의 틈새를 매우는 데 쓰였다/옮긴이)을 만들었습니다. 아! 이제 당신이 2년 1주일 동안 갇힐 차례군요. 오늘은 나의 승리요. 나는 여기 모인 모든 영국인들의 가슴에서 복수의 천사를 불러내고 있습니다. 들으시오! 당신은 이 거대한 군중의 숨결에서 천사의 날개가 퍼덕이는 것을 느끼시오! 당신은 이것이 공공의 문제가 아니라고 말할 수 있겠지요. 그러나 이건 공공의 문제입니다. 왜냐하면 죄수의 아내에게 동정심을 느끼지 못하는 사람은 노동자의 아내에게도 동정심을 느끼지 못할 것이기 때문입니다. 그의 과거 삶이 그걸 입증하고 있습니다. 오늘 그의 약속도 절대로 다르지 않습니다. 누가 아일랜드 강압법안(Irish Coercion Bill: 아일랜드에 소요사태가 발생할 시에 강압적인 통치가 가능하도록 하자는 내용의 법안이었으나 1846년에 부결되었다/옮긴이)

과 언론탄압법, 아일랜드 언론 매수를 지지했습니까? 휘그당입니다! 저기 앉아 있습니다. 저 사람을 내쫓으십시오! 누가 참정권을 확대하려는 흄(Joseph Hume)의 발의에 15번이나 반대했습니까? 휘그당입니다. 저기 앉아 있습니다. 저 사람을 내쫓으십시오! 캠브리지 공작의 연봉을 1만2천파운드 삭감하자는 안에, 육군과 해군을 감축하자는 안에, 또 자신의 세금을 포함한 모든 세금을 줄이자는 안에 48번이나 반대한 사람이 누구입니까? 휘그당입니다. 저기 앉아 있습니다. 저 사람을 내쫓으십시오! 종이세와 광고세, 말하자면 지식에 대한 세금의 폐지에 반대한 사람이 누구입니까? 휘그당입니다. 저기 앉아 있습니다. 저 사람을 내쫓으십시오! …… 인류애의 이름과 신의 이름으로 저 사람을 내쫓으십시오! 핼리팩스의 남자들이여! 영국의 남자들이여! 두 가지 시스템이 여러분 앞에 놓여 있습니다. 지금 심판하시고 선택해 주십시오."

"거수투표의 결과 어니스트 존스와 헨리 에드워즈가 선출되었다고 시장이 선언했다. 그러자 우드와 크로슬리가 유권자 투표를 요구했다."

존스가 예측한 일이 현실로 나타났다. 그가 2만표로 지명되었다. 그러나 휘그당의 찰스 우드와 맨체스터 학파인 크로슬리가 5백표로 선출되었다.

〈뉴욕데일리 트리뷴, 1852년 8월 10일〉

32

빈곤과 자유무역,
그리고 다가오는 경제위기

<u>1852년 10월 12일, 런던</u>

밴베리의 어느 맥아 제조소에서, 무역위원회 위원장인 헨리
(Joseph Warner Henley)가 최근 농사를 짓는 친구들에게 구호 대
상자들의 숫자가 자유무역과는 아무런 관계가 없는 상황 때문에
감소했다고 설명했다. 무엇보다도 아일랜드의 기근과 해외에서 일
어난 금의 발견, 아일랜드 사람들의 대량 이민, 그에 따른 영국 해
운업의 수요 증가 등이 그 원인으로 제시되었다. 여기서 우리는
"기근"으로 빈곤을 퇴치하는 것은 비소(砒素)로 쥐들을 죽이는 것
이나 다름없는 잔인한 방법이라는 사실을 고백하지 않을 수 없다.

　"현재 영국이 번영을 누리고 있으며 또 그에 따른 자연스러운 결

과로 구빈원이 비게 되었다는 사실을 토리당원들은 적어도 인정할 수 있어야 한다."고 '이코노미스트'는 전한다.

이어서 '이코노미스트'는 자유무역에 회의적인 이 무역위원회 위원장에게 구빈원이 비게 된 것은 자유무역의 결과이며, 만일 자유무역이 활짝 꽃을 피우도록 허용한다면 구빈원 자체가 영국 땅에서 영원히 사라질 것이라는 점을 보여주려 노력한다. 그런데 '이코노미스트'의 통계가 본래 의도한 바를 입증하지 못하는 것은 유감이 아닐 수 없다.

현대의 상공업은 5년 내지 7년의 주기를 거친다는 것은 잘 알려져 있다. 그 주기에 정지기와 번영기, 과잉거래기, 침체기가 차례로 나타난 뒤에 다시 정지기로 들어간다.

이 같은 사실을 바탕으로 '이코노미스트'의 통계를 다시 보도록 하자.

극빈자들의 구호에 지출된 예산 총계를 보면 1834년에 6,317,255파운드였다. 그러던 것이 1837년에는 최소의 수준인 4,044,741파운드로 떨어졌다. 그때부터 구빈예산은 1843년까지 매년 다시 증가한다. 1843년의 예산은 5,208,027파운드였다. 1844년과 45년, 46년에는 구빈예산이 다시 줄어들다가 4,954,204파운드까지 떨어졌다. 그러다가 다시 1847년과 48년에 구빈예산이 올라갔다. 1848년에는 구빈예산이 6,180,764파운드였으며, 이는 새로운 구빈법(救貧法)(Poor Law: 1934년에 제정되었으며 이 법에 따라 신체 건장한 극빈자들이 교도소나 다름없는 구빈원에 수용되었다/옮긴이)이 마련되기 전인 1834년 수준에 거의 육박하는 것이다. 1849년부터 구빈예산이 해마다 다시 줄어들어 1852년에는 4,724,619파운드까지 떨어졌다. 그러나 1834년부터 1837년까지는 번영의 시기였으며, 1838년부터 1942년까지는 위기와 침체의 시기였고, 1849년부터 1852년까지는 다시 번영의 시기였다.

그렇다면 이 통계는 무엇을 증명하고 있는가? 영국의 구호 대상자들의 숫자는 자유무역이나 보호무역과는 아무런 상관이 없는, 정체와 번영의 주기에 따라 증가했다가 감소했다는 것 외에는 아무것도 보여주지 못한다. 오히려 자유무역이 실시된 1852년에 지출된 구빈예산은 아일랜드의 기근(1845년부터 1847년까지 기근이 아일랜드를 강타해 농장을 폐허로 만들고 농민 빈곤자들을 양산했다. 아일랜드 농민의 주식인 감자가 마름병에 거의 전멸하다시피 했음에도 불구하고 영국인 지주들이 아일랜드 농산물을 수출함에 따라, 많은 아일랜드 주민들이 굶어죽는 사태가 발생했다/옮긴이)과 오스트레일리아의 금덩이, 꾸준한 이민 등에도 불구하고, 보호주의가 실시되던 1837년에 비해 679,878파운드나 더 많은 것으로 나타났다.

자유무역을 옹호하는 영국의 또 다른 한 신문은 자유무역이 수출을 증가시키고, 수출이 번영을 낳고, 그 번영으로 구호 대상자들이 줄다가 마침내 사라질 것이라는 점을 입증하려고 시도한다. 그러면서 이를 뒷받침하기 위해 다음과 같은 수치를 제시한다. 신체 건장한 사람들 중에서 교구의 도움을 받는 사람들의 숫자이다.

1849년 1월 1일 현재: 590개 구빈구, 201,644명

1850년 1월 1일 현재: 606개 구빈구, 181,159명

1851년 1월 1일 현재: 606개 구빈구, 154,525명

이때의 잉글랜드와 아일랜드의 수출을 보자.

1848년	48,946,395파운드
1849년	58,910,833파운드
1850년	65,756,035파운드

과연 이 통계는 무엇을 증명하는가? 구호 대상자가 2만 명 이상 줄어든 1849년에 수출액이 9,964,438파운드 증가했다. 그리고 1850년에는 구호 대상자가 26,634명 줄어들었고 수출액은 6,845,202파운드 늘어났다. 그렇다면 자유무역이 경기순환과 그에 따르는 부침(浮沈)을 완전히 해소한다고 가정할 경우, 신체 건장한 구호 대상자들을 완전히 없애는 데는 현재의 체제 아래에서는 외국무역이 매년 5,000만 파운드 늘어나야 한다. 다시 말하면, 수출이 거의 100% 증가해야 한다는 뜻이다. 그런데 똑똑한 중산계급 통계 전문가들은 이를 근거로 대담하게도 '유토피아' 운운 한다. 정말이지, 이들 중산계급 낙천주의자들보다 더 위대한 이상주의자는 어디에도 없다.

방금 나는 구빈법위원회(Poor Law Board)가 발표한 문서들을 입수했다. 이 문서들은 지금 구호 대상자들의 숫자가 1848년과

1851년에 비해 줄어들고 있음을 보여주고 있다. 그러나 이 자료에는 다른 수치도 있다. 구호 대상자들의 숫자가 1841년부터 1844년 사이에는 평균 1,431,571명, 1845년부터 1848년 사이에는 평균 1,600,257명이었다. 1850년에는 1,809,308명이 시설 안이나 밖에서 구호를 받고 있었다. 1851년에는 그런 사람의 수가 1,600,329명이었으며, 이는 1845년부터 1848년 사이의 평균보다도 더 높은 수치이다. 이 숫자들과 인구조사에 나타난 인구와 비교한다면, 1841년부터 1848년 사이에는 인구 1,000명당 89명이 구호 대상자였으며 1851년에는 인구 1,000명당 90명이 구호 대상자인 것으로 드러난다. 따라서 현실 속의 구호 대상자는 1841년부터 1848년 사이의 평균보다 더 늘어났으며, 자유무역과 기근, 번영, 오스트레일리아의 금과 이민의 물결에도 불구하고 그런 현상이 나타났다.

나는 이 경우에 범죄 발생도 증가한다는 점에 주목하고 있다. 의학 잡지 '더 랜싯'(The Lancet)을 보면 불량식품 제조가 자유무역과 함께 꾸준히 증가한 것을 알 수 있다. 매주 '더 랜싯'은 새로운 사건들을 고발함으로써 런던에 공포 분위기를 조성하고 있다. 이 잡지는 런던에서 거래되는 식품에 대한 검사를 위해 내과의사와 화학자들로 위원회를 하나 구성했다. 이 위원회의 보고에 따르면, 불량 커피와 불량 차, 불량 식초, 불량 고추, 불량 오이절임 등 종류를 불문하고 저질 제품이 판을 치고 있다.

물론 자유무역이든 보호무역이든 중산계급 경제정책은 중산계급 사회의 경제적 기반의 자연스런 결과물임과 동시에 필요한 정책이라는 사실까지 지울 수는 없다. 그리고 영국 구빈원에서 생활하는 100만 명에 이르는 구호 대상자의 문제도 영국의 번영과 떼어놓을 수 없다.

이는 한때 중산계급 몽상가들의 환상에 대한 대답으로 제시되었다. 한편으로는 경기순환 중 모든 번영기에 필연적으로 나타나게 되는 것을 자유무역의 결과라고 내세우고, 또 다른 한편으로는 중산계급의 번영으로는 절대로 일어날 수 없는 것을 기대하는 사람들이 바로 중산계급 몽상가들이 아닌가. 구호 대상자들과 번영을 별도로 생각하는 것이 불가능하다는 인식이 자리를 잡게 되자, 1852년이 영국이 옛날에 누렸던 번영을 다시 누린 중요한 해라는 점에 이의를 달기가 어렵게 되었다. 창문세(window tax: 주택의 창문 수를 근거로 계산한 재산세. 18세기와 19세기에 영국과 프랑스에서 사회적으로나 문화적으로 영향력을 크게 행사한 세금이었다. 영국에서는 1696년에 도입되어 1851년에 폐지되었다/옮긴이)의 폐지에도 불구하고 높은 수준의 공공 세입과 해운 수입, 수출품목, 자금시장의 활황, 그리고 무엇보다도 제조업 지역의 전례 없는 활기가 이 같은 사실을 강력히 증명한다.

그러나 19세기 초부터의 교역의 역사에 대해 조금이라도 아는 사람이라면 누구나 경기순환이 과열의 단계로 접어들 때가 다가오고 있으며 그 다음에는 투기과열과 격변이 따를 것이라는 점을 알 수 있다. 그런데도 중산계급 낙관주의자들은 "절대 그렇지 않아!"라고 외친다. "과거의 번영기 중에서 투기가 지금만큼 덜 했던 적은 한 번도 없었어. 현재의 번영은 즉시 유용하게 쓰일 물건들을 생산한 결과야. 이 제품들은 시장에 나오자마자 소비되고 있어. 이것이 생산자에게 충분한 이익을 안겨주며 새로운 생산을 자극하고 확대하고 있는 거야."

달리 표현하면, 현재의 번영이 과거의 번영과 다른 점은 기존의 잉여자본이 산업생산에 직접적으로 투입되고 있다는 점이다. 공장 감독관인 레너드 호너의 최근 보고에 따르면, 1851년에 면직물 공장들에서만 3,717마력의 기계가 늘어났다. 건설 중인 공장들의 수는 거의 끝이 없다. 마치 우후죽순처럼 생겨나고 있다. 여기에 150마력의 방적공장이 세워지고 있고, 저기에 600개의 베틀을 갖춘 직조공장이 세워지고 있다. 또 다른 곳에 6만 개의 물레가락과 620마력을 갖춘 방적공장이 세워지고 있고 200마력과 300마력의 기계를 갖춘 공장들이 세워지고 있다. 그러나 그 중에서 가장 큰 것은 모직물과 혼방(混紡) 제품을 제조하는 공장으로 브래드포드 근처에 짓고 있다.

"티투스 솔트 씨가 짓고 있는 공장에 대한 관심이 얼마나 대단한 지는 거기에 들어가는 땅이 자그마치 6에이커에 달한다는 사실로도 충분히 짐작할 수 있다. 주 건물은 건축적인 미까지 갖춘 거대한 석조물이 될 것인데, 방 하나의 길이만 540피트가 될 것이며 첨단 기계류를 갖출 것이다. 이 거대한 기계를 움직일 엔진은 맨체스터의 페어베언(Fairbairn) 씨가 제작하고 있으며 1,200마력을 자랑할 것으로 보인다."

그렇다면 즉시적인 산업 생산에 이처럼 거대한 자본을 투입하는 현상 다음에는 무엇이 따를까? 위기가 따르지 않을까? 절대 그렇지 않다고들 한다. 그러나 그런 예상과 정반대로, 그 위기는 산업적인 성격보다 상업적이고 금융적인 성격이 더 강했던 1847년의 위기보다 훨씬 더 위험한 성격을 띠게 될 것이다. 이번의 위기는 제조업 지역에 가장 큰 타격을 입히게 될 것이다. 1838년부터 1842년까지 이어진 전례 없던 경기침체를 떠올려보라. 그것 역시 산업계의 과잉생산의 직접적인 결과였다. 잉여자본이 다양한 투기 채널로 흘러가지 않고 산업생산에 집중될수록, 그 위기는 노동자 계층과 중산계층 엘리트들을 더 직접적으로, 더 강하게, 또 더 오랫동안 강타할 것이다. 그리고 만일 격변이 일어나는 시점에 시장에 이미 과도한 양의 제품들이 풀려 있다면, 새로 신축되고 있거나 신축된 이 공장들은 어떻게 되는가?

나는 간행물 '프렌드 오브 인디아'(The Friend of India)에서 다가올 위기의 성격을 가늠하게 하는 또 다른 통계를 하나 얻었다. 거기에 포함된 캘커타의 상업에 관한 자료를 보면, 1851년에 캘커타로 수입된 면직물의 가치가 4,074,000파운드에 달했다. 이는 전체 무역의 거의 3분의 2를 차지하는 금액이다. 1852년에는 전체 수입량이 그보다 더 클 것이다. 이 수치엔 봄베이와 마드라스, 싱가포르로 수입된 양은 포함되지 않았다. 그러나 1847년의 위기가 인도 무역의 실상을 보여주었기 때문에 지금은 "영국의 인도 제국"이 수입하는 양이 전체 양의 3분의 2를 차지하는 그런 산업 번영이 최종적으로 어떤 결과를 낳을 것인지에 대해 궁금해 하는 사람은 아무도 없다.

현재와 같은 성격의 번영 뒤에 따를 격변에 대한 설명으로는 이 정도면 충분하다. 이 격변이 1853년에 닥칠 것이라는 점은 여러 가지 징후로 점쳐지고 있다. 특히 영국은행의 과도한 금 보유와 금의 대량 유입이 일어난 특별한 환경이 격변을 예고하고 있다.

지금 영국은행의 금고에는 21,353,000파운드의 금이 들어 있다. 이 유입에 대해 오스트레일리아와 캘리포니아에서 금을 과잉 생산하고 있는 현상으로 설명하려는 시도가 있었다. 몇 가지 사실들을 얼핏 보기만 해도 이런 관점이 옳지 않다는 사실이 드러난다.

영국은행의 금보유량이 증가한 것은 실제로 보면 다른 제품의 수입이 줄어든 결과에 지나지 않는다. 달리 말하면, 수입보다 수출이 더 많다는 뜻이다. 최근의 무역품 목록을 보면 실제로 삼과 설탕, 차, 담배, 포도주, 양모, 곡물, 기름, 코코아, 밀가루, 염료, 가죽, 감자, 베이컨, 돼지고기, 버터, 치즈, 햄, 쌀과 영국령 인도와 유럽 대륙의 모든 제조품의 수입이 크게 줄었다. 1850년과 1851년에 수입이 과잉이었다는 증거가 있다. 이런 과잉수입뿐만 아니라 흉작으로 인해 유럽 대륙에서 일어난 빵 재료들의 가격인상도 수입을 떨어뜨리고 있다. 면화와 아마의 수입만 증가를 보이고 있다.

이 수출초과가 환율이 영국에 유리한 이유를 설명해준다. 다른 한편으로는, 이 수출초과를 금으로 균형을 맞추는 것이 영국 자본 중 상당 부분이 잠을 자도록 만들며 은행들의 지불준비금을 높이고 있다. 개인들뿐만 아니라 은행들도 잠을 자고 있는 자본을 투자할 곳을 찾으려고 혈안이 되어 있다. 그렇기 때문에 융자 가능한 자본이 남아돌고 이자율이 낮게 유지되고 있다. 1등급 어음의 할인율이 1.75%에서 2% 수준이다. 지금 어떤 자료라도 좋으니 무역의 역사를 한번 들춰보라. 툭(Thomas Tooke)의『가격의 역사』 (History of Prices)도 좋다. 위기의 앞에는 이런 징후들이 동시에 나타난다는 것이 확인될 것이다.

영국은행의 금고에 비이상적일 만큼 금이 축적되고, 수출이 수입을 크게 압도하고, 환율이 영국에 유리하고, 융자 가능한 자본이 풍부하고, 이자율이 낮은 현상이 동시에 일어나는 것이다. 이런 상황에서 한편에선 수입이 다시 증가하기 시작하고 다른 한편에선 매력적인 온갖 종류의 거품에 대한 묻지마 식의 투기가 틀림없이 시작된다. 그러나 이 같은 과열상태는 격변의 전조에 지나지 않는다. 과열은 번영의 절정이다. 과열이 위기로 이어지지는 않는다. 다만 과열은 위기의 발발을 부추긴다.

영국 경제에 대해 공식적으로 예측하는 사람들은 이 관점을 정설이 아니라는 이유로 무시한다는 사실을 나는 잘 알고 있다. 하기야 그 유명한 로빈슨(Frederick John Robinson) 영국 재무장관이 위기가 나타나기 직전인 1825년에 의회에서 어마어마한 번영이 도래할 것이라는 장밋빛 전망을 내놓은 뒤로, 중산계급 낙천주의자들이 위기를 예견하거나 예상한 적이 한번이라도 있었는가? 번영만 구가한 시기는 단 한 번도 없었다. 그러나 중산계급 낙천주의자들은 이번에는 메달에 뒷면이 없다는 것을, 또 냉혹한 운명의 신이 압도될 것이라는 점을 입증해보이려 들었다. 그러다가 위기가 터지는 날이면 그들은 통찰과 주의력의 부족을 탓하는 도덕적인 설교로 무역과 산업계를 비판하면서 스스로는 아무런 해를 입지 않는다.

　이런 짧은 기간의 상업 및 산업 번영이 엮어내는 정치의 기이한 상황이 다음 편지의 주제가 될 것이다.

　　　　　　　　　　　　〈뉴욕 데일리 트리뷴, 1852년 11월 1일〉

33

오스트리아의 파산

전쟁이 임박하고 또 그에 따라 전쟁 물자가 많이 필요하게 되었음
에도 불구하고, 프랑스와 오스트리아 정부는 아직 '전쟁건'(戰爭
腱) 즉 화폐의 힘을 강화하는 데 성공하지 못했다. 프랑스 재정장
관이 재무 담당 관리들과 크레디 모빌리에, 그리고 파리의 주요 금
융가들을 불러 호화로운 만찬을 베풀었음에도 불구하고, 그곳에
참석한 자본가들은 완고하고 또 일종의 신중한 애국심을 고집하는
것으로 드러났다. 여기서 말하는 신중한 애국심이란 국가로부터
최대한 많은 이자를 끌어냄으로써 공공의 이해관계를 바탕으로 사
적인 이해관계를 챙기려는 태도를 일컫는다. 따라서 프랑스 정부
가 제안한 2억 프랑의 융자에 대한 조건은 아직도 정해지지 않은

상태로 남아 있다.

　오스트리아에 대해 말하자면, 오스트리아가 서구의 강대국들에게 우호적인 감정을 보이도록 만든 중요한 동기의 하나가 바로 돈 있는 사람들의 신뢰를 다시 얻어서 재정난에서 벗어나보겠다는 희망이라는 점에는 이론의 여지가 없다. 왕실의 땅 600만 에이커 중 상당 부분을 매각하겠다는 선언으로, 그리고 1854년 2월 23일자로 된 재정 관련 포고로 국민들을 놀라게 만들었을 때에도, 정말로 빈의 기관지는 오스트리아의 중립과 프랑스와의 상호 이해(理解)에 대해서는 거의 언급을 하지 않았다. 재정 관련 포고에는 정말 놀랄 만한 내용이 담겨 있었다. 현재 유통 중인 국가 발행 지폐 1억5,000만 플로린 전부와 강제통화 전부를 '내셔널 뱅크'로 넘겨 은행권으로 바꾸고, 이 교환이 만료되는 날부터 재무부가 발행한 모든 돈은 유통에서 배제되고 국가 지폐는 더 이상 발행되지 않는다는 내용이었다. 이 교환에서, 제국 정부는 은행으로 넘겨진 지폐에 대한 지급을 은행에 보증하며, 그 전환과 관련된 비용에 대해서도 은행에 보상해주겠다고 약속했다. 이런 식으로 발생하게 된 국가 부채의 상환을 위해, 정부가 은행에 매년 1,000만 플로린을 지급하고, 이 할부금의 지급에 대한 담보로 미래의 관세수입을 제공하고 그 관세수입의 일정 부분을 금으로 지급하기로 했다. 동시에 정부는 은행이 그 의무를 모두 수행하고 금 지급을 재개할 수 있도록 최대한 도와주게 되어 있다. 그런 한편 은행권 소지자들이 은행권을 금으로 지급 가능한 이자부(利子附) 부채로 기꺼이 바꾸도록 하기 위해, 내셔널 뱅크는 모든 점에서 국가의 공채와 똑같은 이자부 채권을 발행하는 일을 맡는다. 정부는 또한 '교환지폐' (Redemption note)와 '예상지폐'(Anticipation notes)(이 지폐에 대한 설명은 이 글 뒷부분에 나온다/옮긴이)로 알려진 것을 회수하여 유통에서 완전히 제외시킬 것이다.

강제로 유통되던 국가 지폐를 태환 불가능한 은행권으로 전환하는 것은 화폐의 양도 줄이지 못하고 화폐의 질도 개선하지 못할 것이다. 그러나 화폐의 종류를 단순화하는 효과는 누릴 것이다. 국가는 은행이 지폐를 회수하도록 할 수단을 갖고 있다. 그렇기 때문에 국가는 국가 소유가 아닌 어떤 은행의 도움을 받지 않고는 신용을 회복하지 못할 정도로 신뢰도가 크게 떨어졌다고 생각하지 않는 한, 그 수단을 이용하려 할 것이다. 따라서 프란츠 요제프 1세 황제 정부가 군사적 색채를 띠어갈수록, 빈 은행의 유대인들에 대한 황제의 의존도 또한 커져갔다. 1852년 1월에 그는 빈 은행의 유대인들에게 그문덴과 아우스제의 제염소(製鹽所)를 담보로 내놓았다. 1854년 2월엔 유대인들은 전체 제국의 관세수입에 대한 담보권을 획득했다. 빈 은행은 차근차근 제국의 진짜 주인이 되어가고 있고, 정부는 제국의 명목상 소유자로 전락하고 있다. 정치권력에 참여하겠다는 중산계급의 요구에 저항할수록, 오스트리아 정부로서는 중산계급의 한 부분을 차지하고 있는 금융업자의 횡포를 더 많이 참아내야 한다.

지금까지 그 내용을 살핀 칙령은 은행권을 이자부 부채로 전환하고 이자부 부채를 금으로 지급하기로 함으로써 은행권의 소지자들을 돕는 듯한 모양새를 취하면서 새로운 융자를 얻으려는 의도를 숨기고 있다. 1852년에 오스트리아 정부는 또한 다양한 종류의 소액 지출과 의무를 금으로 지급하겠다고 약속했다. 그러나 정부가 세금을 국가지폐 또는 은행권으로 받았기 때문에, 행정부는 런던과 프랑크푸르트에서 3,500만 플로린의 융자 계약을 맺지 않을 수 없었다. 물론 새로운 융자는 옛날의 적자를 키울 것이고, 더욱 늘어난 적자는 지폐의 발행으로 이어질 것이며, 그러면 당연히 정부가 피하려던 통화과잉과 가치하락을 부르게 되어 있다. 통용되고 있는 은행의 지불수단을 1억5,000만 플로린 늘리는 것이 곧 은행이 당초 계약한 사항을 이행하고 현금 지급을 재개하는 수단이 되듯이, 정부가 정화(正貨)로 지급할 것과 은행권으로 지급할 것을 구분한 것은 은행권을 불신으로부터 구원하는 아주 좋은 수단이다. 정부는 관세로 받는 정화의 액수에 따라서 은행에 정화로 지급할 것이다. 그러나 오스트리아의 농부들뿐만 아니라 큰 도시의 시민들까지도 중국인이나 인도인들처럼 축적하기를 좋아한다는 사실은 널리 알려져 있다. 그 결과 1850년에는 구리까지 쌓아두는 사태까지 빚어졌다. 1854년에는 시민들이 모두가 지폐로 지급하고 있다. 17%를 할인한 금액으로 받는데도 이런 현상이 나타나고 있다.

오스트리아 재무부의 과거 역사에 정통한 사람들은 새로운 법령이 제시하는 약속이나 그 법령이 의지하는 금융장치에서 특이한 점을 발견하지 못할 것이다. 오스트리아에서 지폐가 처음 발행된 것은 7년전쟁(1756년-1763년: 오스트리아가 왕위계승전쟁에서 프로이센에 패해 빼앗긴 독일 동부의 슐레지엔을 되찾기 위해 프로이센과 벌인 전쟁을 일컫는다. 유럽의 강대국 거의 모두가 참가해 유럽뿐만 아니라 식민지에서도 전쟁을 벌였다/옮긴이)이 끝날 무렵 마리아 테레사 여제(Maria Theresa: 1717-1780) 치하에서였다. 원래의 지폐는 정부가 은으로 교환을 보장해주는 은행권이었다. 그러다가 프랑스와의 전쟁 결과 재정적 어려움에 처하게 되자 오스트리아 정부는 1797년에 은행권을 은으로 교환해주던 제도를 폐지했다. 마리아 테레사 여제 치하에서 처음 발행된 1,200만 플로린을 포함하여, 1809년의 은행권 총액은 1,060,793,653플로린에 달했다. 따라서 플로린의 가치하락도 최고조에 달했다. 1811년 2월 20일에 정부는 모든 은행권의 유통을 정지시키고 '빈 통화'(Wiener Wahrung)라 불리는 새로운 통화로 100대 20의 비율로 바꿀(redeem) 것을 지시하는(여기서 'Redemption notes'라는 이름이 생겼다) 조치를 취했다. 정부는 이것이 국가의 진정한 돈이라고 선언하고, 새로운 화폐는 은행권을 교환하는 데 필요한 양을 절대로 넘어서지 않을 것이라고 약속했다. 1811년 5월에 이미 '빈 통화'는 8%의 할인율로 유통되고 있었으며, '예상지폐'(Anticipation notes)가 발행되었다. 이런 이름이 붙여지게 된 이유는 향후 12년 동안의 세금 일부에 대한 처분을 예상한 지폐였기 때문이다. '예상지폐'의 첫 발행분은 정말로 4,500만 플로린에 지나지 않았다. 그리고 12년 동안의 상환을 위해 매년 375만 플로린을 토지세에서 떼게 되어 있었다.

그러나 전쟁의 결과 새로운 '예상지폐'가 소리소문 없이 연이어 발행되었다. 그럴 때마다 '예상지폐'의 가치가 떨어졌다. 1815

년에 은(銀)에 대한 프리미엄이 '빈 통화'의 4배나 되었다. 1816년 6월 1일 황제의 칙령이 한 번 더 발표되었다. 앞으로 오스트리아는 불환지폐를 절대로 발행하지 않을 것이며, 유통 중인 지폐를 점진적으로 회수하고 유통의 표준 매체로 정화(正貨)를 복구하겠다는 내용이었다. 이 약속을 이행하기 위해, 화폐발행의 특권을 갖는 내셔널 뱅크가 1818년 1월 18일 설립되었으며, 국가는 이 은행과 불환지폐를 거둬들이기 위한 일정에 합의했다. 그러나 1852년 6월 말에 우리는 또 다시 오스트리아 재무부가 관영 신문을 통해 중대한 선언을 하고 있다는 사실을 다시 확인하고 있다. 미래에는 강제적인 융자와 특별세, 화폐가치의 절하는 철저히 배제될 것이며, 오스트리아의 지폐는 지금은 아니더라도 미래에는 액면 금액 그대로 정화로 교환될 것이며, 지금 고려되고 있는 융자는 국가가 발행한 지폐를 거둬들이고 은행에 대한 국가의 부채를 상환하는 데 쓰일 것이라는 내용이었다. 이런 약속의 공허함을 보여주는 증거로 이런 내용의 발표가 주기적으로 나온다는 사실보다 더 확실한 것이 있을까?

마리아 테레사 여제 통치 하에서 오스트리아 정부는 정화로 태환이 가능한 은행권을 자체적으로 발행할 수 있을 만큼 강력했다. 1818년에 오스트리아는 정부 지폐를 회수하기 위해 화폐발행권을 갖는 은행의 설립에 기대지 않을 수 없었다. 민간 자본가들의 소유인 이 은행은 국가에 큰 부담을 안겨줄 수도 있는 혜택을 받았으나 철저히 태환 가능한 범위 안에서만 화폐를 발행하기로 다짐했다. 1854년에 오스트리아 정부가 한 은행에 도움을 호소하고 있는데,

지금 이 은행이 발행한 화폐는 오스트리아라는 국가만큼이나 가치가 하락되어 있고 또 태환이 이뤄지지 않고 있다.

비록 1815년부터 1846년까지 오스트리아가 내부적으로 평화와 안정을 누렸다 할지라도, 오랜 기간 끝에 찾아온 첫 번째 충격에 이 나라는 전혀 준비가 되어 있지 않은 것으로 드러났다. 1846년 2월 말에 크라쿠프에서 일어난 반란(폴란드인이 독립을 위해 일으킨 반란으로 9일간 이어졌다/옮긴이)과 갈리시아의 소요 사태 때문에 공공지출이 1845년과 비교하여 1,000만 플로린 이상 늘어났다. 증가의 주된 원인은 군사비였다. 1845년에 50,624,120플로린이던 군사비는 1846년에는 700만 플로린이나 더 늘어났다. 속주들의 관리비용도 200만 플로린 정도 증가했다. 1847년에는 통상위기와 흉년이 겹쳐 소비세 수입이 크게 줄어든 반면, 군사비는 이탈리아의 소요 사태 때문에 6,500만 플로린으로 크게 늘어났다. 1848년과 1849년에는 이탈리아와 헝가리에서 일어난 전쟁으로 인해 군사비가 크게 늘어났으나 전체 속주에서 거둬들인 세입은 오히려 줄어들었다. 그 적자가 1848년에 4,500만 플로린, 1849년에 1억2,100만 플로린으로 나타났다. 강제통화의 성격을 지닌 국가 지폐가 1849년에 7,600만 플로린 발행되었다. 이 일이 있기 오래 전에 이 은행은 정화(正貨) 지급을 중단했으며, 이 은행의 은행권에 대해 정부가 태환불능을 선언했다. 1850년에는 적자가 5,400만 플로린 일어났으며 프러시아와의 전쟁 가능성이 지폐의 가치를 할인율 60%까지 떨어뜨렸다. 1849년과 1850년, 1851년에 발행된 국가지폐의 총액은 2억1,900만 플로린이었다. 1852년에는 적자

규모가 1849년에 비해 800만 플로린, 1847년에 비해 4,600만 플로린 더 커졌다. 1851년에는 전쟁 예산이 1억2,600만 플로린이었으며, 이는 1847년의 2배에 해당하는 수치이다. 1952년에는 경찰 비용도 1848년보다 4배나 큰 900만 플로린에 달했다. 1853년에도 경찰비용과 전쟁비용 모두 증가했다.

그러나 진짜 물음은 어쩌다 오스트리아가 재정적 궁지로 몰렸는가 하는 것이 아니다. 이처럼 은행권과 부채에 빠져 허덕이고 있으면서도 오스트리아가 어떻게 공식적인 파산을 면하고 있는가 하는 것이 정말 중요한 물음이다. 1850년에 오스트리아의 세입은 1억9,600만 플로틴이었는데, 이는 1848년보다 많고 1849년보다 4,200만 플로린 더 많은 수치이다. 1851년에는 세입이 2억1,900만 플로린이었다. 이어 1852년에는 세입이 2억2,600만 플로린에 달했으며, 이는 1851년보다 600만 플로린 더 많은 액수다. 이런 식으로 오스트리아의 세입은 지속적으로 늘어났다. 비록 1852년의 증가폭이 1851년보다는 작고, 1851년의 증가폭이 1850년보다는 작았지만 말이다.

그런데 이 세입의 증가는 어디서 나왔을까? 사르디니아의 전쟁배상과 롬바르디아와 베네치아의 몰수로 거대한 돈을 챙긴 외에, 오스트리아 농부를 지주로 바꿔놓은 것도 당연히 그 나라의 세금 납부능력과 토지세 수입을 키웠다. 동시에 세습법원의 폐지도 그전까지 귀족들이 사법권의 행사로 누렸던 소득이 국고로 들어오도록 만들었다. 이 수입도 1849년 이후로 줄곧 증가해왔다. 그러다가 1849년 10월 29일의 법령으로 도입된 소득세의 수입이 많았다. 이 세금은 이탈리아 내 오스트리아의 속주에서 특히 많이 걷혔다. 예를 들어 1852년의 경우 독일과 슬라브의 속주들에서 나온 소득세가 모두 합쳐 6억100만 플로린이었는데, 이탈리아 속주들에서 나온 소득세만 6억3,900만 플로린이나 되었다. 그러나 오스트리아 제국을 공식적 파산에서 구해준 중요한 요인은 헝가리 병합과 오스트리아와 다른 속주들의 과세제도를 통합시킨 조치였다.

오스트리아 과세제도의 바탕은 토지세인 것으로 여겨진다. 1817년 12월 23일에 황제 칙령이 발표되었다. 이 칙령에서 프란츠 1세 황제는 독일과 슬라브와 이탈리아 속주 전역에 걸쳐서 토지세를 통일시키겠다는 의지를 발표했다. 이 칙령은 또한 미래의 토지세에 대해서는 "부동산이나 주택 소유자의 개인적 자격에 따른 면제가 절대로 없을 것"이라고 강조했으며 이 조항은 대체로 잘 지켜졌다. 오스트리아 대공국 안에서 1834년에 새로운 측량법이 도입되었다. 이로써 오스트리아 대공국은 새로운 제도가 실시된 최초의 세습 영토가 되었다. 롬바르디아는 카를 6세(Charles VI) 때부터 탁월한 측량법을 확보하고 있었다. 그러나 헝가리와 트란실바니아는 토지세에는 아무것도 기여하지 않았으며 다른 세금에 있어서는 제국의 다른 속주들과 비슷한 수준이었다. 헝가리 헌법에 따라서, 토지를 소유한 헝가리 사람들 중에서 상당한 비중이 어떠한 종류의 직접세도 내지 않았으며, 다른 속주에 부과된 몇 가지 간접세들도 헝가리와 트란실바니아에는 전혀 압박으로 작용하지 않았다. 헝가리와 트란실바니아와 국방 국경 지역(오스만 제국의 침입에 대비해 오스트리아 제국 국경지역에 설정한 일종의 완충지대를 말한다/옮긴이)의 인구는 모두 합쳐서 1846년에 14,549,958명이었다. 한편 이 제국의 다른 속주들의 인구는 24,901,675명이었다. 그렇다면 헝가리와 트란실바니아 지역의 인구가 전체 세입의 7/18을 부담해야 한다. 그러나 1846년에 헝가리와 트란실바니아가 낸 세금은 2,300만 플로린으로, 그해 전체 세입 1억6,400만 플로린에 비하면 1/7에도 미치지 못했다.

요제프(Joseph) 2세 황제는 오스트리아 군주국의 중앙집권화와 완전한 '독일화'(germanization)라는 원대한 꿈을 품었던 터라 헝가리를 다른 속주들과 똑같은 기반 위에 올려놓으려고 고의로 헝가리에 혁신을 많이 도입했다. 그러나 이런 노력이 그 나라 국민들에게는 인생 말년에 접어든 요제프 2세가 헝가리 국민들도 네덜란드 주민들(1789년에 오스트리아가 지배하던 네덜란드에서 오스트리아의 통치에 반대하는 반란이 일어났다. 이 반란은 요제프 2세가 죽은 뒤인 1790년에 진압되었다/옮긴이)처럼 반란을 일으키려 하는 것이 아닌가 하고 두려워하는 모습으로 비쳤다. 레오폴드 2세와 프란츠 1세, 페르디난트 1세 황제들은 이런 위험한 실험을 감히 되풀이하지 않았다. 헝가리 혁명이 러시아의 지원으로 진압된 뒤, 헝가리 헌법에 담긴 세금 혜택 조항도 더 이상 적용되지 않게 되었다. 프란츠 요제프 황제의 경우에는 헝가리 헌법을 수호하겠다는 선서를 하지 않았고, 또 그런 선서를 한 적이 없다는 이유로 페르디난트를 이어 황제가 될 수 있었다. 그런 그였기에 즉위하자마자 헝가리에도 왕실의 다른 땅들과 똑같은 기반의 토지세를 도입했다. 게다가 1850년 10월 1일에 헝가리 국경이 허물어짐에 따라, 오스트리아 군주국은 세금뿐만 아니라 관세에서도 단 하나의 영토가 되었다. 이어 1851년 3월 1일에는 헝가리에 소비세와 담배세도 도입되었다. 헝가리 속주들 안에서 늘어난 직접세만도 1851년에 1,150만 플로린, 1852년에 800만 플로린에 달했다.

그렇다면 헝가리와 롬바르디아를 소유한 것이 오스트리아 제국의 정치적 존립뿐만 아니라 경제적 존립에도 결정적으로 중요했다는 결론이 가능하다. 따라서 헝가리와 롬바르디아를 상실할 경우 오랫동안 미뤄졌던 오스트리아 제국의 파산이 불가피해진다는 결론도 가능하다.

〈뉴욕 데일리 트리뷴, 1854년 4월 22일〉

34

영국의 무역위기

오래 전에 증상이 나타났던 영국의 무역위기는 이제 하나의 사실
이 되었다. 이 문제를 책임진 최고 당국자들까지도 소리 높여 무역
위기를 외치고 있다. 영국 상공회의소가 발간하는 연례보고서들
도, 영국의 굵직한 무역회사들도 모두가 아우성이다. 파산이 광범
위하게 일어나고 있고, 공장들은 조업을 단축하고 있다. 통계에 나
타난 수출 감소도 무역이 위기를 맞고 있다는 사실을 보여주고 있
다. "무역과 해운"에 관한 최근의 공식 보고서를 보면, 12월 5일로
끝나는 그 전 1개월 동안의 수출액을 3년에 걸쳐 비교하면 다음과
같다.

연도	수출액(파운드)
1852년	6,033,030
1853년	7,628,760
1854년	5,771,772

　이 수치를 보면 영국의 자유무역주의자들이 현재의 위기를 보는 시각과 그런 관점을 전하려는 노력에 놀라지 않을 수 없다. 이들은 지금의 위기를 영국 체제의 자연스런 결과로 보지 않으며 또한 18세기 말 이후로 주기적으로 경험하고 있는 위기와 아주 유사하다고 생각하지 않는다. 정반대로 지금의 위기를 비본질적이고 예외적인 환경에서 비롯된 것으로 보고 있다. 그들의 학파의 주장에 따르면, 곡물법이 폐지되고 자유무역 원칙이 영국의 법으로 채택되고 나면 무역위기 같은 것은 절대로 일어날 수 없다. 그런데 지금 영국에선 풍년이 들었는데도 곡물가격이 높을 뿐만 아니라 무역위기까지 벌어지고 있다. 캘리포니아와 오스트레일리아가 세계시장에 합류하면서 금을 쏟아내고 있고, 전신이 유럽 전체를 하나의 주식시장으로 묶고 있고, 철도와 기선이 통신과 교환수단을 상상이 어려울 정도로 강화하고 있다. 만일 자유무역이라는 그들의 만병통치약의 효과가 어떤지를 시험해야 한다면, 교역과 통상의 역사에서 1849년부터 1854년 사이의 시기를 두드러지게 만든 상황보다 더 좋은 조건은 없을 것이다.
　자유무역주의자들은 자신들의 약속을 현실로 실현시키는 데 실패했다. 자연히 전쟁이 자유무역의 희생양이 될 것이다. 1848년에 혁명이 희생양이 되었던 것처럼 말이다. 그러나 그들은 동방의 분규(허약해진 오스만 제국을 둘러싸고 강대국들이 빚는 갈등을 일컫는다/옮긴이)가 중산계급의 무모한 모험심을 저지하고 최근에 잉여자본의 일부를 유럽 강대국들에 융자할 길을 열어줌으로써 격변을 어느 정도 연기시켰다는 점을 부정하지 못한다. 또 철과 가죽과 양모 같은 일부 품목의 교역은 전쟁에 따른 특수(特需)에 힘입었다는 점도 부정하지 못한다. 마지막으로, 대청(大靑)(동아시아, 유럽, 아프리카에 걸쳐 널리 분포하는 식물로 염료의 원료로 쓰였다/옮긴이) 무역과 같은 무역과 해운의 경우에는 전쟁의 영향에 대한 과장된 인식 때문에 대서양 양안에서 과도한 투기를 부를 수 있는데, 이런 무역에서도 이미 보편적으로 나타나고 있던 과잉거래가 부분적으로만 해소되었다는 것을 부정하지 못한다. 그러나 자유무역주의자들의 주장은 이렇게 요약될 수 있다. 전쟁이 모든 종류의 곡물의 가격을 높였고, 이 가격인상이 위기를 낳았다는 것이다.

여기서 1853년의 평균 곡물가격이 1854년보다 더 높았다는 사실이 떠오를 것이다. 만일 이처럼 높은 곡물가격이 1853년의 전례 없는 번영을 설명하지 못한다면, 그것은 마찬가지로 1854년의 격변의 원인이 될 수도 없을 것이다. 1836년은 곡물가격이 낮았음에도 불구하고 무역 격변이 있었던 해였다. 1824년은 1853년과 마찬가지로 모든 종류의 식료품의 가격이 높았음에도 불구하고 예외적인 번영을 누렸던 해였다. 그렇다면 진실은 이렇다. 비록 높은 곡물가격이 국내시장을 위축시킴으로써 산업 및 상업의 번영에 큰 타격을 입힐 수는 있다 하더라도, 모든 해외시장들이 이미 절망적일 정도로 재고를 많이 쌓은 상태가 아닌 이상 영국과 같은 국가의 국내시장의 균형은 절대로 깨어지지 않을 것이다. 따라서 그런 국가에서는 높은 곡물가격이 격변을 더욱 강화하고 연장시키긴 하겠지만 격변 자체를 일으킬 수는 없다. 게다가 높은 곡물가격이 보호와 금지법, 슬라이딩 스케일(sliding scale: 물가나 세금, 임금 등을 다른 요인에 따라 조정하는 것을 일컬음/옮긴이)에 의해 생긴 것이 아니라 자연의 주기적인 현상 때문에 생긴 것이라면, 그처럼 높은 가격은 맨체스터 학파의 진정한 원칙에 따라 치명적인 영향력을 잃을 것이며 심지어 농민들에게 혜택을 안겨줌으로써 오히려 이롭게 작용할 수도 있다는 점을 잊지 말아야 한다. 1852년과 1853년의 연이은 흉작이 자연의 사건이라는 점을 부정할 수 없기 때문에, 자유무역주의자들은 1854년으로 눈을 돌리면서 동방의 전쟁이 보호관세와 같은 역할을 하면서 풍작에도 불구하고 물가를 인상시켰다고 주장하고 있다. 빵 재료들의 가격이 산업에 미치는 전반적인 영향을 제쳐놓는다면, 지금의 전쟁이 이들 가격에 어떤 영향을 미쳤을까 하는 의문이 생긴다.

러시아에서 들여오는 밀과 밀가루가 영국의 전체 수입의 19% 가량을 차지한다. 그리고 영국의 밀과 밀가루의 총 소비 중에서 수입이 차지하는 비중은 20%이다. 러시아에서 수입한 양은 전체의 2.5%에 지나지 않는다. 최근 나온 공식 통계에 따르면 1853년 1월부터 9월까지 영국이 수입한 밀의 양은 총 3,770,921쿼터였으며, 이중 773,507쿼터가 러시아 산이고 209,000쿼터가 왈라키아와 몰다비아 산이었다. 밀가루를 보면 전체 수입량은 3,800,746헌드레드웨이트(1헌드레드웨이트는 50.8kg)였으며, 이중 64헌드레드웨이트는 러시아에서 수입되었으며 공국에서 온 것은 전혀 없었다. 전쟁이 일어나기 전의 상황이 이러했다. 1854년의 같은 기간에는 러시아의 항구들에서 수입한 밀의 양이 505,000쿼터였으며, 이는 1853년의 773,507쿼터에 비해 크게 떨어진 양이다. 그리고 다뉴브 공국들에서 온 밀의 양은 118,000쿼터였는데 이것도 1853년의 209,000쿼터에 비하면 크게 낮은 수치이다. 러시아와 다뉴브 공국들의 수치를 합하면 359,507쿼터 만큼 수입량이 줄어들었다. 만일 1854년이 풍년이었고 1853년이 흉년이었다는 점을 고려한다면, 아무도 그러한 수입량의 차이가 물가에 눈에 띌 만한 영향력을 행사할 수 있었을 것이라고 주장하지 못할 것이다. 그러기는커녕, 영국 국내산 밀이 국내시장에서 팔린 양에 관한 공식 통계를 보면 1854년 10월과 11월에 1,109,148쿼터가 팔렸으며 이는 1853년의 같은 기간에 팔린 양 758,061쿼터보다 크게 많은 양이며 러시아 전쟁으로 야기된 것으로 통하는 차이보다 크다. 여기서 영국 내각이 어리석거나 아니면 반역을 하겠다는 듯 다뉴브 강 어귀의 항구 술리나를 봉쇄하여 터키의 밀이 공국들의 곡물창고에서 썩도록 하지만 않았다면, 러시아와의 전쟁이 밀의 수입을 그 정도 수준으로까지 떨어뜨리지는 않았을 것이다. 영국이 수입하는 외국 밀가루 중 거의 3분의 2가 미국에서 들어오고 있기 때문에, 곡물 교역에는 1854년 4/4분기에 있었던 미국의 공급 차질이 러시아 전쟁보다 훨씬 더 중요한 사건이었다는 점을 인정해야 한다.

만일 풍작에도 불구하고 영국에서 곡물가격이 높은 이유에 대해 설명하라는 요구를 받는다면, 우리는 자유무역의 환상들이 상상 가능한 온갖 변칙과 그릇된 생각을 낳았으며, 이런 변칙과 그릇된 생각이 영국의 곡물거래에 작용했다는 점을 한 번 더 언급하게 될 것이다. 가격이 어느 정도 유지되어야 필요한 공급이 확보되고 미래의 구매를 위한 주문이 충분히 이뤄질 수 있는 때인 여름에 가격을 자연스런 수준 이하로 떨어뜨림으로써 곡물 시장을 왜곡시킨 것이다. 이에 따라 1854년 8월과 9월, 10월 3개월 동안 수입이 750,000쿼터에 지나지 않는 사태가 벌어졌다. 이는 1853년의 같은 기간에 수입된 양인 2,132,000쿼터에 비하면 크게 떨어지는 수치이다. 게다가 곡물법의 폐지로 인해 영국에서 상당한 크기의 경작지들이 목장으로 바뀌었으며 그런 까닭에 풍작을 거둔다 해도 새로운 제도 하에서는 상대적으로 부족했을 것이 거의 틀림없다. 킹스턴 어폰 헐 상공회의소의 한 회보는 이렇게 전한다.

"따라서 영국은 외국산 밀의 비축량이 아주 적은 반면에 밀의 가격은 1854년 초만큼이나 높은 상태에서 1855년 한 해를 열고 있다. 그래서 봄까지 영국 농민들의 공급에만 거의 전적으로 의존해야 하는 상황이다."

1885년 봄까지는 그 심각성이 다 드러나지 않을 1854년 무역 격변의 원인은 다음과 같은 몇 가지 숫자 안에 담겨 있다. 영국 농산물과 제조품의 수출은 1846년에 57,786,000파운드이던 것이

1853년에는 무려 98,000,000파운드였다. 1853년의 98,000,000파운드 중에서 오스트레일리아가 거의 15,000,000파운드를 흡수했다. 그 전의 통계를 보면 오스트레일리아가 영국에서 수입한 양은 1842년의 경우 1,000,000파운드도 채 되지 않았으며 1850년에는 3,000,000파운드 정도였다. 한편 미국은 영국으로부터 1842년에 3,582,000파운드를, 1850년에 15,000,000파운드를 수입하는데 그쳤으나 지금은 무려 24,000,000파운드를 수입하고 있다. 미국 위기와 대책 없이 과잉 공급된 오스트레일리아 시장이 영국 무역에 미칠 부정적인 영향에 대해서는 새삼 설명할 필요조차 없다. 1837년의 미국 위기가 1836년의 영국 위기의 뒤를 따랐으며, 지금은 미국 위기에 이어 영국 위기가 일어나고 있다. 그러나 두 개의 예에서 위기의 원인을 더듬어 올라가면 똑같은 뿌리에 닿는다. 영국 내에서는 과잉생산을 야기하고 다른 국가에서는 과잉투기를 부르고 있는 영국 산업시스템의 치명적인 작동이 바로 그 원인이다. 오스트레일리아와 미국의 시장은 예외이기는커녕 세계 시장들의 일반적인 조건을 극명하게 보여주고 있을 뿐이다. 두 시장 모두가 똑같이 영국에 의존하고 있다.

"외국시장들은 거의 예외 없이 공급과잉이고 그 시장에서 얻는 수익은 형편없는 실정이다."라고 맨체스터의 한 회보는 면직물 무역에 대해 말하고 있다. 또 다른 회보는 비단 무역과 관련해 "영국의 잉여 제조품을 소화하던 외국 시장들 대부분이 과잉거래의 영향으로 신음하고 있다"고 말한다. 소모사(梳毛絲) 무역에 관한 한 보고는 "생산이 급증했으며, 그 제품은 한동안 외국 시장에서 판로를 발견했다. 제품을 해외에서 위탁 판매하는 과정에 비정상적인 관행이 많이 있었다. 그 결과가 꽤 부정적인 쪽으로 나타날 것이라는 점은 새삼 논할 필요조차 없을 것이다"라고 전한다.

그리고 태평양을 건너오는 각종 업계의 회보에서도 이런 내용을 쉽게 인용할 수 있을 것이다.

스페인 혁명과 그 지역에서 일어나고 있는 밀수 행위도 영국 제품이 소비될 수 있는 예외적인 시장을 열어주었다. 동방전쟁에 따른 불안 때문에 형성된 레반트(시리아 지역) 시장이 유일하게 과열되지 않은 것처럼 보인다. 그러나 우리가 알다시피, 그리고 나서 채 3개월도 되지 않아 랭커셔가 그 동안 잃었던 것을 그곳에서 만회하기 시작했다. 바로 그 시점에 콘스탄티노플도 면직물과 모직물, 철제품, 칼붙이 등 온갖 종류의 영국 제품의 압도적인 물량 공세에 짓눌려 신음하고 있다는 소리가 들린다. 세계 시장 중에서 정치적 사건들이 무역격변의 전개에 상당한 영향력을 행사한 유일한 시장은 중국이다. 맨체스터 학파의 한 관계자는 이렇게 말한다.

"영국의 대(對)중국 무역이 점진적으로 늘어날 것이라는 희망은 거의 사라져버렸다. 현재 중국 내에 퍼지고 있는 반란은 처음에는 외국 국가들의 무역에 유리할 것으로 여겨졌으나 지금은 중국 타도와 무역 철폐를 목적으로 조직화되는 것처럼 보인다. 중국과의

교역은 한때 크게 늘어날 것으로 기대되었으나 지금은 거의 중단
되다시피 했다."

우리 독자들은 아마도 중국혁명(1850년에 중국 남부의 여러
지방에서 민중 소요가 일어났다. 일부 지역을 차지하고 국가(태평
천국)를 세우기도 했다. 이들은 생산과 소비의 평등에 근거한 사회
제도를 주장했다. 반란은 1864년에 영국과 미국과 프랑스의 개입
으로 진압되었다. 태평천국의 난으로도 알려져 있다/옮긴이)이 처
음에 심각한 양상을 보일 때, 지금 영국의 수출회사들이 불만을 터
뜨리고 있는 바로 그 재난을 우리가 예측했다는 사실을 기억할 것
이다.

무역위기의 징후가 전쟁을 생각하기도 전에 이미 분명했기 때
문에 우리는 전쟁과 무역위기 사이의 모든 관계를 부정한다. 다만
전쟁이 영국이 견뎌내야 할 시련을 더욱 힘들게 만들 것이다. 전쟁
의 지속은 세금인상과 다를 바가 없으며, 분명 세금인상은 줄어든
소득을 보충하는 방법은 절대로 아니다.

〈뉴욕 데일리 트리뷴, 1855년 1월 26일〉

35

유럽의 경제위기

<u>1856년 9월 26일, 런던</u>

유럽에서 현재 전개되고 있는 투기의 특징은 그 열기의 보편성이
다. 곡물 투기, 철도 투기, 광산 투기, 금융 투기, 면방적 투기가 있
기 전에도 도박 광풍이 불었다. 한마디로 말해, 상상 가능한 모든
투기가 다 있었다. 그러나 1817년과 1825년, 1836년, 1846-47년
의 경제위기 때에는 산업 및 상업 활동의 모든 분야가 다 영향을
받긴 했지만 그래도 한 가지 주도적인 투기가 각 시기에 명백한 성
격을 부여했다. 모든 분야가 투기 정신의 공격을 받고 있는 상황에
서도 투기꾼 각자는 그래도 자신의 분야로만 스스로를 한정시켰
다. 이와 반대로, 현재 일어나고 있는 투기의 대표인 '크레디 모빌
리에'의 중요한 원칙은 어떤 정해진 곳에 투기를 하는 것이 아니고

투기에 투기를 하는 것이고 또 사기를 집중시킴과 동시에 보편화 시키는 것이다. 이 외에도 현재의 투기열기의 기원과 성장에는 차이점이 한 가지 더 있다. 그것이 영국이 아니라 프랑스에서 시작되었다는 점이다. 프랑스 투기꾼들과 앞에 언급한 시대의 영국 투기꾼들의 관계는 18세기 프랑스의 자연신교(순전히 이성에 근거하여, 이 우주를 창조한 다음에 거기서 손을 뗀 어떤 신이 존재한다고 믿는 사람들을 말한다. 그래서 그들에겐 생명을 지배하는 존재도 없고 자연현상에 영향을 미치는 존재도 없으며, 초자연적인 계시 같은 것은 더더욱 없다고 생각한다/옮긴이) 신도들과 17세기 영국의 자연신교 신도들의 관계와 비슷하다. 영국 투기꾼들은 재료를 공급한 반면, 프랑스의 투기꾼들은 그 재료를 갖고 자연신교가 18세기 문명 세계 전반에 보급될 수 있도록 만든 것과 똑같은 일반적인 형태를 만들어냈다. 영국인들의 경우 투기의 초점이 자유롭고 근실한 섬에서 독재적이고 혼잡스런 대륙으로 옮겨간 것에 대해 기뻐하는 분위기이다. 그러나 영국인들은 앞으로 프랑스 은행의 월례 보고서를 보면서 영국은행 금고 속의 금덩어리의 가치에 미칠 영향에 대해 걱정해야 한다는 사실을 잊고 있다. 영국인들은 또한 유럽의 크레디 모빌리에들의 동맥에 피를 공급하는 것이 영국 자본이라는 것을 잊고 있다. 또 영국인들이 수출 1억1,000만 파운드 달성이라고 떠들 수 있도록 한 영국 내의 "건전한" 과잉확장과 과잉생산은 유럽대륙에서 일어난 "불건전한" 투기의 직접적 결과라는 것도 잊고 있다. 1854년과 1856년에 있었던 영국의 자유주의적인 정책이 보나파르트 쿠데타의 자식인 것과 마찬가지이다. 그럼에도 영국인들은 크레디 모빌리에라 불리는, 제국사회주의와 생시몽주의자들(공상적 사회주의자로 불리는 생 시몽(Henri de Saint-Simon: 1760-1825)은 재산을 주식 형태로 동산화할 것을 주장하기도 했다/옮긴이)의 주식투기와 철학적 협잡 등 3가지 요소의 교배로 생긴 기묘한 품종에 대해서 잘 모르고 있었다는 것을 부정하기 어렵다. 유럽 대륙의 이런 세련미와는 정반대로, 영국의 투기는 매우 조잡하고 원시적인 사기의 형태를 보였다. 사기는 어디까지나 '폴, 스트래헌 앤 베이츠'(Paul, Strahan & Bates)의 미스터리였고, 새들레어(John Sadleir)의 그릇된 행동 때문에 지급불능에 빠진 티페러리 뱅크(Tipperary Bank)의 미스터리였고, '콜, 데이빗슨 & 고든'(Cole, Davidson & Gordon)의 미스터리였다. 그리고 사기는 슬프지만 지극히 단순한, 런던의 로열 브리티시 뱅크(Royal British Bank)의 이야기였다.

이사들이 회사의 자본을 삼키는 데는 높은 수준의 기술이 전혀 필요하지 않다. 높은 배당을 약속하며 주주들을 한껏 띄워놓고, 돈 있는 사람을 유인해 예금을 하도록 하고, 주주들에게 가짜 보고서를 제출하기만 하면 된다. 영국 법률 외에는 필요한 것이라곤 아무것도 없다. 로열 브리티시 뱅크 사건이 센세이션을 불러일으킨 것은 그 자본 때문이기보다 거기에 개입된 사람들의 숫자가 작았기 때문이다. 주주의 수도 작았고 예금주의 수도 작았다. 이 경우에는 노동의 분화가 지극히 간단했던 것 같다. 거기에는 두 부류의 이사들이 있었다. 한 부류는 은행이 돌아가는 일에 대해 전혀 모르고 있고 그리하여 양심을 더럽히지 않은 데 대한 대가로 1만 파운드의 연봉을 챙겼고, 다른 한 부류는 그 은행이 나아가는 방향을 예의주시하며 최초의 고객 아니 약탈자가 된 사람들이었다. 후자의 부류는 매니저에 의존하는 것이 편하기 때문에 우선 매니저를 구워삶는 작업부터 벌인다. 매니저 외에도 그들은 은행의 감사역과 고문 변호사를 자기편으로 끌어들여야 한다. 그렇기 때문에 감사역과 고문 변호사는 선금 형식으로 뇌물을 받는다. 이사들과 매니저는 자신과 친척들의 이름으로 지급한 선금 외에, 가공의 인물을 다수 내세워 이들의 이름으로 더 많은 선금을 챙긴다. 그런 식으로 지급된 자본금 총액이 15만 파운드에 이르며, 그 중 121,840파운드는 이사들이 직접적으로나 간접적으로 꿀꺽한 액수이다. 이 은행의 창립자로 글래스고 지역구의 하원의원이자 유명한 통계 전문가인 맥그리거(John McGregor)는 은행에서 17,362파운드를 빼냈다. 또 다른 이사이자 역시 투크스베리 지역구의 하원의원인 험프리 브라운(Humphrey Brown)은 은행을 이용해 선거 비용을 충당하여 은행에 7만 파운드의 손실을 끼쳤으며 그 외에도 5만 파운드의 부채를 더 지고 있는 것 같다. 이 은행의 매니저인 캐머런(Hugh Innes Cameron)도 3만 파운드의 선금을 챙겼다.

영업을 시작한 이후로 이 은행은 매년 5만 파운드의 손실을 냈으며, 그럴 때마다 이사들이 주주들 앞에 나서서 은행이 번창하고 있다고 떠벌렸다. 분기마다 6%의 배당을 해주었다. 결과적으론 공식적인 회계사인 콜먼(J. E. Coleman)의 선언에 의해서 주주들이 배당을 한푼도 받지 못하는 꼴이 되고 말긴 했지만 말이다. 지난여름에도 370,006파운드에 달하는 가짜 구좌들을 주주들에게 제시했다. 은행이 완전히 지급 불능의 상태에 처하자, 은행의 발전에 관한 보도가 요란하게 나오고 이사들에 대한 신임을 묻는 표결이 이뤄지는 가운데 신주가 발행되었다. 신주 발행도 은행의 사정을 개선하기 위한 절망적인 노력에서 나온 것이 아니었다. 단지 이사들이 추가로 돈을 뽑아낼 재원을 마련하는 것에 지나지 않았다. 이사들 중에서 "정직했던 사람들"이 속은 것처럼 꾸민 방식은 이사들 중 한 사람인 오웬(William Daniel Owen)이 주주들의 모임에서 한 다음과 같은 말에 잘 드러나고 있다.

"사업을 시작할 준비가 다 갖춰졌을 때, 캐머런이 매니저로 임명되었다. 그런데 우리는 곧 은행 경험이 전혀 없는 매니저를 둔 것이 것이 여간 불편하지 않다는 사실을 깨달았다. 그런 상황으로 인해 어려운 문제가 다수 발생했다. 이제 2년 몇 개월 전에 내가 그 은행을 떠났을 때 일어난 일에 대해 말할까 한다. 바로 그 직전까지도 나는 할인이나 대출로 은행에 1만 파운드의 부채를 진 주주가 한 사람 있다는 사실을 몰랐다. 언젠가 주주 중 한 사람이 할인한 거액의 어음이 만기가 돌아온다고 투덜거리는 소리가 들렸다. 그래서 나는 장부 계원에게 그 문제에 대해 물었다. 그랬더니 문을 닫게 되면 이 은행은 공중분해된다는 대답이 돌아왔다. 캐머런은 이사들이 할인을 받기 위해 이사회 앞으로 어음을 가져오는 일은 없어야 한다고 말했다. 그런 어음들은 총지배인에게 가야 한다는 것이었다. 왜냐하면 그런 어음들이 이사회에 제시되면, 돈 많은 상인들이 우리와 거래를 하지 않으려 할 것이기 때문이다. 나는 이런 것을 모르고 있었다. 그러다 중대한 일이 벌어졌다. 캐머런이 회복을 기대하기 어려울 정도로 심각한 병에 걸린 것이다. 그의 병 때문에 의장과 다른 이사들이 조사를 실시했는데, 여기서 캐머런이 우리가 한 번도 보지 못한 비밀 열쇠를 갖고 있다는 사실이 확인되었다. 의장이 그 장부를 열었을 때, 우리 모두는 놀라서 나자빠졌다."

그렇다면 그가 이 발각의 결과까지 기다리지 않고 사려 깊게 매우 신속히 영국을 떠난 것은 캐머런 때문이라는 말이다.

로열 브리티시 뱅크의 거래들 중에서 가장 특이한 것은 웰시 아이언 웍스(Welsh Iron Works)와 연결된 부분이다. 은행의 불입 자본이 겨우 5만 파운드일 때, 아이언 웍스에 나간 대출금만 7만 파운드에서 8만 파운드에 달했다. 은행이 쇠를 다루는 이 회사를 처음 소유하게 되었을 때, 그것은 이미 쓸모없는 사업체였다. 5만 파운드의 투자로 쓸모 있는 사업이 된 뒤에도, 그 재산은 클라크라는 사람의 수중에 있었다. "한동안" 그 회사를 위해 일하다가 회사를 은행에 던져 준 바로 그 사람이었다. 그러면서도 그 사람은 "큰 재산을 은행으로 넘긴다"는 말을 호기 있게 했지만, 실제로는 은행이 그 "재산"으로 인해 추가로 2만 파운드의 빚을 더 떠안았다. 그런데 이 회사는 이익이 날듯 하면 은행의 수중에서 빠져나가고 대출이 필요할 때가 되면 다시 은행의 수중으로 돌아오는 이상한 짓을 계속했다. 이런 우스운 상황을 그 은행의 이사들은 마지막 순간까지 이어가고 있었다. 그들의 말로는 그 회사는 1년에 16,000 파

운드의 이익을 내는 알짜 기업이었다. 그 회사가 존재하는 동안 1
년에 17,742파운드의 손실을 주주들에게 안겼다는 것은 망각하고
서 말이다. 그 회사의 문제는 이제 형평법 법원에서 결판이 나게
되어 있다. 그러나 결정이 나오기 오래 전에 이미 로열 브리티시
뱅크의 희한한 사건은 총체적인 유럽 위기의 홍수 속에 묻혀버리
고 말 것이다.

〈뉴욕 데일리 트리뷴, 1856년 10월 9일〉

36

보나파르트의 재정 책략과 군의 압제

1858년 5월 27일, 파리

보나파르트의 국고가 형편없는 상태라는 것은 더 이상 논쟁의 대상이 되지 못한다. "재산의 구원자"(savior of property: 루이 보나파르트에게 붙여진 표현으로, 1849년 7월 프랑스의 도시 자치위원회들이 그에게 보낸 봉답문에서 이 표현이 쓰였다고 한다/옮긴이) 본인이 그 같은 사실을 공개적으로 선언한 터이기 때문이다. 그런 이유가 아니고는 에스피나스(Charles-Marie-Esprit Espinasse) 장군이 프랑스 각 현의 지사들에게 각자의 영향력을, 아니 "필요하다면 권력까지" 동원하여 병원과 다른 자선기관들의 재산관리자들을 설득시켜 그들의 소득원인 재산을 연리 3%의 콘솔(consols) 공채(각종 공채를 정리하여 연금 형태로 만든 것으로 정리공채라고도 불린다/옮긴이)로 바꾸도록 하라는 내용의 공문을 보낸 것이 절대로 설명되지 않는다. 그 재산은 1억 달러에 달한다. 하지만 보나파르트가 빈자들의 이름으로 애통해하듯이, 거기서 얻는 소득은 2.5% 이상이었다. 보나파르트는 최근에 자식을 걱정하는 어버이의 마음에서 국가위원회에 자선기관들이 토지재산을 공채재산으로 전환하는 것을 도울 법안을 발의하라고 명령했으나, 이상하게도 국가위원회가 그의 지시를 받아들이길 완강히 거부했다. 이리하여 입법적인 방법으로 뜻을 이루지 못하게 된 보나파르트는 이제 그것을 군(軍)의 당면과제로 만들어 "행정적인 방법"으로 해 내려고 노력하고 있다. 그가 이 책략을 통해 오로지 기금을 늘리는 데에만 뜻이 있다고 생각할 만큼 어리석은 사람도 일부 있다. 그러나 이는 어림도 없는 생각이다. 이보다 더 어리석은 생각은 없다. 만일 앞에서 언급한 토지재산이 명목가치인 1억 달러에 팔린다면, 구입비 중 상당 부분은 당연히 지금까지 정리공채에 투자된 자본에서 나올 것이고 나머지는 다른 공채에서 나올 것이다. 이런 식으로 기금의 수요를 인위적으로 창조할 경우에 자칫 증권시장의 침체를 부를 수도 있다. 그러나 보나파르트의 계략은 그래도 건전한 편이고 이해도 쉬운 편이다. 1억 달러의 토지재산을 위해 그는 새로운 장기공채를 1억 달러 발행할 계획이다. 그는 한 손으로는 자선기관들의 재산을 빼앗고, 다른 한 손으로는 국가의 장부를 바탕으로 수표를 발행하여 그 재산을 구입하려고 한다. 언젠가 1857년의 프랑스 은행법에 대해 이야기하면서, 우리는 보나파르트가 2,000만 달러의 융자를 얻기 위해 국가에 손해를 입히면서까지 은행에 안긴 어마어마한 특혜에 대해 생각해보았다. 그때 우리는 은행이 사회의 구원자로서 재정적 절망을 외치는 역할을 하고 있다고 생각했다. 그러나 그 이후로 프랑스의 상업과 산업과 농업을 덮친 재앙들이 다시 국고에 부담을 주었다. 그러는 사이에 이 재앙들에 따른 손실은 눈덩이처럼 커가고 있었다. 프랑스 정부의 다양한 부서들이 1858년에 실제로 필요로 했던 돈은 1855년보다 79,804,004프랑이나 더 많았다. 군사예산 한 항목이 프랑스 전체 세수입의 51%를 차지하고 있다. 크레디 모빌리에(Crédit Mobilier: 1852년에 설립된 합자회사 은행으로 나폴레옹 3세 정부와 깊은 관계를 맺은 가운데 활동을 하면서 투기에도 관여했다. 그러다 1867년에 파산해 유럽에 금융위기를 몰고 왔다/옮긴이)도 도움의 손길을 줄 수 없는 입장이었다. 이 은행은 주주에게 배당을 할 수 없는 상황이었으며, 거기서 나온 마지막 보고서를 면밀히 검토해 보면 외부에 갚아야 할 부채가 자산보다 상당히 더 많은 것이 확인된다. 이런 처지였으니 크레디 모빌리에는 1854년과 1855년과는 달리 정부가 "민주적인" 원칙에 입각하여 융자를 받도록 도와줄 수 없었다. 그렇다면 보나파르트로서는 재정문제에서도 정치적인 문제에서 그랬던 것처럼 쿠데타의 원래 원칙으로 돌아가는 방법밖에 달리 길이 없다. 은행 금고에서 2,500만 프랑을 도둑질한 것에서 비롯된 재정정책은 그 후로 오를레앙 왕가의 재산을 몰수하는 것으로 계속되다가 지금은 더욱 악화되어 자선기관의 재산을 몰수하기에 이르렀다.

그러나 자선기관의 재산을 몰수하려는 작전은 보나파르트에게 그를 떠받치는 집단 중 하나인, 성직자 집단을 잃는 상처를 입힐 것이다. 성직자 집단이 가장 많은 자선기관을 관리하고 있으니 말이다. 쿠데타 이후 처음으로, '뤼니베르'(L'Univers) 신문이 이미 "사회의 구원자"에게 공개적으로 불만을 토로하고 나섰으며, 거기서 더 나아가 '시에클'(Le Siècle) 지에 이런 식의 "사유재산" 침해에 맞서 공동전선을 펴자고 제안했다.

이제 프랑스 군대의 압제를 보도록 하자.

"교회의 장자(長子)"(나폴레옹 3세를 일컬음/옮긴이)가 자신의 신성한 집단에 대해 이런 식으로 모호한 태도를 취하고 있는 사이에, 그의 가장 세속적인 집단도 그의 말을 듣지 않겠다고 위협하고 있다. 만일 보나파르트가 드 메르시(De Mercy)와 레오대(Léodais), 이엔(Hyenne)과 같은 영웅들의 심기를 정말로 건드리게 된다면, 그는 자신이 진정으로 믿을 수 있는 유일한 세력인 군대에 대한 지배력을 잃게 될 것이다. 만일 반대로 그가 사토리 주둔지를 찾은 이후로 아주 체계적으로 부추겨왔던 측근 군인들의 부패가 전면으로 드러나도록 내버려둔다면, 모든 기강이 무너질 것이고 군대는 외부 적의 공격에 버텨내지 못할 것이다. '피가로'(Le Figaro)지 기자의 암살(앙리 드 팽(Henry de Pene)이라는 젊은이와 이엔 해군 중위 사이의 결투와 관련하여 벌어진 사건/옮긴이)과 같은 또 다른 사건이 일어날 것이고 그러면 그 여파가 오래 이어질 것이다. 사회 전반에 분노의 감정이 얼마나 팽배한지는 다음과 같은 사실로도 확인된다. 그 대결에 대한 이야기가 파리에 전해졌을 때, 5천 명가량의 젊은이들이 '피가로'의 사무실로 몰려와 지금 당장이라도 앞으로 나서는 해군 중위가 있으면 언제든 결투를 벌이겠다며 대결자 명단에 이름을 올려줄 것을 요구했다. 물론 '피가로'는 보나파르트를 신봉하는 사람들이 만든 매체로 정치 간행물들이 강제로 폐간된 이후로 봇물 터지듯 나오는 추문과 공갈과 중상모략에 얽힌 글을 앞장서서 싣고 있다. 이 매체는 덜 제국적인 토양과 환경에서 급성장에 필요한 모든 조건을 발견했다. 신사 차림의 범죄자 집단이나 비슷한 보나파르트 지지자들 중에서 언론 대표자와 군대 대표자 사이의 살인을 부른 갈등이 곧 투쟁이 닥쳐올 것임을 예고하는 신호탄이었다는 것은 역사의 아이러니가 아닐 수 없다.

〈뉴욕 데일리 트리뷴, 1858년 6월 11일〉

37

제조품과 무역

앞의 편지에서 영국의 인구이동에 대해 논했다. 이번에는 제품의 이동을 둘러볼 생각이다. 다음 도표에는 1844년 이후의 수출이 연도별로 기록되어 있다. 그런데 수입은 1854년부터 제시되고 있다. 수입의 실질가치가 1854년 이전에는 공식적으로 확인되지 않았기 때문이다.

〈도표 A〉 수출

영국에서 수출된 잉글랜드와 아일랜드 제품의 실질가치

연도	파운드	연도	파운드
1844	58,534,705	1852	78,076,854
1845	60,111,082	1853	98,933,781

1846	57,786,876	1854	97,184,726
1847	58,842,377	1855	95,688,085
1848	52,849,445	1856	115,826,948
1849	63,596,025	1857	122,066,107
1850	71,367,885	1858	116,608,911
1851	74,448,722		

〈도표 B〉—수입

영국으로 수입된 상품의 실질가치

연도	파운드
1854	152,389,053
1855	143,542,850
1856	172,544,154
1857	187,844,441
1858	163,795,803

〈도표 A〉를 보면, 수출이 1844년과 1857년 사이에 배 이상 증가한 것이 확인된다. 반면 인구는 앞의 편지에서 인용한 수치로 확인되듯이 같은 기간에 겨우 18% 증가하는 데 그쳤다. 한직(閑職)에서 일하는 토머스 맬더스의 원칙에 비춰보면 이는 조금 이상한 현상이다. 도표 A는 생산의 법칙을 하나 보여주고 있다. 1797년 이후 영국 수출의 순환과 비교해 보면 수학적으로 아주 명쾌하게 입증되는 법칙이다. 이 생산의 법칙이란 이런 것이다. 만일 과잉생산

과 과잉투기로 인해 어떤 위기가 일어난다 하더라도, 그 국가의 생산력과 세계시장의 흡수력은 그 사이에 크게 확장되었기 때문에 최고점에서 일시적으로 떨어졌다가 그 다음 몇 년에 걸쳐서 요동치는 모습을 약간 보일 것이다. 그렇기 때문에 한 번의 무역주기에서 최고의 번영을 누리던 때의 생산규모가 그 다음 무역주기의 출발점이 된다. 그렇다면 1845년은 1837년부터 1847년까지 이어진 무역주기의 최고 생산력을 기록한 해이다. 1846년에 후퇴가 시작되어 1847년에 파국이 있었다. 이 파국의 결과는 수출액이 1844년보다도 더 밑으로 떨어진 1848년에 가장 분명하게 나타났다. 그러나 1849년에는 회복 정도가 아니라, 앞의 무역주기에서 최고의 번영을 누렸던 1845년의 수치보다 300만 파운드나 더 많은 수출을 기록하였다. 새로운 무역주기 동안에 수출은 이 수준보다 절대로 더 떨어지지 않을 것이다. 수출은 다시 1857년에 최고를 기록했다. 그리고 곧바로 위기가 닥치면서 1858년에는 수출이 감소했다. 그러나 1859년에 이미 1847년에서 1857년까지 이어진 무역주기의 최고점이 새로운 무역주기의 출발점으로 바뀌었다. 생산력은 이 출발점 밑으로는 떨어지지 않을 것이다.

도표 A와 B를 비교해보면, 영국의 수출이 수입보다 크게 떨어진다는 것이 확인될 것이다. 그리고 이 불균형이 수출의 규모에 따라 점점 더 커지고 있다는 사실도 확인된다. 지금 이 현상은 일부 영국인 전문가들에게 마치 불행한 영국인들이 다른 국가와의 거래에서 빚을 지고 있다는 식으로, 즉 싸게 팔고 비싸게 구매함으로써 외부 세계에 자국 산업의 일부를 희생시키고 있다는 식으로 해석되고 있다. 단순한 사실은 영국이 타국으로부터의 수입이라는 형태로 전례가 없는 결실을 챙기고 있다는 것이다. 다양한 명목으로 거둬들이는 인도의 공물도 있고, 예전에 빌려준 자본에 대한 이자도 있다. 따라서 영국의 수입과 수출의 불균형이 점점 더 커지고 있는 것은 단지 영국이 세계시장에서 제조업자와 상인의 역할보다는 대출자의 역할을 더 빨리 발달시키고 있다는 점을 증명하는 데지나지 않는다.

수입품 목록 중에서 특별히 주목할 것이 4가지 있다. 금과 곡물, 면화와 양모이다. 영국 금의 유출입에 나타난 변화에 대해서는 이미 '뉴욕 데일리 트리뷴'을 통해 설명했으며, 공식적인 통계를 통해 지난번 무역주기에 새로운 금광이 발견됨에 따라 잉글랜드 뱅크 화폐의 유통량이 늘어나지 않고 오히려 줄어들었다는 사실이 입증되었다. 따라서 이번에는 이 주제를 다시 건드리지 않을 것이며, 그 대신에 영국 전문가들이 주목하지 않는 것 같은 어떤 사실에 대해 언급할 것이다. 한 나라의 주조국의 활동을 바탕으로 그 나라에서 유통되는 경화(硬貨)의 양을 짐작할 수 있다. 그래서 캘리포니아와 오스트레일리아에서 금광개발이 한창 이뤄지던 동안에 영국의 경화의 움직임을 파악하기 위해, 우리는 영국 조폐국이 주조한 경화의 양을 도표로 제시한다.

〈도표 C〉 왕립 조폐국에서 주조한 금화와 은화, 동화(단위 파운드)

연도	금화	은화	동화(銅貨)	계
1844	3,563,949	626,670	7,246	4,197,865
1845	4,244,608	647,658	6,944	4,899,210
1846	4,334,911	559,548	6,496	4,900,955
1847	5,158,440	125,730	8,960	5,293,130
1848	2,451,999	35,442	2,688	2,490,129
1849	2,177,955	119,592	1,792	2,299,339
1850	1,491,836	129,096	448	1,621,380
1851	4,400,411	87,868	3,584	4,491,863
1852	8,742,270	189,596	4,312	8,936,178
1853	11,952,59	701,544	10,190	12,664,325
1854	4,152,183	140,480	61,538	4,354,201
1855	9,008,663	195,510	41,091	9,245,264
1856	6,002,114	462,528	11,418	6,476,060
1857	4,859,860	373,230	6,720	5,239,810
1858	1,231,023	445,896	13,140	1,690,359

우리는 이 도표 중에서 총계를 서로 비교할 것이다. 왜냐하면 은화와 동화도 금화를 대신하는 주화로 여겨져야 하기 때문이다. 금속통화의 전반적인 움직임을 고려하는 데 있어서는 금화가 그 자체로 유통되었는가 아니면 그 일부가 다른 금속화폐로 대체되었

는가 하는 문제는 별로 중요하지 않다.

　통계의 대상이 된 15년을 2개의 시대로 구분할 수 있을 것이다. 하나는 금을 새로 생산하게 된 국가들이 영국에 영향을 미치기 전의 시대이고, 다른 하나는 금의 유입이 활발하던 시대이다. 첫 번째 시대를 1844년에서 1850년까지로, 두 번째 시대를 1851년에서 1858년까지로 잡는다. 1851년은 캘리포니아의 금 공급이 크게 증가했을 뿐만 아니라 오스트레일리아의 뉴사우스웨일스와 빅토리아에서 금의 새로운 공급이 시작된 해였다. 이중 캘리포니아의 금 공급의 경우에는 1848년에 11,700파운드(화폐 단위)이던 것이 1849년에는 160만 파운드, 1850년에는 500만 파운드, 1851년에는 8,250,300 파운드로 급속도로 늘어났다. 1844년부터 1850년까지의 기간에 주조된 금속화폐의 총액과 1851년부터 1858년까지의 기간에 주조된 금속화폐의 총액을 비교하고 또 각 기간의 평균을 계산하면, 전반기 7년 동안에 이뤄진 금속화폐 주조는 평균 3,643,144파운드인 한편 후반기 8년 동안에 이뤄진 금속화폐 주조는 평균 7,137,782파운드에 달한다는 사실이 확인된다. 따라서 영국의 금속화폐는 금의 새로운 공급이 이뤄지던 시기에 거의 100%가 늘어났다. 이는 캘리포니아와 오스트레일리아가 영국의 국내 통상의 발달에 미친 영향력을 보여주는 것이다. 그러나 금속화폐의 유통이 새로운 금의 유입으로 인해 직접적으로 증가했다고 결론을 내리는 것은 맞지 않을 것이다. 오스트레일리아에서 새로운 금광이 발견되기 전과 후의 한 해를 비교해 보면 그와 정반대의 결론이 나온다. 예를 들어서 1854년의 경우에는 금속화폐의 주조량이 1845년과 1846년보다 낮고, 1858년의 경우에는 1844년의 수준보다도 훨씬 더 밑으로 떨어진다. 그러므로 주화의 형태로 유통되는 금의 양은 금덩어리의 수입에 좌우되지 않는다. 그러나 금의 수입에 대해 말할 것 같으면, 두 번째 시기에는 상당한 부분이 국내의 유통으로 흡수되었다. 왜냐하면 그 시기에 산업 및 교역이 전반적으로 확장되었는데 그 확장의 상당 부분이 금을 개발한 새로운 국가들의 활동과 관계가 깊기 때문이다.

〈뉴욕 데일리 트리뷴, 1859년 9월 23일〉

칼 마르크스 연보

1818년: 5월 5일 독일 트리어에서 하인리히 마르크스와 헨리에타 마르크스의 사이에 태어났다. 그의 아버지는 칸트와 볼테르를 존경한 변호사였으며 프러시아 개혁운동을 열정적으로 벌였다. 부모 모두가 유대인이고 랍비를 조상으로 두었음에도, 칼 마르크스의 아버지는 35세이던 1816년에 기독교로 개종했다. 이는 1815년에 유대인이 상류사회에 들어가지 못하도록 막은 법이 제정된 데 따른 것으로 보인다.

1830년: 예수회가 운영하는 프리드리히 빌헬름 짐나지움이라는 고등학교에 입학했다. 그때까지는 집에서 공부를 했으며 보통 수준의 학생이었다.

1835년: 법률을 공부하기 위해 본 대학에 입학했다. 반항적인 문화가 강했던 이 학교에서 학생활동에 적극적으로 참여했다. 이 학교에서 2학기를 다니는 동안에 음주와 폭력 행위 등으로 감옥에 간

히기도 했다. 2학기를 끝낸 뒤 아버지의 요구를 받아들여 분위기가 보다 진지한 베를린의 프리드리히 빌헬름 대학으로 옮겼다. 여기서 법과 철학을 공부했고 헤겔의 이상주의 철학을 처음 접했다. 당시 헤겔이 이 대학교수로 재직하고 있었다. 처음에는 헤겔의 철학에 큰 매력을 느끼지 못했으나 브루노 바우어(Bruno Bauer)와 루드비히 포이어바흐(Ludwig Feuerbach) 등이 소속되어 있던 급진적인 학생 집단에 가담하면서 헤겔의 영향을 강하게 받게 되었다. 그 후로 헤겔은 마르크스의 저작에 큰 영향을 미친다.

1836년: 트리어의 명문 가문 출신으로 자기보다 4세 많은 예니 폰 베스트팔렌(Jenny von Westphalen)과 비밀리에 약혼했다. 더욱 급진적으로 변하던 성향과 약혼이 그의 아버지를 화나게 만들었다. 그의 아버지는 아들이 결혼을 진지하게 받아들이지 않는다고 비난했다.

1841년: 예나 대학교에서 박사학위를 받고 본으로 돌아갔다. 학계에 자리를 잡으려다 급진적인 성향 때문에 여의치 않자 저널리스트로서 활동을 시작했다. 그의 첫 기사가 실린 신문은 도이체 야르뷰허(Deutsche Jahrbücher)였다.

1842년: 라이니쉐 차이퉁(Rheinische Zeitung)의 편집인이 되었다. 여기서 프리드리히 엥겔스를 잠깐 만났다. 꼭 1년 뒤인 1843년 4월 1일자로 정부가 이 신문을 폐간시켰다.

1843년: 6월에 예니 폰 베스트팔렌과 결혼하고 10월에 파리로 옮겼다. 당시 파리는 유럽의 정치 중심지였다. 여기서 애덤 스미스와 데이비드 리카도를 읽으면서 정치경제에 대한 비판력을 키웠다. 프랑스가 혼란을 겪던 시절에 파리에 머물면서 사회적 및 정치적 이슈를 더 깊이 파고들었다. 여기서 프리드리히 엥겔스의 저작물을 읽고 루드비히 포이어바흐를 공부했다. 따라서 영국 노동자들이 처한 처지를 절실히 느낄 수 있었다. 엥겔스가 마르크스를 만나러 파리를 찾았다. 그 만남에서 둘 사이에 평생 이어질 우정이 싹튼다.

파리에서 아놀드 루게(Arnold Ruge)와 함께 정치잡지 '도이치 프란최지쉐 야르뷰흐'(Deutsch-Franzosische Jahrbucher)을 창간한다. 그러나 창간호만 내고는 둘 사이의 철학적 견해 차이로 폐간한다.

이해에 헤겔 비판서인 『헤겔 국가원칙 비판』(Critique of Hegel's Doctrine of the State)과 『유대인에 관하여』(On the Jewish Question)를 썼다.

1844년: 8월에 프리드리히 엥겔스를 기고자로 영입하며 정치잡지를 다시 복간했다. 마르크스와 엥겔스는 브루노 바우어의 철학에 대한 비평을 쓰기 시작했다. 공동 작업의 첫 번째 결실이 1845년에 『신성 가족』(The Holy Family)이라는 제목으로 발표되었다. 딸 로라가 태어났다.

1845년: 이해 말에 훗날 공산주의자 동맹(Communist League)이 될 조직과 관계가 깊은 급진적 신문 '포어바르츠'(Vorwarts!)에 기고하던 중에 마르크스는 프랑스에서 추방당하여 벨기에로 떠났다. 브뤼셀에서 사회주의를 접했다.

『포이어바흐에 대한 테제』(Theses on Feuerbach)를 쓰고, 엥겔스와 공동으로 『독일 이데올로기』(The German Ideology)를 썼다. 이 두 저작물은 사후에 발표된다.

1846년: 마르크스는 유럽 전역의 사회주의자들을 하나로 묶기 위해 공산주의자 통신위원회(Communist Correspondence Committee)를 창설했다. 그의 아이디어에 영감을 얻은 영국의 사회주의자들이 공산주의자 동맹을 결성했다.

아들 에드가가 태어났다.

1847년: 영국의 공산주의자 동맹은 런던에서 열린 중앙위원회에서 마르크스와 엥겔스에게 공산당 선언을 써달라고 부탁했다. 마르크스는 프랑스 사회주의자 프루동(Pierre-Joseph Proudhon)의 이론을 공격하는 『철학의 빈곤』(The Poverty of Philosophy)을 발표했다.

1848년: 혁명이 유럽을 휩쓸 때 엥겔스와 공동으로 『공산당 선언』(Manifesto of the Communist Party)을 발표했다.

1849년: 마르크스는 브뤼셀에서 추방당했다. 이후 사회주의 혁명을 예상하고 프랑스로 갔으나 거기서도 쫓겨났다. 프러시아는 그를 다시 받아주기를 거부했다. 그래서 마르크스는 런던에 정착했다. 영국도 그에게 시민권을 주길 거부했지만, 그는 죽을 때까지 런던에서 살았다.

1850년: 10월에 아들 하인리히 기도가 겨우 한 살에 죽었다.

1852년: 『루이 보나파르트의 브뤼메르 18일』(The Eighteenth Brumaire of Louis Bonaparte)을 썼다.

이해부터 1862년까지 '뉴욕 데일리 트리뷴'의 특파원을 맡았다. 그래도 그는 혼자 힘으로 생계를 해결한 적이 한 번도 없었으며 엥겔스의 도움을 많이 받으며 살았다.

저널리스트로 활동하는 한편으로 자본주의와 경제이론을 한층 더 깊이 파고들었다.

1853년: 크림전쟁이 발발했다. 마르크스와 엥겔스는 '뉴욕 데일리 트리뷴'을 위해 이 전쟁을 취재하고 보도했다.

1855년: 딸 일리노어가 태어났다.

1858년: 『정치경제학 비판 요강』(Grundrisse)을 썼다.

1859년: 『정치경제학 비판』(A Contribution to the Critique of Political Economy)을 썼다.

1862년: '뉴욕 데일리 트리뷴'에 마지막 기사를 송고한 뒤로는 더 이상 이 신문에 기사를 쓰지 않았다.

1864년: 세계노동자협회(International Workingmen's Association)를 창설했다.

1865년: 『가치, 가격 그리고 이윤』(Wages, Price and Profit)을 썼다.

1867년: 『자본론』(Capital) 1권을 발표했다. 이후로도 1권을 수정하고 추가 원고를 쓰는 작업을 계속했으나 죽을 때까지 마무리 짓지는 못했다.

1871년: 군대와 프랑스 시민군 사이에 충돌이 일어나고 파리 코뮌이 세워졌다. 이때 마르크스는 코뮌을 위해 연설문을 썼으며, 그 내용은 『프랑스 내전』(The Civil War in France)에 발표되었다. 그는 세계노동자협회의 리더십과 방향을 놓고 러시아 혁명가 미하일 바쿠닌(Michael Bakunin)과 충돌을 빚었다.

1881년: 마르크스의 아내가 세상을 떠났다.

1883년: 3월 14일 런던에서 늑막염으로 65세를 일기로 세상을 떠났다. 1883년 3월 17일 열린 장례식에 참석한 사람은 11명에 지나지 않았다. 이때 프리드리히 엥겔스는 "그의 이름과 저작물은 길이 남을 것"이라고 예견했다. 당시에는 터무니없는 소리로 들렸을지 모르지만 그의 예상이 맞았다. 원래 그의 묘에는 아무런 글이 쓰이지 않은 돌만 하나 있었지만 영국 공산당이 1954년에 마르크스의 흉상을 포함한 큰 묘비를 세웠다. 거기에 공산당선언의 마지막 구절인 '만국의 노동자들이여, 단합하라!'라는 글귀가 새겨져 있다.

1885년: 『자본론』 2권이 유작으로 발표되었다.

1894년: 『자본론』 3권이 유작으로 발표되었다.